JN111539

女子はなぜ
ネットを介して
出会うのか

青年期女子への
インタビュー調査から

片山千枝

青弓社

女子はなぜネットを介して出会うのか
──青年期女子へのインタビュー調査から

目次

カバーイラスト・装丁──北田雄一郎

はじめに

　最近、中学校卒業後から大学生ぐらいまでの年齢の方に、ネット利用についてインタビューをする機会があった。新型コロナウイルスの感染が拡大していたため、対面でのインタビューはほとんど実施せず、「Zoom」などのツールを利用して、オンラインでのインタビューを試みた。オンラインインタビューのため、調査協力者が特定の地域に偏ることなく、様々な地域の声を聞くことができた。私は青年期男子よりも女子を対象とした調査研究をする機会が多く、インタビューに応じてくださった方の大半が女性だったが、コロナ禍でのインターネット利用、特に「Twitter」などのソーシャル・ネットワーキング・サイト（サービス）(SNS) や「LINE」などのインスタント・メッセンジャーを介して知り合った相手と対面で会う、いわゆる「インターネットを介した出会い」（以下、「ネットを介した出会い」と表記。第1章第3節であらためて定義する）について、彼女たちは様々な意見を述べてくれた。

　まず、「ネットを介した出会い」を実現した経験がある方は、全体の約90％だった（青年期女子32人中29人が出会い経験あり）。つまり、私がインタビューした青年期女子にとって、「ネットを介した出会い」の実現は身近なものであることがわかった。また、コロナ禍で、ネットを介して知り合った人と実際に会った経験がある方は少ない、もしくは減ったのではないかと予想していたが、実際は異なっていた。

　コロナ禍であってもソーシャル・ネットワーキング・サイトやインスタント・メッセンジャー (IM) を介して見知らぬ相手と知り合い、出会いを実現した経験がある方は一定数いた。ただ、新型コロナウイルス感染拡大前のように、オフ会を通じて不特定多数の相手と会う機会はほとんどなくなり、相手と1対1で会う機会が増えたように思う（この点は、あらためて分析したうえでまとめる予定である）。そのため、相手と会うまでに1対1でSNSを介したやりとりをするだけでなく、IMやビデオ通話を介して親しくなってから直接会うという事例がみられた。たとえば、2020年4月から5月の緊急事態宣言下で長らく大学の対面授業がおこなわれず、緊急事態宣言解除後に対

面授業が再開した際、1人で授業を受けるのがいやだから、あらかじめ同じ大学の同級生とSNSを介して親しくなり、授業を一緒に受けた後、食事にいったり遊びにいったりするというエピソードを語った女子大学生がいた。また、コロナ禍でも彼氏・彼女はほしいので、マッチングアプリを介して知り合った相手と出会いを実現したというエピソードを語った女子大学生もいた。彼女はマッチングアプリのメリットについてこう話していた。マッチングアプリに抵抗はあるけれども、対面で人に会う機会がほとんどなく、また、SNSを介して彼氏・彼女を作ろうとすると手間暇かかるが、最初から恋愛・性愛が目的のマッチングアプリであれば、お互いの目的が明確なので、少ない労力で、コロナ禍でも理想の異性と出会うことが可能であるという。つまり、相手とある程度親しくなってから少人数で会うという出会いのスタイルが、コロナ禍で広まりつつあることが今回のインタビューからわかった。コロナ禍だからといって「ネットを介した出会い」の実現がなくなるわけではなく、むしろコロナ禍だからこそ、ネットを介した出会いの仕組みをうまく利用して、新たな人間関係を構築するというスタイルが青年期女子をはじめとした青少年に受け入れられつつあるのではないだろうか。

　また、新型コロナウイルスの感染が拡大する前は、マッチングアプリのような、いわゆる「出会い系サイト・サービス」を利用していると明言する青年期女子は、私が過去に実施したインタビューのなかでは少なかったが、最近はそれを利用していることをオープンにする者が多くなった印象がある。つまり、恋愛・性愛目的のためにマッチングアプリを利用することは、恥ずかしいことや隠すべきことではなく、オープンにしても問題がない、むしろ周囲から理解されやすい事柄に変化しつつあるのかもしれない。この点についてもあらためて調査・研究することは必要だと思うが、私が大学生だった10年以上前は、「出会い系サイト・サービス」を利用すること自体に抵抗があったし、周囲で利用していると明言する人は少なかったように思う。しかし、いまでは「出会い系」という言葉ではなく、マッチングアプリという言葉が一般化したことで、抵抗がある青少年は減少したと予想できる。冒頭で述べた最近実施したインタビューでは、マッチングアプリと「出会い系」を同列のものとして扱う青少年は少なく、ほとんどがマッチングアプリと「出会い系」を区別していた。マッチングアプリは従来の「出会い系」とは別物、異なるものだから問題ない、怖くない、利用しやすいといった声が聞かれた

ので、そのような点もマッチングアプリが一部の青少年に受け入れられている理由だと考えられる。いずれにせよ、最近実施したインタビューからは、青少年、特に青年期女子にとって、「ネットを介した出会い」の実現が身近なものになりつつあることがわかった。スマートフォンをはじめとしたネット端末が青少年の間に浸透したことがその理由であるのはもちろんだが、コロナ禍も「ネットを介した出会い」の実現を青少年にとって身近なものにした一つの要因となったのではないだろうか。以上を踏まえると、コロナ禍だからこそ、青年期女子をはじめとした青少年の「ネットを介した出会い」の様相について、あらためて整理する必要があるといえる。本書では社会情報学を中心として、情報学、心理学、社会学の知見も踏まえ、質的側面からその様相を明らかにしたい。

　本文に入る前に、最近インタビューに応じてくれた、19歳女子の考えを以下に紹介したい。彼女はコロナ禍での「ネットを介した出会い」について、以下のように考察していた。

　　コロナ禍もあると思いますが、あらかじめネット経由で知り合いを増やしておかなければ、初対面で友人・知人を作ることが難しくなっていると思います。コロナ禍なので、まったく知らない人と話すこと自体、警戒しますし、むしろ、ネットを介してあらかじめ知り合いを作っておいて、会うっていうのが、すごく合理的。

　彼女の場合、スマホを本格的に使い始めたのは高校生になってからだが、大学生になってからも必要がないかぎり、SNS上の受・発信を控えているということだった。その理由は、SNS上の発信が人間関係を複雑にするということを周囲のトラブルを見聞きするなかで学んだためという。そのため、ネットを介した出会いを実現したことも、しようと思ったこともないと話していた。しかし、彼女はいまやスマホがなければ、「Twitter」や「Instagram」などのSNSを介してあらかじめ知り合いを作っておかなければ、友人・知人を作ることができない同年代の人が多くなっていると考察していた。ネットを介した出会いを実現することは、むしろ初対面で友人・知人を作るよりも、コロナ禍ではより合理的な選択になりつつあるということだった。個人的には、彼女の考えに納得した。感染症対策としても、対面で

不特定多数に声をかけて知り合いを増やすよりも、ネットを介してあらかじめ気が合いそうな人を絞っておいたほうが効率はいいし、何かあったとき（新型コロナウイルスに感染したときなど）に、相手のネット上の発信や連絡先を把握しておけば、安心ということだろう。

　一方、本文でも言及しているが、「ネットを介した出会い」を実現することによって、①トラブルや事件・犯罪に巻き込まれるリスク、②相手と長期的な関係を構築したいと思っていてもその関係が一時的なもので終了してしまうリスク、の2点が伴う。しかし、それらのリスクよりも、出会いを実現するメリットのほうが上回ると、一部の青少年は判断しているのだろう。特にコロナ禍では、感染症対策という側面からもメリットのほうが上回ると判断する者が増えているのかもしれない。以上の背景から、従来のネットモラル・リスク教育は青少年に受け入れられない、青少年からは「わかっているけれど、やむをえない」と言われてしまう可能性がある。では、青少年を取り巻く大人、特に青少年の身近にいる保護者や教員はどうすればいいのだろうか。「何もできない」「何をすればいいかわからないから、何もしなくていい」、少なくともそういうことではないと思う。青少年のネット利用、本書に限定すると青年期女子のネットを介した出会いの様相について理解することは、青少年について理解を深める一助になるだろうし、トラブルや事件・犯罪が起こる前に何らかの対策を立てるために有用だと考えられる。また、仮にトラブルや事件・犯罪が発生した場合でも、事態を最小限にとどめるために、青少年のネット利用のありようを理解することは必要だといえる。そのような意味で、読者には青少年を理解するための一手段として、本書を活用していただけたら幸いである。

第1章
序論

1　目的

　1999年にインターネット機能付き携帯電話（以下、ケータイと表記）が発売されると、青少年の間にネット利用が爆発的に普及した。20年以上たったいまでは、多くの青少年が自分専用のネット端末を所持して利用していることは、複数の調査・研究から明らかになっている。[(1)]青少年は自分専用のネット端末で情報を受信するだけでなく、自ら情報を発信している。また、それらの端末を保護者との連絡手段としてだけではなく、既存の友人・知人とメールをやりとりしたり、SNSやIMでメッセージだけでなく、画像や動画を共有したりして楽しんでいる。本書では青少年がそれらのネット機能を利用するなかで既存の友人・知人とは異なる、新たな他者との関係を形成し、出会いを実現する、いわゆる「ネットを介した出会い」に焦点を当て、その様相を明らかにする。具体的には、①出会い経験者と非経験者の差異、②青年期女子を含む青少年の出会いの実現に対する考え、③出会い経験者が出会いを実現する過程、に注目する。学校の友人・知人をはじめとした既存の人間関係（ウチの関係）でのネットを介したやりとりではなく、ネット上で新たに形成された人間関係（ソトの関係）でのネットを介したやりとりに注目する（図1-1）。本書は社会情報学に位置付けられるが、社会情報学での先行研究では青年期女子の「ネットを介した出会い」について言及している研究は少ない。そのため、社会情報学にとどまらず、青年期女子のネット利用に関する先行研究が多い情報学・心理学・社会学などの知見も踏まえ、「ネットを介した出会い」の様相を明らかにする（図1-2）。

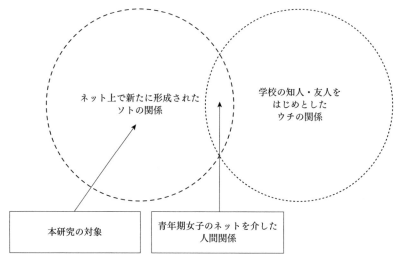

図1-1　本書の対象

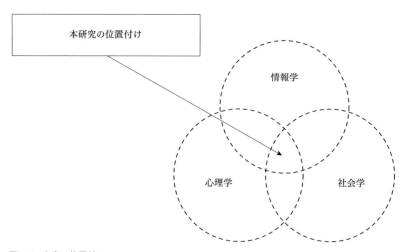

図1-2　本書の位置付け

2　背景

「ネットを介した出会い」の実現が青少年の学校生活にプラスの影響をもたらすのであれば、それを問題として捉える必要はない。しかしながら、「ネットを介した出会い」は青少年にとって理想的な出会いばかりをもたらすわけではない。たとえば渋井哲也は、著書のなかで「ネットを介した出会い」のエピソードについてたびたび言及しているが、複数の男性との出会いを繰り返した結果、性的な被害に遭い、心身ともに傷を負ってしまった女子の例を紹介している。また、警察庁は「非出会い系サイト」、いわゆるコミュニティサイトを介した事犯について整理していて、主に女子が被害者になった検挙事例を紹介している。加えて、2017年に神奈川県座間市で自殺願望がある者をアパートの一室で殺害した事件でも、被害者9人のうち8人は青年期女子だったし、19年11月に発生した新潟県の20歳の女性が男性に殺害された事件も、2人が知り合ったきっかけはオンラインゲームだとされている。総じて、「ネットを介した出会い」の実現は理想的な出会いばかりをもたらすものではなく、むしろトラブルや事件・犯罪に巻き込まれるリスクが高いのではないだろうか。

　しかしながら、伊藤賢一が群馬県の全日制県立高校生1,794人に対しておこなった質問紙調査によると、「ネットを介して知り合った人と実際に会ったことがあるか」という問いに対して、10年前の調査にもかかわらず、女子の18.3%、男子の9.3%が「ある」と回答していた。また、フィルタリング会社のデジタルアーツが実施した青少年618人を対象にした調査でも、男子よりも女子のほうがネットで知り合った友達とのリアル化（SNSやIMで知り合った相手と直接会うこと）を望み、女子高校生に限定すると27.1%が既にそうした出会いを実現していた。上記から、「ネットを介した出会い」の実現はリスクを伴うものだが、それにもかかわらず一部の青少年は出会いを実現していて、また、男子（生徒・学生）よりも女子のほうが出会いに対して積極的だと考えられる。「ネットを介した出会い」を多く実現する機会があるからこそ、トラブルや事件・犯罪に巻き込まれやすいとも考えられるが、それでもなぜ青年期女子は「ネットを介した出会い」を実現するのか、先行

研究では明らかになっていない。

　先行研究では、「ネットを介した出会い」をはじめとした、青少年のネット利用に伴う問題・課題を解決するためには、そもそもインターネット・リテラシー（以下、ネット・リテラシーと表記）[6]が不十分な青少年にネット端末を容易に与えるべきではないという「所持否定論」[7]や、ネット上の世界に慣れさせ、免疫をつけることで、ネット利用に伴うトラブルや事件・犯罪に巻き込まれにくくなるという、いわゆる「免疫論」[8]に分かれることが多い。しかし、それら両論のいずれかにつく前に、本書では「ネットを介した出会い」の実現には一定のリスクがあることを認めたうえで、それでもなぜ青少年、特に青年期女子は「ネットを介した出会い」を実現するのかを、まず明らかにしなければならないだろう。というのも、それらが明確になってはじめて、トラブルや事件・犯罪に巻き込まれることを防ぐ対策について、根底的に検討することが可能になるからである。したがって本書では、「ネットを介した出会い」経験者と非経験者に差異はあるのか、青年期女子は「ネットを介した出会い」による関係をどのように捉えていて、相手とどのようなやりとりを経て出会いを実現するのかといった点を、青年期女子の当事者的視点から明らかにしたい。

3　定義

　本書では「ネットを介した出会い」（以下、括弧をはずす）を、加藤千枝の研究に基づいて、「これまで交流のなかった者とソーシャル・ネットワーキング・サイト（以下、SNS）やインスタント・メッセンジャー（以下、IM）などの交流サイト・サービスを介して知り合い、オフライン上で対面すること」[9]と定義する。つまり、「Twitter」や「LINE」「Instagram」などの交流サイト・サービスを介して新たに知り合った者と対面することを、本書ではネットを介した出会いとしたい。そのため、異性との出会いだけでなく同性との出会いも含まれ、また、1対1で実現する出会いだけでなく、1対n、n対n、n対1で実現する出会いも対象とする。

　海外の研究ではネットを介した出会いを「Online Dating」と表記し、いわゆる「出会い系サイト」[10]を介した恋愛・性愛を目的とした出会いを対象に

している場合が多い。本書では青少年が「出会い系サイト」よりもSNSや
IMを中心に利用している現状を踏まえ[11]、成人期の男女が恋愛・性愛を目的
として利用する「出会い系サイト」を介した出会いではなく、SNSやIMな
どの交流サイト・サービスを用いることでこれまでつながりがなかった者と
知り合い、直接会うことを、本書でのネットを介した出会いとして扱う。

4　構成

　本書は青年期女子のネットを介した出会いの様相を明らかにするが、その
構成は以下のとおりである。
　本章では本書の背景や目的について述べたが、第2章「青年期女子のイン
ターネットを介した出会いに注目する理由」では、なぜ「青年期女子」の
「ネットを介した出会い」に注目するのか、その理由について言及する。第
3章「先行研究」では社会情報学を中心として、青年期女子のネットを介し
た出会いに関する先行研究を整理する。第4章「青年期女子のインターネッ
トを介した出会いの探索的研究——女子中・高生15人への半構造化インタ
ビューに基づいて」では、コミュニケーション手段としてネット端末を積極
的に利用していることが予想される女子中・高生15人へのインタビューか
ら、出会い経験者はどのようなサイト・サービスを用いて、どのようなきっ
かけでネットを介して知り合った相手と直接会ったのかを、主に情報面と心
理面から探索的に明らかにする。第5章と第6章では第4章の探索的研究を
質的調査によって深める。量的調査ではなく質的調査によって考察を深める
理由は、ネットを介した出会い経験者と非経験者の差異や青年期女子を含む
青少年の出会いの実現に対する考え、出会い経験者が出会いを実現する過程
を明らかにするためには、量的調査ではなく、質的調査のほうがその実態を
明らかにしやすいからである。具体的に第5章「青年期女子のインターネッ
トを介した出会い経験者と非経験者の差異」では、16歳から22歳までの青
年期女子35人と青年期男子6人へのインタビュー結果をもとに、①ネット
を介した出会い経験者と非経験者の差異、②青年期女子を含む青少年のネッ
トを介した出会いの実現に対する考えを明らかにする。第6章「青年期女子
のインターネットを介した出会い経験者が出会いを実現する過程」では、青

年期女子の出会い経験者21人へのインタビューをもとに、出会いを実現する過程を時系列で整理して、出会いを実現する理由や出会いを実現した後の相手との関係について論じる。第7章「青年期女子のインターネットを介した出会いの様相についての議論」では、各章で得られた知見を整理し、ネットを介した出会いの様相を明らかにすることで、青年期女子はもちろん、保護者や学校の教員など教育的立場にある大人に新たな視座の提供を試みる。第8章「結論」では本書の結論と今後の課題を記す。

注

（1）内閣府「平成30年度 青少年のインターネット利用環境実態調査」2019年（https://www8.cao.go.jp/youth/youth-harm/chousa/h30/net-jittai/pdf-index.html）［2019年4月10日アクセス］、文部科学省「平成30年度文部科学省委託「生涯学習施策に関する調査研究」調査研究報告書（現代的課題に対応した効果的な情報モラル教材に関する調査研究）」（https://www.mext.go.jp/a_menu/ikusei/chousa/__icsFiles/afieldfile/2019/06/10/1417599_001.pdf）［2020年4月10日アクセス］

（2）渋井哲也『ウェブ恋愛』（ちくま新書）、筑摩書房、2006年

（3）警察庁「平成28年におけるコミュニティサイト等に起因する事犯の現状と対策について」2016年（http://www.npa.go.jp/cyber/statics/h28/h28_community_sankou.pdf）［2018年6月1日アクセス］

（4）伊藤賢一「中高生のネット利用の実態と課題——群馬県青少年のモバイル・インターネット利用調査から」、群馬大学社会情報学部編「社会情報学部研究論集」第18巻、群馬大学社会情報学部、2011年、19-34ページ

（5）デジタルアーツ「第11回未成年の携帯電話・スマートフォン利用実態調査」2018年（https://www.daj.jp/company/release/data/2018/030701_reference.pdf）［2019年4月10日アクセス］

（6）「ネット・リテラシー」に関連する既存のリテラシーには、「伝統的（言語的）リテラシー」「コンピュータ・リテラシー」「テクノロジー・リテラシー」「ネットワーク・リテラシー」「メディア・リテラシー」「情報リテラシー」「視覚リテラシー」などがある。Kathleen Fulton, "Learning in the digital age: Insights into the issues," *THE Journal*, 25 (7), 1998, pp.60-63はこれらのリテラシーをマルチプルリテラシーズ、またはマルチリテラシーズと総称した。上記の各リテラシーは、新しいテクノロジーの登場や互いの影響によっ

て時代とともに変化しているし、論じる人の立場によってその意味するところが微妙に異なっているので、相互の関係を固定的に捉えることは困難であると芝崎順司は考察している（芝崎順司「インターネットに対応した新しいリテラシーの構築」、日本教育メディア学会編集委員会編「教育メディア研究」第5巻第2号、日本教育メディア学会、1999年、46-59ページ）。本書で「ネット・リテラシー」を定義するにあたり、たとえば鈴木みどりはリテラシーの一つ「メディア・リテラシー」について、「市民がメディアを社会的文脈でクリティカルに分析し、評価し、メディアにアクセスし、多様な形態でコミュニケーションを創り出す力を指す。また、そのような力の獲得をめざす取り組み」と定義している（鈴木みどり「時代の要請としてのメディア・リテラシー」、鈴木みどり編『メディア・リテラシーを学ぶ人のために』所収、世界思想社、1997年、389ページ）。また菅谷明子は「メディア・リテラシー」について「多様な形態のコミュニケーションにアクセスし、分析し、評価し、発信する能力」と定義していて、1970年代ごろからアメリカでメディアを批判的に読み解くことの重要性が語られるようになったと紹介している（菅谷明子『メディア・リテラシー──世界の現場から』〔岩波新書〕、岩波書店、2000年、10ページ）。鈴木と菅谷に共通している点は、メディアを批判的に分析し、評価するという視点ではないだろうか。この点について芝崎も、情報を弁別したり批判的に評価したりするために必要な知識や技能について、日本ではあまりその重要性が論じられてこなかったと述べている。以上を踏まえ、芝崎はネット・リテラシーを「問題解決等のタスクを遂行するために、ネットワーク化された複数のコンピュータのリソースにアクセスし、複数のフォーマットの情報を理解した上で、それらの情報を弁別し、批判的に評価し利用する、また、インターネット上で、各種のコミュニケーション・ツールを使って、様々なメディアフォームによって、他者と交流したり、協力したり、表現したりするコミュニケーションを行うために必要な知識と技能のこと」（前掲「インターネットに対応した新しいリテラシーの構築」52ページ）と定義している。本書でも芝崎の定義を用いることにする。

（7）下田博次『学校裏サイト──ケータイ無法地帯から子どもを救う方法』東洋経済新報社、2008年

（8）宮台真司「情報化社会の癒し」『透明な存在の不透明な悪意』春秋社、1997年

（9）加藤千枝「青少年女子のインターネットを介した出会いの過程──女子中高生15名への半構造化面接結果に基づいて」、社会情報学会学会誌編集委員

会編「社会情報学」第2巻第1号、社会情報学会、2013年、45-57ページ
（10）成人期の男女の利用を前提としたいわゆる「出会い系サイト」を介した
　　　出会いでは、交際や結婚に至る例も多数存在するが、本書ではSNSやIMな
　　　どを介した青少年の遊びサイト・サービスを介した出会いを対象にしている
　　　ので、様相が異なると考える。
（11）前掲「平成30年度 青少年のインターネット利用環境実態調査」

第2章
青年期女子のインターネットを介した
出会いに注目する理由

1　意義

　本書では青年期女子のネットを介した出会いの様相を明らかにするが、な
ぜ青年期男子ではなく青年期女子に着目するのか、その理由について述べる
必要があるだろう。彼女たちは、ネット利用に伴う様々な問題があるなかで
なぜネットを介した出会いを実現するのか、それに注目することの重要性に
ついて言及する。

学校の教員と保護者の混乱

　先にも言及したとおり、青少年の間にネット端末が普及し、いまでは小学
校高学年の半数以上がスマホやケータイを利用できる環境にあることが明ら
かになっている。[(1)]上松恵理子[(2)]が指摘するように、小さいころからスマホやケ
ータイなどのネット端末に慣れ親しむことでICT（情報通信技術）教育に貢
献できる側面もある一方、やはりそのデメリットを無視することはできない。
　その理由の一つとして、ネット利用に伴うトラブルや事件・犯罪の多くは
教育現場に持ち込まれることが多い点が挙げられる。そしてその対応を迫ら
れ、困惑しているのは学校の教員だといえる。それは学校の友人同士の
「LINE」上のディスコミュニケーションに始まり、深夜までスマホやケータ
イを利用している影響で昼夜逆転の生活になり、健全な学校生活を送ること
ができないというものも含まれる。また、学校区を超えてほかの市町村や都
道府県の青少年とトラブルに発展する場合もあるし、同年代だけでなく年齢
が離れた者とつながることによって事件・犯罪に巻き込まれる場合もある。

いずれにしても、それらのトラブルや事件・犯罪に関することはまず教育現場に持ち込まれることが多い。ネット端末を買い与えた、もしくは所持することを許可した保護者がそのトラブルや事件・犯罪の責任を負う必要性について指摘する研究もあるが、ネット端末の利用が広まってしまったいま、保護者だけでは対応しきれない状況になっている。しかし、学校の教員も日々の業務に加え、学校外で起こった出来事、ましてほかの市町村や都道府県の者とのトラブルや事件・犯罪に対応できるのかというと、それはかなり困難だといわざるをえない。また、ネット端末を遊び目的で使うことに関する知識は大人よりも青少年のほうが長けているため、青少年を教育しようとする場合、大人はそれ以上に知識を得なければならない。

　では、青少年のネット利用に伴うトラブルや事件・犯罪を防ぐために、大人ができることは何もないのだろうか。確かに青少年の間にネット利用が浸透してしまった現在、できることは少ないのかもしれない。しかし、何らかの大きなトラブルや事件・犯罪が起こる前に、大人がその前兆を察して未然に防いだり、仮にトラブルや事件・犯罪が起こったとしても小規模で事態を収拾できるように何らかの知識をもったり対策したりすることはできるのではないか。それは大人だけでなく、青少年自身も同様である。青少年もトラブルや事件・犯罪に巻き込まれないための知識、仮に巻き込まれたとしても被害を最小限に食い止めるための知識を有しておいたほうがいいだろう。

なぜネットを介した出会いなのか

　ネット利用に関わるトラブルや事件・犯罪は様々なものが存在するが、本書では特にネットを介した出会いに焦点を当てて論じていく。数ある問題・課題のなかでもネットを介した出会いに焦点を当てる理由は2点ある。

　第1に、ネットを介した出会いは問題が大きくなる傾向にあるからだ。たとえば、山口県の大学生が三重県四日市市のインターネットカフェで女子中学生に対してわいせつな行為をしたとして逮捕されたが、2人が知り合ったきっかけは、チャット機能がついたゲームアプリだと報道されているし、2007年11月に女子高校生がモバゲータウンで知り合った成人男性に殺害された事件など、年齢が離れた異性に会いに出かけたことでトラブルや事件・犯罪に巻き込まれた事例などがある（表2-1）。特に青年期女子は出会いを実現することによって、性的な意味で不利益を被る場合が多いので、それを防

表2-1　コミュニティサイトに起因する事犯の検挙事例

【児童買春・児童ポルノ禁止法違反（児童買春、児童ポルノ製造）】
　被疑者（地方公務員・男・26歳）は、コミュニティサイトで知り合った女子児童（15歳）が18歳に満たない児童であることを知りながら、対償として現金を供与する約束をしてカラオケ店の客室内で同児童と淫行し、その様子をひそかに撮影して児童ポルノを製造したもの。（9月・奈良県警）

【児童買春・児童ポルノ禁止法違反（児童ポルノ製造）】
　被疑者（無職・男・40歳）は、コミュニティサイトで知り合った女子児童（13歳）が18歳に満たない児童であることを知りながら、無料通話アプリで同児童に「裸になって」等と指示して、スマートフォンで裸の画像を撮影させて同アプリを用いて送信させて児童ポルノを製造したもの。（7月・宮崎県警）

【児童福祉法違反（児童に淫行させる行為）、売春防止法違反（周旋）】
　被疑者2名（アルバイト・男・23歳、飲食店従業員・男・24歳）は共謀して、コミュニティサイトで知り合った女子児童（15歳）が18歳に満たない児童であることを知りながら、売春婦として雇い入れ、出会い系サイトを利用して募集した男性客を相手にホテルの客室内で淫行させたもの。（10月・福岡県警）

（出典：警察庁「平成28年におけるコミュニティサイト等に起因する事犯の現状と対策について」2017年（http://www.npa.go.jp/cyber/statics/h28/h28_community_sankou.pdf）[2018年6月1日アクセス]）

ぐためにもネットを介した出会いの様相を明らかにする必要があるだろう。
　第2に、ネットを介した出会いによって青少年、特に青年期女子の人間関係が変わりつつあると考えるからである。加藤千枝は研究のなかで、青年期女子がネット上で見知らぬ他者と関係を築き、その関係がどのような経過をたどるのかをエピソードごとの分析によって明らかにした。[6] そのなかで、ネットを介した出会いによってつながった相手とは容易に関係形成をする一方で、関係解消も容易にしていた。しかし、最初から相手と関係解消を前提にしたやりとりをしているわけではなく、自分の考えや感情を相手と共有したり、相手に対しても興味・関心をもち、相手の考えや感情を受け入れたりしていた。それにもかかわらず、自分にとって少しでも都合が悪かったり間が悪かったりすると、相手からの連絡を無視して相手を拒絶するような態度をとる青年期女子が一定数存在した。加藤はネットを介した出会いによってつながった相手は対面関係に影響を及ぼす可能性が低いため、相手に対して自己中心的な振る舞いをしやすくなるとその理由を考察していたが、この点についてさらなる調査研究が必要だと感じた。以上の理由から、本書ではネットを介した出会いに焦点を当てて論じていく。

Online Dating

　本書は日本の青年期女子のネットを介した出会いの様相について述べるが、その成果は海外の青少年のネットモラル・リスク教育にも役立つ点があるだろう。

　欧米諸国ではネットを介した出会いをOnline Datingと呼び、恋愛関係を始めるにあたってポピュラーなやり方だとJeffrey T. Hancockはいう[7]。実際、Ellen Fein and Sherrie Schneiderは女性の視点からネットを介した出会い[8]によってすてきな恋愛をするための方法を24にまとめ、それが欧米を中心に指南書として受け入れられている。また、海外ではネットを介した出会いの実現に伴うリスクについての研究は少なく[9]、ネット上の自己呈示に関する研究が多い。これは利用者にとっての危険性よりも、ネット機能を用いていかに魅力的な相手と出会うか、そのために自身のネット上の発信をどのようにコントロールするかということに重きを置いているためだと考えられる。一方、青少年のネットを介した出会いのリスクについて問題提起をしている映画もある。2021年4月23日に公開されたドキュメンタリー映画『SNS──少女たちの10日間』（監督：バーラ・ハルポヴァー／ヴィート・クルサーク）では、チェコの18歳以上の女優3人が「12歳女子」という設定でSNSを操作し、SNS上でどのようなつながりが生まれるのかを追った。その結果、10日間で2,458人の成人男性がコンタクトをとって卑劣な誘いを仕掛けてくることが明らかになり、青少年、特に青年期女子のネットを介した出会いのトラブルや事件・犯罪は欧米諸国でも存在するといえる。そのため、本書では青年期女子のネットを介した出会いの様相を明らかにするが、その実態は海外のネット・リテラシー教育にも一定の役割を果たすと考えられる。

　アジア圏について、たとえばIT先進国の韓国では、青少年が幼いころから自分専用のネット端末を所持して積極的に利用していることが明らかになっているが、ネットを介した出会いに伴う問題よりも、ネット依存やオンラインゲーム依存のほうが社会問題として取り上げられている[10]。また、韓国ではネットを使用する際、住民登録番号を入力しなければ利用できなかったり、住民登録番号に基づいてネット端末へのフィルタリングを実施していたりする[11]ので、日本の青少年とは利用状況が異なると考えられる。

　総じて、先行研究の全体的な傾向としては、海外、特に欧米諸国ではネッ

トを介した出会いの実現はそこまで危険性が高いものだとは認識されていないのだろう。また、青少年のネット利用に関する問題・課題は複数存在するので、出会いの実現に伴う問題・課題よりもそれ以外のほうが重大な社会問題として認識されているとも考えられる。しかし、チェコのドキュメンタリー映画からも明らかなように、海外の青少年も日本の青少年と同様に、ネットを介した出会いによってトラブルや事件・犯罪に巻き込まれた経験がある者は一定数存在すると予想できる。そのため、本書で得られた成果が海外の青少年のネットモラル・リスク教育に貢献できる側面もあると考える。

　以上3点の理由から、本書では青年期女子のネットを介した出会いの様相を当事者的視点から明らかにする。

2　青少年のネット利用に伴う問題

　本書では青年期女子のネットを介した出会いの様相を明らかにするが、青少年のネット利用に伴う問題は様々なものが存在する。そのなかでもネットを介した出会いに注目する理由を、過去の青少年のネット利用に伴う問題を整理しながら述べる。

「学校裏サイト」の問題

　青少年へのネット端末の普及によって、2000年前後からいわゆる「学校裏サイト」の問題が社会的に取り上げられるようになった。たとえば下田博次は、「子どもが勝手に実在の学校の名前をつけて開設したサイトで、子どもたちのインターネット上のたまり場」を「学校裏サイト」と定義した。学校の公式サイトを「表」とすると、生徒が主体になって管理・運営しているサイトなので「裏」サイトと称した。学校裏サイト利用によって、青少年が健全で充実した学校生活を送ることができればいいが、実際、学校裏サイト上には複数の問題発信が存在することが明らかになった。

　青少年の学校裏サイト利用の問題は主に2点に整理することができる。学校裏サイト上には「サラ金や美容整形外科の広告から18禁の出会い系サイト、わいせつ画像販売業者、アダルトグッズの広告も含まれていて、決して健全な内容であるとはいえないのが実態」であることから、第1に、青少年

が有害情報を受信する危険性が挙げられる。第2に、学校裏サイト利用の問題として、青少年が自ら有害情報を発信することも考えられる。具体的には誹謗中傷とわいせつ情報、2種類の有害情報発信がある。誹謗中傷は実名だけでなく、あだ名や一部名前を伏せた表記などでおこなわれることが多いが、学校裏サイトの場合、スレッドタイトルなどから既に学校・クラス名などが明らかであることも多いため、被害者が特定される可能性が高い。また、わいせつ情報発信についてもサイト上で猥談をしたり、ネット上のわいせつ画像・動画をサイト上に掲載したり、カメラ付ネット端末を利用して自身や友人・知人のわいせつ画像・動画をサイト上に掲載したりした例もあった。

　加藤千枝は、学校裏サイト上でそのような有害情報発信がおこなわれる原因の一つとして、管理人の存在を挙げていた。[14] 管理人は学校のOBやOGが同窓生などの勧めで明確な動機がないまま務め始めることが多く、そのような背景から、たとえサイト上で有害情報発信がおこなわれていても、それらに対応しない例が多かった。また、有害情報は書き込みや閲覧数を増加させ、サイト自体を盛り上げるはたらきもするので、意図的に削除せず残している管理人もいた。上記の理由から、学校裏サイト上の有害情報は削除されないまま残っていることが多いと考えられる。

「ネットいじめ」の広まり

　学校裏サイト利用の問題として、上記のように下田博次は青少年が有害情報を発信している点を指摘し、その一つに「誹謗中傷」を挙げていた。「誹謗中傷」はいわゆる「ネットいじめ・いじり」につながる可能性があることから、青少年のネット利用の広まりは「ネットいじめ・いじり」の広まりと関連があると考えられる。

　「ネットいじめ」は文部科学省によると、[15] 「携帯電話やパソコンを通じて、インターネット上のウェブサイトの掲示板などに、特定の子どもの悪口や誹謗・中傷を書き込んだり、メールを送ったりするなどの方法により、いじめを行うもの」と定義されている。[16] ネットいじめに関する研究として、たとえば内海しょかの研究がある。[17] 内海は青年期の子どものネットいじめの特徴を調べ、親の統制に対する子どもの認知とネット行動との関連を示すモデルを検討する目的で、中学生487人に対して質問紙調査をおこなった。その結果、ネットいじめ非経験者は67％、いじめ経験だけの者は8％、いじめられ経験

だけの者は7%、両方経験者は18%であることが明らかになった。また、両方経験している者はどちらも経験していない者に比べて、仲間関係を損なうことを通じて他者を傷つける「関係性攻撃」、時間を置かずに怒りの感情を言語的あるいは身体的に表出してしまう「表出性攻撃」をする者が有意に多く、ケータイによるネット使用時間が有意に長かったとしている。加えて、ネットいじめに関するほかの研究として、たとえば吉川恭世と中谷素之は、ネットいじめの心理的影響について検討するため、中・高生280人に対して紙筆式とウェブ式の2通りの方法で調査をおこなった。その結果、ネットいじめの被害者は加害者が学校外の友人・知人の場合、不信や不安を感じる傾向にあること、また加害者がはっきりと特定できない場合、抑うつを感じる傾向にあることが明らかになった。[20]

　上記から第1に、ネットいじめ経験の有無と性格的な特徴である攻撃性やネット利用頻度は関連しているといえる。ネット利用によって攻撃性が高まった結果、青少年はネットいじめをすることになるのか、それとも、もともと性格的な特徴として攻撃性の高い者がネットいじめをするのかは不明だが、たとえば松田英子と岡田孝二は前者の可能性について言及している。[21]攻撃性に関して、2000年に起こった佐賀バスジャック事件を例として挙げ、ネット上ではその特性から普段はみられないような過激な言動が引き起こされ、それが実現することもあるとしていた。また、20年5月にプロレスラーの木村花さんが自殺したのも、SNSでの誹謗中傷をはじめとした、いわゆるネットいじめだったと報道されている。ネットいじめをした匿名の投稿者らは木村さんが自殺したことを受けて次々と投稿を削除していたことから、自分の言動が人の命を左右するものになるとは予測できなかったのだろう。これらを加味すると、もともと攻撃性が高い者がネットいじめに参入するというよりも、匿名であることやネット上の雰囲気やノリでネットいじめに参入する者が多いと考えられる。そのため、ネットの特性がネットいじめを促す可能性が高いともいえる。

　第2に、ネットいじめについて被害・加害の両方を経験している者が多かったが、これについてはネットいじめの悪循環が起こっている可能性が考えられる。[22]具体的には、自身がネットいじめの被害者になった場合、かなりの心理的負荷が予想されるが、その負荷を軽減・解消するために一部の青少年は加害行為をおこなっている可能性がある。また、ネット上での加害行為が

フレーミングを促し、結果として、当初の加害者が被害者になることも想定される。上記の理由から、ネットいじめについて被害・加害の両方を経験している者が多かったと考えられる。

ネットを介した出会いの問題

　青少年のネット利用に伴う問題を整理してきたが、ネットを介した出会いも青少年のネット利用の広まりによって、注目されるようになった問題の一つである。10年から15年前は学校裏サイトをはじめとした掲示板でのトラブルや事件・犯罪が多く、ネットいじめの被害者はもちろん加害者も、見知らぬ他者ではなく同じクラスや学校の生徒である場合が多かった。[23]つまり、過去のネットを介したトラブルや事件・犯罪はn対nのやりとりが前提である掲示板を中心に発生し、被害者と加害者が比較的身近な者同士であったといえる。そのため、問題解決のために学校の教員が介入せざるをえない例が多く存在したと考えられる。

　しかし、学校裏サイトへの監視と規制の強化によって、青少年のネット利用はプロフやホムペへと移行していく。[24]プロフについてはのちに再度言及するが、ネット上の自己紹介サイト・サービスであり、青年期女子を中心に2009年ごろからはやり始めた。自身の顔写真や氏名、所属などを掲載し、不特定多数の者とやりとりするための機能を有し、1対1または1対nでのやりとりが基本のサイト・サービスである。ホムペも同様で、1対1または1対nでのやりとりを基本にしたサイト・サービスであり、西日本の女子[25]中・高生を中心に流行した。ホムペという名称はホームページの略であり、自己紹介ページや掲示板、ネット上の独白機能であるリアルといった機能を有していた。このころからn対nでのやりとりを基本とした掲示板のようなサイト・サービスではなく、プロフやホムペ、SNSを含む1対1または1対nのやりとりを基本にしたサイト・サービスを青少年、特に青年期女子は利用するようになる。また、やりとりする相手も同じクラスや学校の生徒だけではなく、他校や他県の生徒、年齢が離れた者も含まれるようになったため、保護者や学校の教員が青少年のネット上のつながりを把握しきれない状況になっていったと考えられる。

　技術的に1対1または1対nでのやりとりが手軽にできるようになったことによって、青少年の間にネットを介した出会いも広まったと考えられる。

一方で、ネットモラル・リスク教育は遅れ、上記の「所持否定論」⁽²⁶⁾や「免疫論」⁽²⁷⁾に議論がとどまっている現状がある。しかし、本書が目指す議論は別のところにある。既にネット端末が青少年の間に普及してしまった状況で、ネット上のサイト・サービスによって出会いを実現することには青少年、特に青年期女子にとって一定のリスクがあるという事実は認めたうえで、①出会い経験者と非経験者にはどのような差異があり、②青年期女子をはじめとした青少年はネットを介した出会いの実現をどのように捉え、③出会い経験者はどのような過程を経て出会いを実現するのか、という点を本書で明らかにしたい。そのうえで、青年期女子をはじめとした青少年はネットを介した出会いに伴う問題・課題とどのように向き合っていくのか、青年期女子の当事者的視点から議論を深めたい。

3　青年期女子に注目する理由

　青少年のネット利用に伴う問題のなかでも、ネットを介した出会いに注目する理由について述べたが、次に全世代のなかで青年期を調査対象にする理由、また青年期のなかでも女子を対象にする理由を以下に述べる。

ネット端末の利用が積極的な青年期女子

　総務省は世帯と企業を対象として毎年通信動向利用調査を実施していて、2020年度は全国1万5,410世帯、全国2,122企業の調査結果をまとめている⁽²⁸⁾。本書ではSNSやIMなどを介して知り合った相手との出会いについて言及するが、総務省の調査で、本書が対象にする青年期にあたる「13〜19歳」「20〜29歳」のSNS利用が顕著であることが明らかになっている（図2-1）。特に「20〜29歳」のSNS利用率は87.1％と全世代のなかで最も高い。また、「13〜19歳」もSNS利用率は80.5％とかなり高い水準であることがわかる。以上の理由から本書では、ネットを介した出会いの実現に利用されるSNSを積極的に利活用している青年期を対象に調査研究を進める。特に青年期は就労している者もいるが、就学中の者もいて、時間に比較的余裕がある者も多いと予想され、SNSをはじめとしたネット上のサイト・サービスを積極的に利用していると考えられる。

次に青年期のなかでも女子に注目する理由について述べる。先にも言及したが、内閣府が2009年から毎年実施している「青少年のインターネット利用環境実態調査」によると、ネット端末として代表的なスマホの利用について、小学生・中学生・高校生ともに男子より女子のほうが多く、中学生では女子のほうが10ポイント程度高かった（表2-2）。この傾向は10年前の調査でも明らかになっていて、当時ネット端末として主流だったケータイの利用は女子のほうが小学生・中学生・高校生ともに男子よりも多かった（中学生では女子のほうが男子よりも15ポイント高かった[29]）。また、他者とのコミュニケーションのためのネット利用も男子よりも女子のほうが多く、小学生・中学生ともに10ポイント以上高かった（表2-3）。以上から、ネット端末の所持だけでなく、コミュニケーション手段としての端末の利用も青年期女子のほうが男子よりも積極的であることがわかる。

　しかし、男子のネット利用について問題はないかというと、そう言いきることができない。たとえば、ネット依存の問題を無視することができない。伊藤賢一は前橋市教育委員会と協働し、前橋市の小学生2,682人と中学生2,448人の協力を得て、ネット依存度をはじめとした小・中学生のネット利用について調査を実施した[30]。その結果、Kスケールを用いたネット依存度について、男子の場合、「高リスク使用者」は8.5%、「潜在的リスク使用者」は21.3%であり、女子の場合、「高リスク使用者」は5.8%、「潜在的リスク使用者」は18.1%だった。統計的な有意差については検討していないが、数値だけを比較すると女子よりも男子のほうがネット依存について深刻である可能性が高い。また樋口進は著書のなかで男子のネット依存について、オンラインゲームへの依存が顕著であると述べていて、ファーストパーソン・シューティングゲーム（通称FPS）やマッシブリー・マルチプレイヤー・オンライン・ロール・プレイング・ゲーム（通称MMORPG）という多人数で参加するゲームは男子（男性）の利用を前提としている場合が多いと述べている[31]。そのため、男子の場合、ネットを介した出会いに関する問題よりもオンラインゲームにのめり込み、健全な学校生活を送ることができなくなったり、長時間没頭しすぎて命を落としたりといった、ネット依存の問題のほうが深刻であることも考えられる。そのような男女差も踏まえ、本書では青年期女子のネットを介した出会いの様相に注目したい。

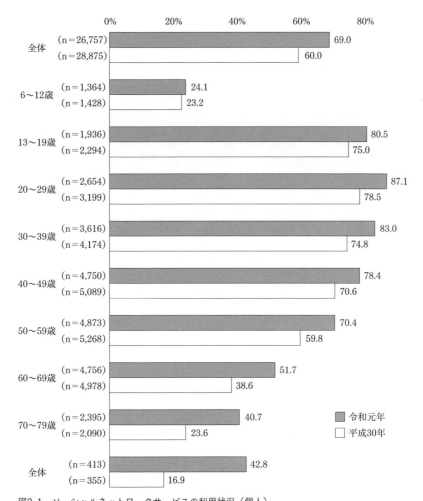

図2-1　ソーシャルネットワークサービスの利用状況（個人）
（出典：総務省「令和元年通信利用動向調査の結果」2020年〔https://www.soumu.go.jp/johotsusintokei/statistics/data/200529_1.pdf〕［2020年9月10日アクセス］）

表2-2　青少年が利用しているネット端末

	n （人）	スマホ （%）	格安 スマホ （%）	機能限定 子ども向け スマホ （%）	契約期間が 切れた スマホ （%）	ケータイ （%）	機能限定 子ども向け ケータイ （%）
総数	2,870	67.4	3.6	2.2	6.4	2.3	3.7
小学生（計）	847	40.7	3.2	3.2	10.3	2.4	9.2
男子	424	38.2	2.4	2.6	9.2	1.9	8.7
女子	423	43.3	4.0	3.8	11.3	2.8	9.7
中学生（計）	1,118	65.8	3.5	2.7	5.2	3.1	2.1
男子	553	60.9	3.3	2.7	5.1	3.1	1.6
女子	565	70.6	3.7	2.7	5.3	3.2	2.5
高校生（計）	894	94.3	4.1	0.6	3.9	1.1	0.3
男子	452	93.4	5.5	0.4	4.6	0.9	0.4
女子	442	95.2	2.7	0.7	3.2	1.4	0.2

（出典：内閣府「平成30年度青少年のインターネット利用環境実態調査」2019年〔https://www8.cao.go.jp/youth/youth-harm/chousa/h30/net-jittai/pdf-index.html〕［2019年4月10日　アクセス］）

表2-3　ネット端末をコミュニケーション手段として利用している割合

	n （人）	コミュニケーション （%）
（2018年）【総数】	1,877	74.7
小学生（計）	342	34.8
男子	161	29.2
女子	181	39.8
中学生（計）	718	76.0
男子	327	68.8
女子	391	82.1
高校生（計）	808	90.2
男子	403	87.1
女子	405	93.3

（出典：同ウェブサイト）

友人関係形成・維持・強化のためのネット端末利用

　男子よりも女子のほうが単純なネット端末の利用だけでなく、他者とのコミュニケーション手段としてネット端末を利用しているという傾向は、たとえば隅田真理子と島谷まき子の研究からも明らかになっている。隅田と島谷は、女子が自分や相手の悩み事を相談したり相手の悩み事の相談にのったりするツールとして（当時、ネット端末として主流だった）ケータイのメールを使用していることを挙げ、そこには女子が同性友人と内面的な話をすることでお互いの親密さを深めたい思いがうかがえるとした。つまり、青年期女子にとってケータイをはじめとしたネット端末を用いて友人とやりとりすることは、関係を維持・強化するために重要であることがわかる。

　実際、青年期女子の友人関係は、チャムからピアに変化する時期と重なる。チャムは女子に特徴的な仲間集団を指し、集団内の同質性を確かめ合うことに重きを置くが、その際、ネット機能は大きな役割を果たす。たとえば、友人のSNSの投稿に対して「いいね！」をしたりコメントを残したりすることで、「私たちは同じ価値観を共有している」という仲間集団内の結束を強めることが可能だ。また、ピアは互いの同質性だけでなく、異質性も認め合うことで自分のアイデンティティを確立することに重きを置くが、そこでもネット機能は大きな役割を果たす。ネット上は非対面でのやりとりが多く自己開示や自己呈示がしやすいので、対面で表現しづらい自己をネット上で表現することで、互いの差異についての理解を深めることができる。その結果、これまで関係がなかった者と新たな関係を構築することも可能である。

　以上から、単純なネット端末の利用にとどまらず、既存の友人・知人とのコミュニケーション手段として、また新たな人間関係を築く手段として、一部の青年期女子は積極的にネット端末を利用していると考えられる。

青年期女子のネット利用に伴うトラブルや事件・犯罪

　加藤千枝と堀田香織は数年間にわたり中学校教員の協力を得ながら、生徒のネット上の発信についてモニタリング活動をしているが、そうした生徒指導の事例で取り上げていたのはいずれも女子生徒であった。第1の事例は、女子中学生がネット上のプロフでつながった他校の者に会いにいくために学校を無断欠席したというものである。第2の事例は、同じ学校内の女子生徒

を中心としたSNSでの誹謗中傷である。加藤と堀田の研究によると、学校の教員は生徒のネット上の発信を一方的にとがめるのではなく、そこでの発信を生徒への理解・指導に生かしていたことがわかる。[(35)] 特に女子は先に言及したとおり、男子よりもコミュニケーション目的のネット利用が盛んであることから、彼女らのネット上の発信を生徒への理解・指導に生かすことができたと考えられる。

　学校現場での事例からも、青年期女子はネット端末を他者との関係構築で積極的に利用していることがわかる。また上記では学校現場のネット利用に伴うトラブルの事例について言及したが、事件や犯罪に発展した例も数多く存在する。たとえば2019年11月に兵庫県と埼玉県さいたま市に住む女子中学生が、埼玉県本庄市で保護された事件があった。容疑者と女子中学生が知り合ったのは「Twitter」上だとされ、容疑者は女子中学生の家出を促したと報道されている。女子中学生は保護されるまで、容疑者が用意した戸建ての家で共同生活を送っていたという。表2-1で言及した事例も踏まえると、特にネットを介した出会いによって事件・犯罪に発展した例は、青年期女子が被害者、成人期の男性が加害者になる傾向にある。青年期男子もネットを介した出会いを実現することによって、トラブルや事件・犯罪に巻き込まれる可能性は十分にあると考えられるが、ネットを介した出会いの実現によって特に事件・犯罪として取り上げられる事例は、女性が被害者になる傾向にあるのではないか。それは単に男子（生徒・学生）はネット・リテラシーが高いから、女子（生徒・学生）はネット・リテラシーが低いからと言いきることはできず、むしろネット利用に伴う問題・課題は性別によってその内容が左右される可能性が考えられる。この点については、次項で言及する。

社会的に注目された「援助交際」

　ネットを介した出会いの実現というと、「援助交際」を連想する者もいるだろう。「援助交際」は、1996年のユーキャンが主催する流行語大賞にノミネートされるほど社会的に注目されたが、その理由として、当時それがトラブルや事件・犯罪の温床になっていると考えられていたからではないだろうか。ここでは「援助交際」をトラブルや事件・犯罪の温床という視点ではなく、「女性の優位性」という視点から考える。「援助交際」について大規模な質的調査をした圓田浩二は、その特徴の一つとして男性側よりも女性側によ

り多くの選択肢が与えられていることによる「女性の優位性」を挙げていた。
「女性の優位性」は「援助交際」だけにみられる現象ではない。「援助交際」が社会的に認知される前に一部の青年期女子や成人女性が利用していた「テレクラ」（テレフォンクラブ）でも「女性の優位性」は確認されていた。具体的には、男性は店舗側に料金を払って、女性から電話がかかってくるのを待機しているのに対して、女性はポケットティッシュのチラシや公衆電話に貼ってあるフリーダイヤルに電話をして、男性の話し相手をしていればいい。男性から不快なリクエストをされた場合、女性は電話を一方的に切ればいいし、男性のことを気に入って直接会う場合には、指定した場所に男性を呼び出すことができる。女性は呼び出した男性を遠くから観察して、自分の好みでなければその場から立ち去ればいいし、好みであれば直接会ってデートをしたり、場合によっては性交渉したりすることもある。つまり、「援助交際」が広まる前の「テレクラ」の時代から、女性の「性」は電話というメディアを介した商品として売買されていて、女性自身も「性」の商品価値を認識していたと考えられる。加藤の研究でも、ネットを介した出会いを実現した女子は必要に迫られて出会いを実現したわけではなく、相手（主に異性）から何らかのアプローチがあり、女子がそれに応じた結果として出会いを実現していた。また、女子は複数の相手からアプローチを受けているケースが多く、自ら直接会う相手を選んでいた[37]。

　しかし、たとえ「女性の優位性」が担保されていたとしても、女性の安全が担保されているとは言い難い。その理由は、先に言及した警察庁の調査から明らかだし、加藤の研究でも、会った相手に盗撮されたりストーカーされたりといった経験を有している女子が複数いた。一見すると、「援助交際」もネットを介した出会いも女性が相手を選ぶことができるため、女性にとってメリットがあるように思われる。特に「援助交際」の場合、相手から金品を受け取るため女性のメリットは大きいように捉えられるが、必ずしもそうではない。むしろ、性犯罪などデメリットが少なからずあるといえるが、先に言及したとおり、統計的には女子のほうが男子よりも出会いを実現している[38]。ネットを介した出会いを多く実現する機会があるからこそ、トラブルや事件・犯罪に巻き込まれやすいとも考えられるが、その場合、なぜ青年期女子はネットを介した出会いを実現するのか、先行研究では明らかになっていない。以上の点から、本書では青年期女子のネットを介した出会いに注目し、

その様相を明らかにすることを目的としたい。

注

（1）モバイル社会研究所「第4章 子どものスマホ・ケータイ利用」「モバイル社会白書Web版」2018年（http://www.moba-ken.jp/whitepaper/18_chap4.html）［2019年4月10日アクセス］

（2）上松恵理子「ディジタル端末を使った教育最前線」「電子情報通信学会誌」第97巻第9号、電子情報通信学会、2014年、812-816ページ

（3）前掲『学校裏サイト』

（4）「ネットカフェで女子中学生にわいせつ行為をした疑い 大学生の男を逮捕 三重」「メ～テレニュース」2022年8月1日（https://www.nagoyatv.com/news/?id=014311）［2022年8月10日アクセス］

（5）「八戸ホテル火災 男性の事情聴取始める」「朝日新聞」2007年11月29日付

（6）加藤千枝「青少年女子のネットを介した「人間関係悪化」のプロセス──ネット機能を用いて他者との関係を断とうとする試みを巡って」埼玉大学大学院教育学研究科修士論文（未公刊）、2013年

（7）Jeffrey T. Hancock, Catalina Toma and Nicole Ellison, "The Truth about Lying in Online Dating Profiles," *Online Representation of Self*, 1, 2007, pp.449-452.

（8）Ellen Fein and Sherrie Schneider, *The Rules for Online Dating: Capturing the Heart of Mr. Right in Cyberspace*, Gallery Books, 2002.（エレン・ファイン／シェリー・シュナイダー『ルールズ──オンラインデート編』田村明子訳〔ワニ文庫〕、ベストセラーズ、2003年）

（9）Danielle Couch and Pranee Liamputtong, "What are the real and perceived risks and dangers of online dating? : Perspectives from online daters," *Health, Risk and Society*, 14, 2012, pp.697-714.

（10）前園真毅／三原聡子／樋口進「韓国におけるインターネット嗜癖（依存）の現状」「精神医学」第54巻第9号、医学書院、2012年、915-920ページ

（11）下田博次『子どものケータイ利用と学校の危機管理』（少年写真新聞社、2009年、8ページ）によると、フィルタリングとはインターネットのページを一定の基準による「表示して良いもの」（子ども向けの健全なサイトなど）と「表示禁止のもの」（出会い系サイトやアダルトサイトなど）に分け、子どもに見せたくないページにはアクセスできないようにする機能と定義している。

(12) 前掲『学校裏サイト』14ページ

(13) 下田博次『子どものケータイ──危険な解放区』（集英社新書）、集英社、2010年、230ページ

(14) 加藤千枝「心理的側面からみた学校裏サイト管理人の実態──学校裏サイト管理人への面接とその内容考察」、日本社会情報学会誌「社会情報学研究」編集委員会編「社会情報学研究──日本社会情報学会誌」第16巻第2号、日本社会情報学会事務局、2012年、143-155ページ

(15) 文部科学省「青少年が利用する学校非公式サイトに関する調査報告書」2008年（https://www.mext.go.jp/b_menu/toukei/001/index48.htm）［2020年4月10日アクセス］

(16) ネットいじめは加害者が相手を攻撃する意図をもっておこなわれるものといえるが、ネットいじりのように相手を攻撃する意図がなかったとしても、ネット上のやりとりのなかで、結果的に相手を攻撃してしまうこともある。

(17) 内海しょか「中学生のネットいじめ、いじめられ体験──親の統制に対する子どもの認知、および関係性攻撃との関連」、日本教育心理学会教育心理学研究編集委員会編「教育心理学研究」第58巻第1号、日本教育心理学会、2010年、12-22ページ

(18) Nicki Crick and Jennifer Grotpeter, "Relational Aggression, Gender, and Social‒Psychological Adjustment," *CHILD DEVELOPMENT*, 66 (3), 1995, pp.710‒722.

(19) 紺真理／相澤直樹「青年期における攻撃性について──第二の個体化過程と対人葛藤場面における他者の意図の判断から」、神戸大学大学院人間発達環境学研究科編「神戸大学大学院人間発達環境学研究科研究紀要」第5巻第1号、神戸大学大学院人間発達環境学研究科、2011年、9-18ページ

(20) 吉川恭世／中谷素之「ネットいじめとその心理的影響」「日本教育心理学会総会発表論文集」第50号、日本教育心理学会、2008年、357ページ

(21) 松田英子／岡田孝二「Computer-Mediated Communicationにおける対人相互作用場面の心理学的分析──対人信頼感、攻撃性および感情制御スキルの検討」「メディア教育研究」第2巻第1号、メディア教育開発センター、2005年、59-173ページ

(22) 埼玉県教育委員会「ネットいじめ等の予防と対応策の手引き」埼玉県教育委員会、2009年

(23) 同資料

(24) 加藤千枝「コミュニティ・サイト利用のリスク」「学習情報研究」第209号、学習情報研究センター、2009年、40-45ページ

(25) 数として多くはないが、ホムペは仲がいい者2、3人で共同管理・運営しているものも存在した。

(26) 前掲『学校裏サイト』など

(27) 前掲『透明な存在の不透明な悪意』など

(28) 総務省「令和元年通信利用動向調査の結果」2020年（https://www.soumu.go.jp/johotsusintokei/statistics/data/200529_1.pdf）［2020年9月10日アクセス］

(29) 前掲「平成30年度青少年のインターネット利用環境実態調査」

(30) 伊藤賢一「小中学生のネット依存に関するリスク要因の探究——群馬県前橋市調査より」、群馬大学社会情報学部編「社会情報学部研究論集」第24巻、群馬大学社会情報学部、2017年、1-14ページ

(31) 樋口進『ネット依存症』（PHP新書）、PHP研究所、2013年

(32) 隅田真理子／島谷まき子「思春期女子グループの友人関係と携帯メール使用——グループの友人への欲求および対面の友人関係との関連から」、昭和女子大学生活心理研究所編「昭和女子大学生活心理研究所紀要」第11号、昭和女子大学生活心理研究所、2009年、37-48ページ

(33) ベネッセ教育総合研究所「子どものICT利用実態調査」2008年（https://berd.benesse.jp/shotouchutou/research/detail1.php?id=4377）［2019年4月10日アクセス］

(34) Adam Joinson, *Understanding the Psychology of Internet Behavior*: *Virtual Worlds, Real Lives*, Palgrave Macmillan, 2002.（アダム・N・ジョインソン『インターネットにおける行動と心理——バーチャルと現実のはざまで』三浦麻子／畦地真太郎／田中敦訳、北大路書房、2004年）

(35) 加藤千枝／堀田香織「中学校におけるインターネットを介したモニタリング活動の実践——思春期女子のインターネット利用の実態と考察」「埼玉大学紀要（教育学部）」第61巻第1号、埼玉大学教育学部、2012年、107-119ページ

(36) 圓田浩二『誰が誰に何を売るのか？——援助交際にみる性・愛・コミュニケーション』関西学院大学出版会、2001年

(37) 前掲「青少年女子のインターネットを介した出会いの過程」

(38) 前掲「中高生のネット利用の実態と課題」、前掲「第11回未成年の携帯電話・スマートフォン利用実態調査」など。

第3章
先行研究

　青年期女子のネットを介した出会いに注目する理由については、先に言及したとおりである。本章では、本書が依拠する社会情報学を中心に先行研究を整理し、青年期女子とネットを介した出会いを取り巻く様々な問題をどのように捉えることができるかについて考えたい。

1　パーソナルメディアの変化と出会いの文化

　本書ではネットを介した出会いについて注目するが、ネットを介した出会いはスマホやケータイなどの携帯情報端末（以下、パーソナルメディアとする）を介した出会いの一つとして位置付けられる。前章でテレクラなどの従来のメディアを介した出会いについて言及したが、ポケベル（ポケットベル）やPHS、ケータイなどのパーソナルメディアが登場したことで我々の生活は様変わりし、その変化は青少年の生活にも大きな影響を及ぼしたといえる。特に青年期女子はパーソナルメディアの変化に敏感で、大人以上にそれらのメディアを使いこなしていると考えられる。パーソナルメディアを介した出会いとして早い段階で青少年の間に広まったのは、ポケベルを介した出会いによってもたらされる「ベル友」である。

ポケベルを介した出会い──「ベル友」

　羽淵一代によると「ベル友」とは、アトランダムに組み合わせたポケベル番号にテキスト・メッセージを送信して友達を探すというものである。そしてそれは、1990年代なかごろ若者にポケベルが広まった際にみられる現象

だという(2)。当時、ベル友文化は交際相手や遊び相手との出会いの一形態として認識されていたため、特定の交際相手ができたり、ベル友文化を利用して出会った相手が利用者の好みに合わなかったりすると、文化そのものから離脱する傾向がみられたと羽渕はいう。ポケベルのアドレスは、限られた範囲の数字で作られていることから、簡単に未知の相手との出会いを求めることが可能だった（一方、ケータイのメールアドレスは、手当たり次第にメールを送って友人や恋人を見つけることは難しい）。したがってベル友文化は、メディア技術の形式に決定される側面が強い若者文化だったと羽渕は考察している。

　もともとポケベルは未知の相手との出会いを目的として開発されたメディアではなく、あくまでも既存の友人・知人、家庭や職場との連絡手段の一つだったといえる。しかし、一部の若者はそれを単なる連絡手段としてではなく、新たな出会いを求める手段として用いていた。伝言板などに掲示されている番号に連絡して相手とつながる面白さを単に楽しんでいただけかもしれないが、一部の若者はポケベルで偶然つながった相手と継続的なやりとりをしていた。その理由は、再度言及するが、既存の人間関係が充実しているのであれば、ポケベルを介して新たな出会いを求める必要はなかったからだといえる。つまり、当時一部の若者は既存の人間関係では満足できず、新たな人間関係を構築することによるメリットを享受するために、ポケベルを介した出会いを実現したと考えられる。それはいわゆるセックスフレンドのような一時的な快楽を求める関係かもしれないし、既存の友人・知人や保護者、学校の教員に相談できないことを話す「インティメイト・ストレンジャー」(3)のようなものを求めたのかもしれない。いずれにしても、ポケベルを介した出会いはネットを介した出会いよりも多くの手間暇が必要にもかかわらず、それを実現する者は一定数存在した。

メールを介した出会い──「メル友」

　1999年にNTTドコモがネット機能付き携帯電話（ケータイ）を発売したことをきっかけに、ポケベル以上にケータイの利用が青少年の間に広まった。羽渕は、ポケベルからケータイへの移行によって、ランダムに選択される偶然のつながりとしてのベル友から、既存の人間とのつながりをもとにした人間関係の文化、メル友文化に移行したと考察している。

　しかし、青少年のパーソナルメディア利用がケータイに移行しても、青少

年が見知らぬ者との出会いを求めなくなったわけではない。むしろ、ケータイの登場によって、既存の友人・知人はもちろん、見知らぬ者とも容易につながることができるようになったため、やりとりをする相手が多様化したというほうが正確である。確かに、ケータイのメールは相手のアドレスを把握していることが前提であるため、既存の友人・知人とのやりとりが中心になると考えられる。しかし、ケータイからネットに接続することが可能になり、当時はフィルタリングなどの制限や条例による規制もほとんどなかったので、掲示板やチャットなどで不特定多数の者と知り合い、そこでのメールアドレスの交換も可能だった。いずれにせよ、ポケベルからケータイにメディアが移行しても、見知らぬ者との出会いの文化がなくなったわけではないといえる。

文通友達とは何が異なるか

　それでは、パーソナルメディアが青少年の間に普及する前から存在した文通友達と、ベル友やメル友、本書で対象とするネットを介した出会いによって形成される関係はどのような点で異なるのだろうか。そこで羽渕や加藤の研究を参考に、それらの差異について整理した（表3-1）。

　第1に匿名性を挙げることができる。匿名性とは、自分の実名や住所、所属などを相手に伝えることなくやりとりできるかということである。文通友達はまず、雑誌などに自分の氏名や住所を掲載したり、掲載されているそれらの情報を見たりして、相手とのやりとりが始まる。そのため、匿名性は低いといえる。一方、ベル友やメル友、ネットを介した出会いによる関係は、それらの個人情報を相手に伝えることなくやりとりできる点が異なる。特にネットを介した出会いによる関係は、相手に電話番号やメールアドレスなどの情報を伝えることなくSNSやIM上でやりとりすることが可能であるため、匿名性はかなり高いといえる。第2の即時性は、メッセージを相互に送り合うためにどのくらいの時間を要するかということである。文通でのやりとりは、手紙を書き、それが配達されるまで一定時間・期間を要する一方、ベル友やメル友は相手のベル番号やメールアドレスを把握していれば相手と即座にメッセージのやりとりができる（なお、ベル友の場合、メッセージを送るために公衆電話に並ぶ必要があったり、相手から送られてきたメッセージを解読するために一定時間を要したりすることから、即時性は「やや高い」とした）。ネッ

表3-1　文通友達、ベル友、メル友、ネットを介した出会いによる関係の違い

	文通友達	ベル友	メル友	ネットを介した出会いによる関係
匿名性	低い	高い	高い	かなり高い
即時性	低い	やや高い	高い	かなり高い
双方向性	低い	高い	高い	かなり高い
機密性	低い	高い	高い	かなり高い

トを介した出会いによる関係も同様であり、特に近年、青少年が利用しているIMは即時性が高く、秒単位で相手とやりとりができる。第3の双方向性については、やりとりが一方向ではなく、自分も相手も相互にメッセージを送り合うことが可能かということである。文通の場合、メッセージのやりとりは一方向ではないが、双方向でやりとりするためには時間を要するし、複数の相手と同時進行で双方向のやりとりをするのは難しい。一方、ベル友やメル友は数字やメッセージを相互に送り合うのは容易だし、ネットを介した出会いによる関係ではSNSやIMを多用することで、複数の相手と同時進行で双方向のやりとりをすることが可能である。そのため、双方向性は「高い」または「かなり高い」とした。第4に機密性とは、相手とやりとりしているメッセージが第三者によって閲覧されたり改竄されたり、場合によっては消去されたりする可能性のことである。文通では互いの家族が手紙を確認したり、場合によっては改竄、消去したりする可能性が考えられるが、ポケベルやケータイ、スマホなどのパーソナルメディアを介したやりとりではその可能性が低くなる。特にスマホを用いてSNSやIMなどを介したやりとりをする場合、スマホに触る時点で指紋認証や暗証番号などが必要になることから、機密性は「かなり高い」といわざるをえない。

　以上の点から、ネットを介した出会いによる関係は従来のメディアを介した関係とは異なることがわかる。特に文通友達とは大きな違いがあり、文通友達と出会いを実現するためには、多くの手順を経なければならなかった。そのため、青少年が仮に文通によってトラブルや事件・犯罪に巻き込まれそうな出会いを実現しようとしていた場合、周囲が既に文通友達の存在に気づいていて、介入することが容易だったと推測される。一方、ネットを介した出会いによる関係やそれに準じるベル友やメル友は、パーソナルメディアを

介した出会いであるため、第三者が介入することは難しいと考えられる。そのような意味で、トラブルや事件・犯罪が発生していない場合は問題ないが、それらが発生した場合、対応が遅れるといえる。

パーソナルメディアと「援助交際」

　青少年の間にポケベルやケータイなどのパーソナルメディアが広まったころから、「援助交際」も社会問題として取り上げられるようになった。援助交際について、圓田は「管理や強制なしに、ある人が金品を代償に、他者の性的な部分を売買することを前提として成立するコミュニケーション」[5]と定義しているが、青年期女子が援助交際を実現するためにはポケベルやケータイが必要不可欠だったと考えられる。仮に援助交際をする理由（たとえば経済的理由）があったとしても、青年期女子が金品を代償として「性的な部分」を売買することに対して積極的に勧める保護者は少ないだろう。そのため、援助交際をしようと考えている女子は、保護者はもちろん、学校や警察などに知られないよう交渉相手とやりとりする必要がある。つまり、バイパスチャンネルになるパーソナルメディアなくして援助交際は成り立たなかったと考えられる。

　では、保護者や学校、警察に知られないよう援助交際をしていた青年期女子は、どのような理由からそれをおこなっていたのだろうか。圓田は援助交際の経験がある女性にインタビューをし、援助交際をする理由を効率追求型（バイト系）、欲望肯定型（快楽系）、内面希求型（欠落系）の3点に分類した。圓田が収集したインタビュー事例で、バイト系：快楽系：欠落系は3：1：6という比率だった。加えて欠落系はさらにAC（アダルトチルドレン）系と魅力確認系の2つのサブカテゴリーに分類できるとしていた。つまり援助交際は金品を代償に性を売買することを前提としている一方で、バイト目的で援助交際をしている者は30％にとどまった。むしろ、自身の人間関係や精神的な支えを補うために援助交際をしている者が最も多いというのは、注目すべき点だろう。本書で言及するネットを介した出会いを実現する青年期女子も、同様の理由で出会いを実現している可能性がある。

青年期女子が出会いを実現する理由

　ポケベルの衰退によって、見知らぬ者との出会いを楽しむ文化も衰退する

ことが予想されたが、実際、出会いの文化はスマホやケータイが主流の現在も衰退することなく残っている。むしろパーソナルメディアの進化とともに、出会いの実現の仕方も多様化していると考えられる。具体的には、ポケベル時代では既存の人間関係でのやりとりが前提だったため、新たな関係を形成すること自体難しく、ランダムに発信してつながった相手とやりとりしたり、雑誌や駅の掲示板などに自分のベル番号を掲載して相手から連絡がくるのを待ったりした。そのため、新たな関係を形成すること自体、大変な手間暇を必要とした。しかし、ケータイやスマホでは最初にSNSやIMなどで互いの情報を確認できる。情報を確認した後にやりとりをして、相手と気が合えば直接会うという過程を経る。そのため、メディアの進化とともにより容易に自分が求める理想の相手との出会いを実現することができるようになった。先に言及した援助交際も、相手とパーソナルメディアを介して電話やメッセージのやりとりをし、互いの情報を確認した後、双方の意志が一致すれば直接会うという過程を経ることから、出会い文化の一つと位置付けられるだろう。

　ではなぜ、一部の青年期女子はパーソナルメディアを介した出会いを実現する必要があるのだろうか。たとえば圓田浩二は「出会い系サイト」をはじめとした「出会い系メディア」を介して得られるメリットは金銭やセックスではなく、見知らぬ者とのコミュニケーションの快楽にあると述べ、それは3種に分類されるという。第1に演技のコミュニケーション、第2に趣味友とのコミュニケーション、第3に秘密のコミュニケーションである。特に、第3の秘密のコミュニケーションは、富田英典がいう「インティメイト・ストレンジャー」と関連する概念である。日常の対面的な人間関係では口にすることができない話題も、「出会い系メディア」で知り合った相手ならコミュニケートできると圓田はいう。そして「出会い系メディア」のコミュニケーションの本質は、知らない者とのコミュニケーションや出会うまでの過程を、匿名的な相手との想像上のコミュニケーションとして楽しむものであるとしている。

　もちろん、本書で対象とするネットを介した出会いも圓田が指摘する3点の特性を有しているため、青少年にとって魅力的に映ることが考えられる。しかし、一部の青年期女子は想像上のコミュニケーションでとどめることはせずに、相手に直接会うために出かけてしまう。その結果、相手が自分が想

像していたイメージと合致し、さらに関係を深める場合がある一方で、相手の言動や容姿に失望したり、怒りや恐怖の感情を抱いたりすることもある。しかし、それでもネットを介した出会いはとどまることを知らない。ネットを介した出会いが想像上のコミュニケーションにとどまることなく、繰り返し実現される理由については、本書で検討する必要があるだろう。

ネットを介した出会いは悪か

　青年期女子がパーソナルメディアを介した出会いを実現する理由についての先行研究を検討したが、そもそも出会いの実現が青年期女子にとって日常生活にプラスの影響をもたらすものであれば、それを問題として取り上げる必要はないといえる。しかし、パーソナルメディアを介した出会い、特に近年のネットを介した出会いは青年期女子にとって理想的な出会いばかりではない。たとえば2007年にSNSのモバゲータウンで発生した事件として、高校生女子（16歳）が成人男性（30歳）とサイトを介して知り合い、直接会った結果、殺害された事件があった。加えて17年に神奈川県座間市で起こった殺人事件も加害者と被害者が「Twitter」でつながったのがきっかけだったし、被害者9人のうち8人は青年期女子だった。マスメディアの報道からも、青年期女子のネットを介した出会いに関する事件はしばしば発生していることがわかる。

　これまで青年期女子のパーソナルメディアを介した出会い、特にネットを介した出会いに関連する先行研究について言及してきたが、総じて、「ネットを介した出会い＝悪」と捉えられる傾向にある。その理由として、出会いの実現に伴うトラブルや事件・犯罪が複数報道されていることはもちろんあるだろう。さらに羽渕は、テレクラのイメージが定着してはじめて、匿名の相手との出会いが社会問題となったため、電話などのメディアを介して匿名の他者と出会うことは「やましいこと」であるかのように印象付けられたと考察している。また、テレクラよりも少し遅れて援助交際が新聞やテレビなどマスメディアで取り上げられるようになったことも、メディアを介した出会いが否定的に捉えられるようになった原因といえる。その後、法律や条例などで青年期女子がテレクラや援助交際に関わることが表面的にはなくなってからも、ケータイやスマホでそれに代わるサイト・サービスやアプリが複数登場したため、トラブルや事件・犯罪につながる出会いがなくなったわけ

（件）

図3-1　SNS などに起因する事犯の被害児童数の推移
（出典：警察庁「平成29年における SNS 等に起因する被害児童の現状と対策について」2018年
〔http://www.npa.go.jp/safetylife/syonen/H29_sns_koho.pdf〕〔2019年4月10日アクセス〕）

ではない。むしろ警察庁の調査では、SNS などのいわゆる交流サイト・サービスでの青少年の被害が近年増加していることを指摘している（図3-1）。そのようなことも、メディア、特にパーソナルメディアを介した出会いは「危険で、有害なもの」として否定的に捉えられる理由になっているといえる。

　一方、出会いの実現によって、充実した人間関係を築くことができる者もいることは確かである。たとえば、加藤の研究では、ネットを介した出会いの実現によって性被害などの不利益を被った経験がない者は、再度機会があれば出会いを実現したいと肯定的に捉えていた。また、対面関係に満足しておらずネットを介した出会いを実現する者は、出会いを理想的な人間関係を築くための有用な手段と捉えているだろう。しかし、仮にネットを介した出会いを実現し、相手と新たな関係を築くことができたとしても、それは強固で継続的な関係なのだろうか。加藤の研究では、ネットを介して新たに知り合った相手が特に異性の場合、その関係は短期間で終了・消滅することを指摘している。本書ではネットを介して形成された関係がその後どのような経過をたどるのか、ネット上の出来事（オンライン）や対面関係での出来事（オ

46

フライン)、そのときの感情、周囲の反応という視点から整理する。

2 青年期の友人関係におけるインターネット利用

　これまで言及してきたとおり、ネットを介した出会いが実現される背景として、青年期の対面関係のなかで形成される人間関係はもちろん、ネット上のやりとりが当事者の感情や言動に及ぼす影響を無視できないのではないだろうか。そのため、次に青年期の人間関係、特に友人関係についての先行研究を整理する。

青年期の友人関係のあり方

　岡田努は青年期の友人関係の特徴について、「お互いが強い心の絆で結ばれることにある」と述べ、「子ども時代の友人関係はどちらかと言うと「自分のために相手が何をしてくれるか」というような利己的な関心に基づいている」のに対して、中学生ごろにみられるチャム関係では「「相手のために自分が何をできるか」といった利他的な関係が中心となる[(10)]」としている。そしてこのような関係のもち方は、異性に対する愛情の原点になるとも述べている。その後、発達に伴って青年期の友人関係はチャムからピアへと変化していくわけだが、岡田によると、ピアの特徴として「自分が所有したいと願う資質をもつ人」「自分がなりたいと望む相手」として互いに理想化するという。そして、青年期初めの段階で、親友のイメージが自分の理想のモデルになり、その理想イメージが、やがて、実際の自分を形作る際の羅針盤のような役割を果たすと考えられている[(11)]。

　上記の青年期の友人関係に関する研究は、毎日学校（もしくは職場）に通うことができ、少なからず友人・知人とやりとりしたり交流したりできる環境にある者に関する知見だと考えられる。多くの者は発達に応じて友人・知人との関わりをチャムからピアへと変化させていくといえるが、不登校や登校拒否などの理由から学校（職場）に通うことができず、友人・知人との関わりを十分にもつことができない者はどのような友人関係を築いていくのだろうか。本書で対象にするネットを介した出会いを実現する青年期女子のなかには、不登校や登校拒否などの理由から対面関係で友人・知人との満足な

関係を築くことが困難な者もいると予想される。つまり、青年期女子の友人関係のあり方としてみられるチャムやピアを経験しないまま、ネットを介した出会いに参入している者も少なからずいると考えられる。そのような者がネットを介して他者との関係を築こうとする際にどのような特徴がみられるかといった点についても、本書では言及していく必要があるだろう。

青年期女子が友人に求めるもの

　次に、青年期の友人との付き合い方や友人に求めるものについて言及する。岡田努は青年期に位置付けられる大学生を対象とした調査から、大学生の友人との付き合い方について「群れ指向群」「関係回避群」「個別関係群」の3グループがあることを明らかにした。[12]第1の「群れ指向群」は深刻さを避け、楽しさを求め、友人といつも一緒にいようとする傾向があり、第2の「関係回避群」はあたりさわりのない会話ですませ、友人との内面的な関わりを避ける傾向、第3の「個別関係群」は「多くより1人と」付き合うなど、友人と個別的で深い関わりを求める傾向にあるとした。また、各群が友人に求める傾向についても言及し、「群れ指向群」はサークルやバイトが一緒だったり、趣味が一致したり、面白かったりといった「遊び仲間としての適性」を求める一方、「関係回避群」は家族が知り合いだったり、出身学校が一緒だったり、出身地が一緒だったりといった「物理的近接」を求めることが明らかになった。加えて、「個別関係群」は短所やミスを教えてくれたり、尊敬できる人格だったりといった「価値観の一致」を友人に求める傾向が明らかになった。

　岡田の研究は20年以上前のものであり、また、青年期女子に限定されたものでないことから、現代の青年期女子が友人に求める傾向は若干変化していることが予想される。また、対面関係での友人に求めるものとネットを介して知り合った友人に求めるものは異なることも考えられる。一方で、加藤の研究で女子中・高生は趣味や性格が一致した相手とSNSを介して知り合い、出会いを実現していることが示されていた。そのため、対面関係での友人に求めるものとネットを介して知り合った友人に求めるものは似ていることも予想される。ただ、ネットを介した出会いを実現した多くの女子は同性ではなく、異性との出会いを実現していたことから、[13]そもそも友人ではなく、恋人や性愛対象をネットを介した出会いに求めているのかもしれない。いず

れにしても、青年期女子のネットを介した出会いによる友人関係については先行研究が少ないため、本書で検討していく必要がある。

ネット上の「自己開示」と人間関係

　先行研究から、青年期では友人との関わりが心理的発達には重要であることが明らかになったが、スマホをはじめとしたパーソナルメディアが青少年の間に広まった現在、青年期の友人関係のあり方も変化していることが考えられる。たとえば、木内泰ほか[14]、Patti Valkenburg and Jochen Peter[15]、隅田と島谷[16]はネットを介して他者とやりとりすることは青年期の人間関係をより豊かにすると述べ、その理由として「自己開示」を挙げている。

(1)「自己開示」とは

「自己開示」について、たとえば深田博己は「特定の他者に対して、自己に関する本当の情報を言語的に伝達する行動[17]」と定義している。また安藤清志ほかは、「自分が意図的に相手に打ち明けなければ決して相手が知ることができないことがら[18]」としていて、両者の定義を踏まえ古川良治は、「自己開示」を定義するうえで自己情報の内容、開示者の意図性、被開示者との関係性などの要因が重要であるとした。そして「自己開示」を「自らが本当の自分であると認識している自己に関する情報を特定の相手に、伝える意思を持って、言語的に伝達すること[19]」と定義した。この定義はネット上の「自己開示」にも応用できるといえ、本書では古川の定義を用いる。また近年では、「Instagram」や「Facebook」などのSNSの普及によって、言語情報だけでなく、写真や動画でも「自己開示」が可能になった。そのため本書では言語情報に限らず、写真や動画などの非言語情報も「自己開示」の対象としたい。

(2)ネット上の自己開示の肯定的側面

　木内ほかの研究では、高校生199人を対象に質問紙調査をおこない、ケータイの通話と、メールの利用が青少年の対人関係の親密性に及ぼしうる影響と、その影響過程での媒介要因としての自己開示の役割を検討した。その結果、メールの使用が多いほど、ネット上の自己開示、対面での自己開示が多くなり相手との親密性が高まること、ネット上の自己開示から直接親密性が高まること、親密性が高いほど、メールをよく利用するようになることが明

らかになった。

　上記の傾向は海外の研究でも指摘されている。Valkenburg and Peterはオンラインコミュニケーションが既存の友人との親しさとどのように関連しているか明らかにすることを目的に、オランダの10歳から16歳の794人を対象に調査した。その結果、オンラインコミュニケーションは友人との親しさと正の相関があることが明らかになった。しかし、上記の傾向は見知らぬ者とのオンラインコミュニケーションではなく、既存の友人・知人とのオンラインコミュニケーションにだけ該当した。また、ネット上のやりとりに関する2つの相反する仮説（the rich get richerと社会的補償）についても言及し（これらの仮説については後述する）、「社会的サポート」[20]が少ない者はそうでない者と比べてオンラインコミュニケーションの頻度が低かったが、ネット上の自己開示に価値を見いだしていた。これは社会的補償仮説に合致する。

　また、Jochen Peter et al.はネット上で形成される友人関係に注目していて、外向的な者はネット上で自己開示をすることによって、それがネット上での友人を増やし、友情形成につながるとしている[21]。内向的な者もソーシャルスキルを補足するためにネット上でやりとりする機会が増え、結果、ネット上での友人を増やすことにつながっていた。特に強い社会的補償動機をもつ者はネット上で自己開示を積極的にしていて、その結果、ネット上でより多くの友人を増やすことにつながったとしている。つまり、ネット上で自己開示することは、既存の友人・知人との関係を良好にするだけでなく、新たな友人関係の形成につながると考えられる。

　加えて、青年期女子に限定した研究では、隅田と島谷の研究がある。隅田と島谷は、①首都圏都市部での女子グループの友人とケータイメール使用の実態を把握する、②女子がもつグループの友人への欲求とケータイメール使用の相互の影響を検討する、③ケータイメール使用と対面グループ内の友人関係の相互の影響を検討する、④グループの友人への欲求と対面グループ内の友人関係の相互の影響を検討することを目的に、首都圏都市部の女子中学生330人を対象に質問紙調査を実施した。その調査結果から隅田と島谷は、青年期女子が自分や相手の悩み事を相談するツールとしてケータイメールを使用していることを指摘し、そこには女子が同性友人と内面的な話をすることでお互いの親密さを深めたい思いがうかがえると考察している。また、青年期女子にとって閉鎖的な状況で友人とやりとりするメールは親密確認行為

の一つであり、実際の対面場面での親密確認行動の機会を強化する可能性があるとした。[22]

　いずれも10年以上前の研究だが、総じて、ネット上で自己開示することによって既存の人間関係に肯定的影響があることが明らかになった。ネット上で新たに形成された関係について言及している研究は少なかったが、それでも、ネット上の自己開示がネット上で形成された関係にも肯定的影響があると予想される。それは、「社会的サポート」が多い者だけではなく、「社会的サポート」が少ない者にとっても価値があると指摘する研究もある。しかし、ネット上の自己開示は否定的な側面も持ち合わせる。

(3)ネット上の自己開示の否定的側面

　杉谷陽子は、ネット上ではその特性によって「私的自己意識」が高まって自己の内面に注目が向き、[23]かつ一方で「公的自己意識」が低下して他者からの評価概念が低下したときに自己開示が最も促進されるとしていた。[24]そのため、自己開示の促進は他者との関係を深めるといった肯定的側面だけでなく、問題発信を促すといった否定的側面も懸念される。

　たとえば、加藤の研究ではネットを介した他者との関係悪化のプロセスについて言及しているが、既存の友人・知人とネット上でやりとりするなかで、自己開示によって配慮に欠けた発信や不用意な発信をしてしまったことで相手との関係が悪化し、場合によって関係が終了・消滅したというエピソードを複数紹介していた。しかし、対面関係では相手との関係が周囲の友人・知人関係にも影響を及ぼすと考えられることから、周囲の目を気にして、相手に嫌悪の感情を抱きながらも、やむをえず関係を継続している場合も多かった。[25]上記から、ネット機能によって自己開示が促され、既存の人間関係への肯定的影響が考えられる一方で、ネット上の自己開示には配慮に欠けた発信や不用意な発信による否定的影響があることも忘れてはならない。しかし、先行研究の全体的な傾向としては、ネットを介したやりとりによって自己開示が促され、それが既存の人間関係を豊かにし、社会的サポートが少ない者もそのメリットを享受することができると指摘するものが多い。

(4)自己開示がネット上の関係に及ぼす影響

　自己開示は既存の人間関係だけでなく、ネット上で新たに形成される他者

との関係でも両者の親密性を高めるために機能することが予想される。

　たとえばアダム・ジョインソンは、著書のなかでKatalyn Y. A. McKenna et al.[27]の研究について言及している。McKenna et al. は、20のユーズネット・ニュースグループ（ニュースや議論を分刻みで更新・提供している記事の集まり）で投稿者らが対人不安や孤独感、自己を対面よりもネット上でさらけ出すことができると思っているかという点について調査した[28]。その結果、対人不安などによって対面で自己表現することに潜在的な問題をもっている者（社会的サポートが少ない者も一定数含まれると予想される）は、対面よりもネット上で自己の表現ができると考えていた。また、対面状況で抑圧されている自己をネット上で表現できると考える者ほど、ネットを介して知り合った者に強い愛着を示す傾向があるとしていた。上記から、ジョインソンは、ネットでは「ウソや「作りあげられた」自己呈示ばかりでなく、より信頼できる、そしてより真に近い自己、すなわち対面相互作用において通常は表現することが抑制されている自己を表出することができる」[29]としていた。そのような理由から、ネット上で新たに形成される他者との関係でもネット上の自己開示によって両者の親密性を高めることができると予想される。実際、加藤と堀田の研究の事例でも、中学校を無断欠席して隣町の中学生に会いに出かけた女子生徒は、プロフやリアル（ネット上の独白機能）上で互いに自己開示をすることで親密性を高め合い、その結果として「相手に会いにいく」という行動をとったのだろう。

　上記から、ネット上で自己開示することは既存の友人・知人との親密性を高めるだけでなく、ネット上で新たに形成された他者との親密性も高めるといえる。そして、親密性が高まった結果、その相手と直接会うということは十分考えられる。

(5)「社会的サポート」とは何か

　ネットを介した出会いの実現が、社会的サポートのありようと関連があることは、これまで先行研究を整理するなかで明らかになったことの一つである。社会的サポートは「ソーシャルサポート」という名称で言及されることもあり、また定義も多様で、必ずしも明確ではないとされている[30]。

　たとえば阿部彩は、社会的サポートを個人的社会関係資本の一つと位置付けている[31]。個人的社会関係資本は主に3点から成り立っていて、「社会的参

加」「社会的交流」「社会的サポート」がある。「社会的サポート」はさらに2点に分けられ、道具的サポートと情緒的サポートがある。道具的サポートとは、困ったときに頼りにできる人がいること、情緒的サポートとは、悩み事の相談にのってくれる人がいること、寂しいときの話し相手がいることなどを指す。社会的サポート・ソーシャルサポートについての先行研究で、道具的サポートと情緒的サポートは社会的サポート・ソーシャルサポートを構成する因子として含まれているので、ネット上の社会的サポート（ソーシャルサポート）に関する研究は少ないが、阿部の定義は本書にも応用できる。

　つまり、困ったときに頼りにできる人がいなかったり、悩み事の相談にのってくれる人がいなかったり、寂しいときの話し相手がいなかったりする者が、ネットを介した出会いを実現する可能性がある。具体的には、学校や職場などでの人間関係に満足していなかったり、家族関係がよくなかったりする者がそれを補うために、ネットを介した出会いを実現することが想定される（社会的補償仮説）。一方、ネットを介した出会いによって社会的サポートを得られる者は、もともと外向的な性格などの理由から他者との関係が良好な者であることも考えられる（the rich get richer）。本書ではネットを介した出会いを実現する者はどのような特徴を有するのか（社会的サポートが多い者か、少ない者か）、そもそも出会いを実現する者は何らかの特徴を有するのか、それともわずかなきっかけさえあれば誰もが出会いに参入するのかという点について明らかにしたい。上記は、本章第4節の「まとめ」で再度言及する。また、ネットを介した出会いを実現する際、ネット上の自己開示がどのような役割を果たすのかという点についても検討したい。

ネット上の「自己呈示」と人間関係

(1)「自己呈示」の定義

　これまでネット上の自己開示について言及してきたが、「自己呈示」という概念も存在する。自己開示と「自己呈示」の差異について、たとえば古川は、「自己開示において伝達される自己情報は限られたものである」一方、「自己呈示において伝達されるのは、本当の自分であると認識している自己情報に限らない[32]」とし、自己呈示を「（他者から）いい印象を得るため、あるいは社会的承認や報酬を得るために、本当の自分とは異なる情報を伝達したり、自己情報のなかから選択して伝達することも含まれる」と定義した。

表3-2　本書で採用する自己開示と自己呈示の定義

自己開示 　自らが本当の自分であると認識している自己に関する情報を、特定の相手に、伝える意思をもって、言語的に伝達すること（本書では写真や動画などの視覚的情報も含む） 自己呈示 　（他者から）いい印象を得るため、あるいは社会的承認や報酬を得るために、本当の自分とは異なる情報を伝達したり、自己情報のなかから選択して伝達することも含まれる

（出典：古川良治「インターネットにおける自己開示研究の方向性に関する考察」〔成城大学社会イノベーション学会編「成城大学社会イノベーション研究」第3巻第2号、成城大学社会イノベーション学会、2008年、1-17ページ〕をもとに作成）

　ネット上は非対面でのやりとりが多いことから、相手の趣味・好みに合わせた戦略的な自己呈示も可能であり、それをうまく利用することによって他者との親密性を高めることも期待される（表3-2）。

(2)賞賛獲得欲求・拒否回避欲求

　本書ではネット上の自己開示と自己呈示を区別して言及するが、実際、それらを明確に区別することは難しい。[33]その理由の一つに、自己開示も自己呈示もネット上で自分自身に対するいい印象を相手にもってもらったり、自分自身に対する相手の理解を深めてもらったりする目的が挙げられる。このように、他者からの肯定的な評価の獲得を目標とする欲求を、菅原健介や小島弥生は賞賛獲得欲求と定義した。一方、他者から「嫌われたくない」「変な人だと思われたくない」といった否定的な評価を回避しようとする欲求を拒否回避欲求とし、賞賛獲得欲求とは異なる概念だと定義した。[34]ネット上で積極的に自己開示・自己呈示することによって、ネットを介して知り合った相手から自身に対する肯定的な評価を得られるといえる。また、相手から積極的に自己開示・自己呈示（受信側は自己呈示と判断できない場合もある）されることによって、相手を肯定的に評価することもある。それらを繰り返した結果、ネットを介した出会いの実現につながることは十分に考えられる。そのため、出会い経験者は非経験者と比べて、賞賛獲得欲求が有意に高いと想定される。

　一方、ネット上での積極的な自己開示・自己呈示は相手から賞賛される可能性があると同時に、拒否されたり否定されたりする可能性もある。むしろ、

相手から拒否されたり否定されたりすることを恐れている者はネット上での自己開示・自己呈示を積極的にしないのではないだろうか。そのため、出会い経験者は非経験者よりも拒否回避欲求は有意に低いことが考えられる。本書では、ネットを介した出会い経験者と非経験者を分類する一つの指標として賞賛獲得欲求・拒否回避欲求得点についても検討していきたい。

(3)ネット上の戦略的自己呈示

　ネット上での自己呈示によって、相手に自分をよく見せることができたり、逆に相手を理想化したりするため、ネットを介した出会いが実現されやすくなるといえる。国内の研究やマスメディアではネットを介した出会いを教育的側面から否定的に捉える傾向にあるが[35]、海外の研究では恋愛関係を始めるにあたってポピュラーなやり方だと Hancock et al. はいう[36]。

　Hancock et al. は「Match.com /MSN」「Yahoo!Personals」「American Singles」「Webdate」の4サイトから最終的に80（男性40、女性40）のデータを調査した結果、身長、体重、年齢に関して利用者はサイト上で多少嘘の情報を発信していたが、重大な嘘の情報を発信していることは少ないとしていた。また、同様の研究として、Catalina Toma et al. は上記4サイト上での自己紹介の正確さについて80人を対象に調査した[37]。結果、男性は自身の身長について嘘をつき、女性は体重について嘘をついていた。また、それらの嘘は意図的なものであることがわかった。一方、自身の写真については正確な情報を掲載しておらず、他者との関係についての情報、自身に関する情報は最も正確に掲載していた。

　いずれも青少年だけを対象にした研究ではなく、また、男女の出会いを対象にした、いわゆる「出会い系サイト」の調査ではあるが、ネット上で嘘をついたり、発信する情報を取捨選択したりすることは珍しくないといえる。しかし、上記のネット上での自己呈示は容姿に関するもので、自身の内面に関するものではないことから、表面的だと考えられる。また、そもそも海外、特に欧米諸国ではネットを介した出会いの実現に伴うリスクについての研究は少なく[38]、上記のようなネット上の自己呈示に関する研究が多い。これは、利用者が危険性よりも、ネット機能を用いていかに魅力的な相手と出会うか、そのために自身のネット上の発信をどのようにコントロールするかに重きを置いているためだといえる。また、先に言及したとおり、自己呈示も容姿に

関する表面的なものであることから、ネットを介した出会いの実現はそこまで危険性が高いものだとは認識されていないのだろう。⁽³⁹⁾

（4）ネットでの自己呈示のしやすさと理想化

　では、なぜネット上では自己呈示がしやすいのか。それは、対面でのやりとりとは異なり画面を介した文字でのやりとりが主だからだといえる。「Zoom」や「Skype」「google」のハングアウトなどのビデオ通話で相手の顔を見ながらやりとりする機会も増えてきてはいるが、特にネットを介して知り合った相手と最初からビデオ通話でやりとりする者は多くない。最初は文字でのやりとりによって簡単な情報交換をした後に相手と気が合えば、ビデオ通話などに移行して関係を深めることが一般的である（関係を深める際、ビデオ通話を用いない者も多い）。先に言及したとおり、ネットを介した文字でのやりとりは、対面と違って相手に伝わる視覚的情報が制限されている分、内向的な性格であっても相手とやりとりしやすい。また、外見に関する虚偽の情報や誇張した情報を相手に伝えることも可能である。加えて、ネットを介した文字でのやりとりにとどめておけば、仮に相手との関係が終了・消滅することになったとしても、それが容易にできる。⁽⁴⁰⁾

　総じて、ネット上では視覚的情報が制限されている分、対面よりも自己開示や自己呈示がしやすい。そのため、ネット上の自己開示・自己呈示の結果、互いに相手を理想化することが考えられる。それは既存の友人・知人だけではなく、ネット上で知り合い、直接会ったことがない相手に対しても該当する。むしろ、ネットを介して知り合った相手のほうが、理想化されやすいのではないだろうか。

理想化されやすいネット上の人間関係

　ネットを介して知り合った相手のほうが既存の友人・知人よりも理想化されやすい理由として、第1に、相手に関する視覚的情報が制限されている点がある。既存の友人・知人は相手の外見だけでなく雰囲気、話し方（の癖）などをある程度は把握しているため、それらがネット上のやりとりの内容に影響する。一方、ネットを介して知り合った相手は文字でのやりとりが主だし、互いの写真を交換したりビデオ通話で話したりする機会はあるかもしれないが、視覚的情報をある程度コントロールすることが可能である。たとえ

ば、交換する写真をあらかじめ修正したり、場合によっては他人の写真を用いたりすることができる。[(41)]

　第2に、物理的距離があることも理由だろう。既存の友人・知人とは異なり、遠方に住んでいたり年齢が離れていたりする相手に対して期待を寄せる青年期女子は一定数いると考えられる。実際、文通友達は身近な者ではなく、遠方に住んでいたり、年齢が離れていたりする者とあえてやりとりする場合もある。特に、本書の対象である青年期はピアを求める時期であり、同じ考え・立場の者だけでなく、違う考えをもつ者や立場が異なる者との交流を深めながら、アイデンティティを確立する時期にある。[(42)] そのため、ネットを介して知り合った、自分とは（少し）異なる他者に対して興味・関心を抱くことは考えられるし、その他者を理想化することは当然ありうる。また、相手が物理的に離れていれば、既存の友人・知人との関係に（悪）影響を及ぼす可能性は低く、既存の関係にとらわれることなく自己開示・自己呈示ができる点も魅力的なのではないだろうか。

　以上の点から、ネットを介して知り合った相手は既存の友人・知人よりも理想化されやすいと考えられる。

(1)「ハイパーパーソナル・モデル」

　ネットを介して知り合った相手に対する理想化について、たとえば杉谷は著書のなかで[(43)] Joseph B. Waltherの研究を紹介している。[(44)] Waltherは「受け手」「送り手」「チャネル」「フィードバック」の4点の要素が相互に影響しあい、ネット上でやりとりする者同士の好意が高まっていくプロセスを「ハイパーパーソナル・モデル」として説明している。

　第1の「受け手」とは、ネット上では非対面でのやりとりが主であることから相手を客観的に判断する手掛かりが少なくなり、自らの思い込みによって相手を理想化しやすくなることである。第2の「送り手」についてもネットの特性から、理想的な自己（場合によっては本当の自分とは全く異なる自己）を相手に対して表現することが対面よりも容易にできるということである。第3の「チャネル」とは、ネット上でのやりとりは自身が納得するまでメッセージを編集した後、相手に発信することができるというものであり、第4の「フィードバック」とは、ネット上のやりとりによってお互いが一度相手を好意的に認知すると、いわゆる「好意の返報性」（好意を受け取ると、自分

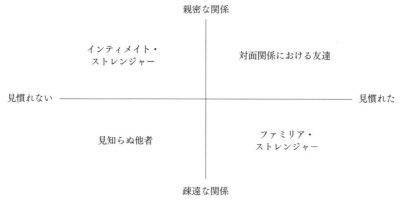

図3-2 「インティメイト・ストレンジャー」の位置付け
(出典：富田英典「デジタルコンテンツが形成する新たな人間関係への考察——Intimate Stranger とデジタルアウラー」〔『情報処理学会研究報告』第53号、情報処理学会、2002年〕、同『インティメイト・ストレンジャー——「匿名性」と「親密性」をめぐる文化社会学的研究』〔関西大学出版部、2009年〕から作成)

も相手に対して好意を返さなければという心理がはたらき、結果として相手が期待する行動をとるようになる）によって、互いをさらに理想化することである。
　やはり、Waltherが提唱する「ハイパーパーソナル・モデル」は既存の関係よりも、ネットを介して新たに形成された関係の形成・維持・強化に強く作用するといえる。その理由は先に言及したとおり、既存の関係では学校や職場などの対面状況である程度互いの存在を認知しているため、戦略的な自己呈示は難しいからである。一方、ネットで新たに形成された関係では相手の表情や立ち振る舞いなどの非言語的な手掛かりが少ないことから、文字を中心とした戦略的な自己呈示をしやすいと考えられる。

(2)「インティメイト・ストレンジャー」
　総じて、既存の友人・知人よりもネットを介して知り合った相手は理想化されやすいといえる。このように、ネットを介して知り合った相手のような、「匿名性」を前提としたメディア上の親密な他者を富田は「インティメイト・ストレンジャー」と定義し、匿名であるからこそ、たとえば既存の友人・知人には相談できないようなことをネット上の掲示板で気軽に相談したり、SNSで自分の感情を見知らぬ他者と共有したりできると述べていた。

上記から、ネット上の「インティメイト・ストレンジャー」は一部の者にとっては理想的な存在になりうるのではないだろうか（図3-2）。

(3)「スワイプで相手を飛ばす」関係

　加藤は、ネットを介して知り合った相手との関係が断たれたエピソードについて複数言及している。[45] 近くに住んでいたり学校や職場が同じだったりする相手に対しては、嫌悪などの否定的な気持ちがあってもその後の付き合いや周りの目を気にして関係を断つことは難しいが、ネットを介して知り合った相手の場合、既存の関係に影響を及ぼす可能性が低いためか、容易に関係を断つ者が多かった。また、関係を断った後、否定的な気持ちを引きずる者は少なかった。[46] この点について、シェリー・タークルも著書のなかで言及している。

　　恋人探しのアプリケーションまでが、無視されたことを無視しやすいフォーマットになっている。Tinder というモバイル出会い系サービスアプリケーションでは、もはやお断りすることは拒絶でもなんでもない、左スワイプで相手を飛ばすだけであって、それをやられても相手にはわからない。（略）結局、テクノロジーが新たな出会いや、興味や好みの新たな表現方法をもたらして、求愛活動にどれほど貢献しようと、間違った期待ももたせてしまう。画面上の言葉から親しみを感じると、それを欠いた人物を理解したように思い込みやすい。それどころか、データに圧倒されて、フェイス・トゥ・フェイスの場なら働くような分別を、なくしてしまうかもしれないのだ。[47]

　タークルもネットを介しての出会いは対面での出会いよりも理想化されやすいと述べているが、その脆さや危うさについても言及している。確かに、対面よりもネットを介して知り合った相手のほうが、何度も言及したとおり、理想的に映るかもしれない。しかし、相手と直接会い、友人関係や恋人関係に発展したとしても、その関係は継続的なものなのだろうか。むしろ、都合がいいときだけつながり、どちらか一方が飽きたり何らかの目的を達成したりしたならば「左スワイプで相手を飛ばす」ことができてしまう、いわば「選択的な人間関係」なのではないか。[48]「選択的な人間関係」については以下

に説明を加える。

ネット上の人間関係の脆さ

　ネット上の「インティメイト・ストレンジャー」は自己開示や自己呈示の
しやすさから理想化されやすいと述べた。相手を理想化した結果、相手と直
接会うために出会いを実現する者もいるだろう。直接会った結果、相手と継
続的な関係を築くことができる場合もあれば、理想や想像と異なり相手との
関係が終了・消滅する場合もある。

(1)「選択的な人間関係」

　都合がいいときだけつながり、どちらか一方が飽きたり何らかの目的を達
成したりしたならば「左スワイプで相手を飛ばす」ことができてしまう、柵
や義務がない、いわば気楽な関係というのは、いわゆる上野千鶴子がいう
「選択縁」や松田美佐がいう「選択的な人間関係」という概念に近いと考え
られる。松田によると、「選択的な人間関係」は参入・離脱が自由で拘束性
がない人間関係として、しばしば制度化され組織化された関係との対比で言
及されるという。そしてそれは、若者やケータイ固有の問題というよりも、
「接触可能な人の増大」に起因するものだとしている。そのため、青年期女
子のネットを介した出会いについての文脈に完全に適合するわけではないが、
ネットを介した出会いを実現することによって、状況に応じて選べる対象
（相手）を増やすことにつながるのは確かである。

　また、浅野智彦は「選択的な人間関係」のあり方と関連して、今日の日本
の青少年（若者）の自己が多元化しつつあるのではないかと述べている。自
己の多元化または多元的な自己とは、浅野によると、そのつどの関係にでき
るだけ内在化し、最適化しようとする構えをもち、関係ごとに異なった顔を
見せているため他人の目には一貫した像を結びにくいという。そしてそれら
の像・顔は「偽もの」「仮面」のようにもみえてしまう。しかし浅野は、そ
のような自己の多元化は流動化する社会のなかでの青少年の有用な生存戦略
だと述べている。その理由として、女子大学生のエピソードを挙げながら、
付き合っている彼氏に依存しすぎることがないように、「愛情の分散」また
は「期待の分散」をすることで、彼氏に配慮する青少年の姿について言及し
ていた。そのため「選択的な人間関係」に伴う自己の多元化は自分の都合だ

けでなく、相手に配慮した結果、もたらされる関係ともいえる。その意味で自己中心的で身勝手といった否定的な評価だけでなく、一方で肯定的な評価もできる。

(2)「純粋な関係性」

「選択的な人間関係」と関連する概念として、アンソニー・ギデンズが提唱する「純粋な関係性」がある。ギデンズは「純粋な関係性」について著書のなかで以下のように述べている。

> 社会関係を結ぶというそれだけの目的のために、つまり、互いに相手との結びつきを保つことから得られるもののために社会関係を結び、さらに互いに相手との結びつきを続けたいと思う十分な満足感を互いの関係が生み出していると見なす限りにおいて関係を続けていく、そうした状況を指している。[52]

つまり、「互いに相手との結びつきを続けたいと思う十分な満足感を互いの関係が生み出していると見なす」ことができない場合は、関係が終了・消滅することになる。これは先に言及した「選択的な人間関係」や「選択縁」とつながる概念といえる。また、ギデンズは以下のようにも述べている。

> 今日の関係性は、かつての婚姻関係がそうであったように、ある極端な状況を除けば、関係の持続が当然視できる「おのずと生じていく状態」ではない。純粋な関係性の示す特徴のひとつは、いつの時点においてもいずれか一方のほぼ思うままに関係を終わらすことができる点にある。[53]

上記については、Eva Illouz も著書のなかで言及していて、愛も自分自身の目的のために2人の個人によって確立され、双方の意志によって終わらせることができると述べている。

In fact, love is the paradigmatic example and the very engine of a new model of sociability dubbed by Giddens as that of the "pure relationship," based on the contractual assumption that two individuals with equal rights unite for emotional and individualistic purposes. It is established by two individuals for its own sake and can be entered and exited at will.[54]

　ギデンズとIllouzによると、青少年はもちろん、誰もが「純粋な関係性」の特徴によって自分の居場所を失う可能性があるということだ。現時点では対面関係に恵まれていて、家族関係や友人・知人、恋人関係、学業・仕事などが良好だったとしても、一瞬にしてそれらが失われる可能性もある。また、ネット端末が青少年はもちろん、多くの人に広まった結果、ネットの特性によって人間関係の変化のスピードが速く、また顕著になりつつあるともいえる。たとえばSNSではより多くの人とつながることを勧め、ネットショッピングでは我々の消費欲求が途絶えることがないように次々に新しい商品の提案をする。そのため、「純粋な関係性」もネットの特性に影響を受けることが予想される。ネット上の様々な情報にさらされることによって、「純粋な関係性」はより脆くなると考えられる。

3　青少年が置かれている社会状況

　ここまで青年期の友人関係を中心とした人間関係でのインターネット利用という視点から先行研究を整理してきたが、我々が置かれている社会状況からもネットを介した出会いが実現される背景について考察する必要がある。その理由として、パーソナルメディア、特にネット接続機能を有するスマホやケータイが登場して以来、我々はいつでも、どこでも、誰とでもつながることができ、いつでも、どこでも、どんな情報でも入手することができるようになったことがある。つまり、パーソナルメディアの登場によって我々の日常生活には大きな変化があったが、そうした個々の変化は社会全体にも大きな変化をもたらしただろうし、さらに、社会の変化が個々の意識や行動様式に影響を及ぼしていることが考えられる。

「消費社会」とネットを介した出会い

ジグムント・バウマンは我々がいま置かれている社会を「消費社会」と呼び、消費社会について「社会が人間の欲望を、かつてどの社会にもできなかった、夢見ることすらできなかった形で、満たすと約束することにある」と述べた。このような消費社会の特性がネットを介した出会いのあり方と関連していると考えられる。

　　消費主義症候群がその中心街やショッピング・モール王国以外に征服した場所は、アイデンティティの形成・再形成がなされる土地にとどまらない。徐々に、しかし容赦なくそれは人間の相互関係や結びつきをも支配している。パートナーとの関係だけ、その他の生活に当てはまる規制の例外となりえようか？　パートナー関係が適切に機能し、約束したことだけを果たし、望みを叶え、満足をもたらすためには、たえまない注意と献身的なサービスが必要である。しかし、長く続けば続くほど、注意力を保ち続けることも、必要な日常サービスをこなすことも難しくなる。消費製品がすぐに古くさくなり、即座に取りかえられることに慣れてしまった消費者にとって、無理して関係を保つことは、面倒で時間の無駄に思える。それでも関係を続けようとしたとしても、それに必要なスキルや習慣が失われている。

　バウマンが言及しているとおり、消費社会は対人関係にも影響を及ぼすと考えられる。つまり、「消費製品がすぐに古くさくなり、即座に取りかえられる」ように、一部の青年期女子はネットを介してつながった相手を自分の都合で即座に取り換えているのではないだろうか。もちろん、相手とやりとりしているなかで「気が合わない」「考え方が違う」という理由から、意識して相手との関係を終了・消滅させることもあるが、一方で無意識に、相手との関係を終了・消滅させてしまうこともある。たとえば、共通のアイドルを応援しているという理由からつながったが、応援するアイドル自体も消耗品のように目まぐるしく変化していく。そのなかで、応援するアイドルが変わったからそれに伴い、「Twitter」のアカウントが削除されたり、連絡先が変更になったりすることは青少年のネット利用でよくみられる。そのため、一緒に応援していた相手との関係がいつの間にか終了・消滅してしまうことも十分に考えられる。無意識に相手との関係を終了・消滅させてしまうので、

関係が継続していると思っていた側は不意打ちを食らうことになる。また、自分の都合で即座に取り換えられるということは、相手に自分も取り換えられる可能性をはらんでいる。そのため、ネットを介して知り合った相手に対して、そもそも期待していなかったり、傷つく前に自分から相手との関係を終了・消滅させたりすることが考えられる。特に、ネットを介してつながった相手の場合、対面での関係に影響を及ぼす可能性が低いため、ネットを介した出会いでは、上記のような消費社会的な対人関係がみられるのではないだろうか。

社会の「カーニヴァル化」

バウマンの消費社会と似た概念として、たとえば鈴木謙介は著書のなかでその瞬間を楽しみ、消費するような現象を「カーニヴァル化」という言葉で表現している。

鈴木は『カーニヴァル化する社会』という著書のなかで、ワールドカップやハロウィーンなどのイベントで一部の者が路上で盛り上がる現象について、「カーニヴァル化」と名指せるような現象が散見され始めていると述べている。そのような「日常の祝祭化」は近代化と、その徹底として生じる「後期近代」に特有な現象として説明できるという。[58] 鈴木によると、個人は近代初期に人々が帰属していた様々な組織や共同体の軛から解き放たれ、あらゆることが再帰的な自己決定の対象になった。あらゆること、というのはたとえば「共同体に帰属するかどうか」「伝統に従うかどうか」も、個人にとって選択の対象になるということである。

この点については、宮台真司も著書のなかで言及している。「都市的現実」へと開かれてしまった身体が経験する「関係の偶発性」が、学校や家庭や地域のなかでしか意味をもたない「役割」を無意味なものにするという。[59] 都市も地方も関係なく、ネット端末によって、いま、多くの青少年が世界中の人間とつながることができるようになったが、これは宮台の言葉を借りると、身体が「都市的現実」にさらされている状態といっていいだろう。「都市的現実」では、近代初期に人々が帰属していた様々な組織や共同体での「役割」が意味をもたないため、自らあらゆること（職業や結婚相手をどうするか、そもそも結婚するかしないかなど）を選択していかなければならない。自ら選択するというのは、個人の努力次第でよりいい生き方を選ぶことがで

きるため、一般的に理想的な状況として捉えられる。一方で、努力をしない者や失敗した者はそれ相応の生き方しかできない。そのため、一部の理想が高い者にとってはいい環境かもしれないが、目標がなかったり、努力を怠ったり、失敗したりした者にとっては厳しい環境である。後者はその現実の厳しさややり場がない感情をごまかしたりやり過ごしたりするために、その瞬間を楽しみ、消費するために日常をカーニヴァル化させているのではないだろうか。

「希望格差社会」

　現実の厳しさややり場がない感情をごまかしたりやり過ごしたりするために、その瞬間を楽しみ、消費するために一部の者が日常をカーニヴァル化させているという点について、山田昌弘は「希望格差社会」という言葉を用いて言及している。

　　　現代社会は、その危険と安全の境界線が消失しつつある社会である。より危ない選択肢、より安全な選択肢はあっても、絶対安全な選択肢はない。リスクを取らざるを得ない状況、それがリスクの普遍化なのである。（略）自由化論者は、選択に対して自己責任をとらせる傾向が強まる社会になると、将来設計について戦略的に考える人々が増え、社会が活性化するという仮定を立てる。確かに、一部の能力のある人間は、勝ち組になる希望をもって、将来のために努力を積み重ねるだろう。しかし、リスク化が進み、自己責任が強調されると、自由化論者が想定した結果とは、逆のことが起き始めている。それは、「運頼み」の人間の出現である。リスクは誰にでも起こりうるが、結果的に危険な状態に陥らないですむ可能性もある。そうなると、リスクに備えて事前に努力をしても無駄だということにつながる。すると、多くの人々から希望は消滅し、やる気は失われるという訳である。そして、努力をせずに、リスクに目をつむり現実から逃避して生きるという、「自己責任」とは逆の人間類型を生み出す危険性がある。⁽⁶⁰⁾

「努力をせずに、リスクに目をつむり現実から逃避して生きる」という表現は、鈴木がいうカーニヴァル化した社会とつながる。現実から逃避して日常

をカーニヴァル化させることによって、その瞬間は充実したものになるかもしれないが、それは継続性がない。そのため対人関係についていえば、相手との関係を継続させるために、たとえばネット機能を用いて頻繁にメッセージをやりとりすることによって、相手との関係を確認し続けなければならない。それがいわゆる「即レス」といった現象につながる。またそもそも、その瞬間さえ充実していればいいのだから、相手との関係を継続させるための努力さえしないのかもしれない。そのような関係は継続性もなければ義務もないため、互いの利害が一致しない場合は終了・消滅することになる。対面関係では相手と学校や職場などが一緒だったり、共通の友人・知人がいたりすると、世間体を考えて、相手との関係を終了・消滅させることは難しい。一方、ネットを介した出会いでは世間体を気にすることなく相手とつながることができ、相手の存在が必要なくなったりじゃまになったりしたら、容易に関係を終了・消滅させることができる。そのように利己的に振る舞ったとしても、ネットを介した出会いによる関係であれば、実生活に（悪）影響を及ぼす心配はほとんどないと考えられているからである。[61]しかし実際は、出会いを実現したことによって、トラブルや事件・犯罪に巻き込まれるエピソードが後を絶たないことは先に言及したとおりである。それだけ利便性が高い手段であると同時に、リスクを伴う手段であるともいえる。

リスクの定義

　ネットを介した出会いに伴うトラブルや事件・犯罪について、本書ではリスクという言葉を繰り返し用いて述べてきた。リスクについて、たとえば今田高俊は「人が何かをおこなった場合、その行為にともなって（あるいは行為しないことによって）将来こうむる損害（damage）の可能性」[62]と定義した。「地震・風水害・暴風などの自然現象によって起こる天災（natural disaster）や思わぬ事故など、自分自身のコントロールがおよばない損害は危険（danger）と呼ばれるのに対し、リスクは何らかの意思決定（人為的な企て）から帰結する損害」[63]を意味する。つまり、ネットを介した出会いを実現することに伴うトラブルや事件・犯罪は「ネットを介して知り合った人と実際に会う」という意志決定から帰結する損害といえるため、リスクに位置付けられるといえる。

（1）家族のリスク化とネットを介した出会い

　リスクには様々な種類があるが、ネットを介した出会いに関連があるリスクとして、家族のリスク化について言及する。山田昌弘は近代社会で家族が存在し機能していることが、個人のアイデンティティと生活の安定性を保障するとしたうえで、家族のリスク化とは、「家族の不安定化によって、個人のアイデンティティ、もしくは、基本的な生活が脅かされる機会が拡大すること[64]」と定義した。つまり、山田の言葉を借りると、アイデンティティ安全装置としての、また、基本的生活を保障しあう存在としての家族が近代社会では不安定だから、それを補う目的で出会いを実現する青少年が一定数いると考えられる。

　加藤の研究ではネットを介した出会いを実現する者の家族関係について言及していなかったが、出会い経験者である一部の青年期女子は出会いを実現したことについて、家族には言いたくないと話していた[65]。彼女の場合、出会いを実現したことによって、わいせつ被害やサイバーストーカー被害に遭っているため、より家族に言いづらかったと考えられるが、家族に相談できる関係性ができていれば、困り事やトラブルも一人で抱え込むことはなかったと考えられる。つまり、出会い経験の有無と家族関係には何らかの関連がある可能性が示されたといえる。先に言及したとおり、保護者が子ども（青少年）のネット利用に対して高い興味・関心があれば、そもそもネット端末を所持させなかったりフィルタリングをネット端末に導入したりすることが考えられる。ネット端末を所持させなかったり端末にフィルタリングを導入したりすることで、トラブルや事件・犯罪に巻き込まれる可能性が減少することは、警察庁の調査から明らかになっている[66]。そのため、保護者が子ども（青少年）とネット端末の所持やフィルタリング導入の有無について対話できる関係性であれば、出会いを実現する可能性が低下したり、出会いを実現する前に家族に相談したり、仮に実現したとしても、それを家族に打ち明けたりできるのではないだろうか。

（2）リスク社会における教育

　ここまで消費社会やカーニヴァル化する社会、希望格差社会といった様々に称される社会について言及してきたが、それらはすべてリスク社会とまとめることができるのではないだろうか。親しい者との関係が明日崩壊するか

もしれないリスク、自分の居場所が些細なことで失われるかもしれないリスク、努力しても報われないリスクなど、青少年はもちろん、我々大人もリスク社会に身を置いている。そのようなリスク社会で、教育は青少年のライフラインになりうると考えられるが、佐藤学は教育の場として代表的な学校の役割について言及し、以下3点に整理している。

　第1に、学校を「第2のホーム」として、学びの共同体であると同時にケアの共同体として機能させること、第2に、子ども一人ひとりの学ぶ権利を保障し、一人残らず子どもたちが質の高い学びに挑戦できる経験を学校で実現すること、第3に、リスクを抱える子どもたちの急増に伴い、教師たちを支援することである。つまり佐藤はリスク社会のなかで学校の機能を充実させ、学校の教員を支援することによって、教育を守ることの重要性を述べているといえる。しかし、上記はすべての青少年が学校という共同体に所属し、少なからず学校の教員や友人・知人から何らかのサポートが得られる状況にあるという前提に立っている。そのため、何らかの理由で登校拒否だったり、義務教育終了後に就職したりした者は学校という共同体に所属しているとは言い難い。つまり、そのような者は学校の教員や友人・知人からサポートが得られる状況にあるとはいえないのではないだろうか。

　ネットを介した出会いを実現する者のなかには、学校という共同体に所属しているとは言い難い青少年も含まれるだろう。むしろ、学校という共同体に所属できないため、新たな共同体を求めて、出会いを実現することも考えられる。以上を踏まえ、本書では先行研究で言及されていなかった出会い経験者の背景についても言及したい。

4　まとめ——なぜ青年期女子はネットを介した出会いを実現するのか

　ネットを介した出会いが実現される背景について考察するため、先行研究を整理してきた。総じて、ネットを介した出会いは青年期女子にとってメリットをもたらすものというよりも、それ以上にトラブルや事件・犯罪をはじめとしたデメリットをもたらす可能性が少なからずある。その理由は、トラブルや事件・犯罪が発生していないときにはいいが、それらが発生した場合、ネットを介した出会いは教育的立場にある大人が介入することが難しく、問

題が大きくなってからその実態が明らかになることが多かったり、出会いを
実現するまでのスピードが速かったりするためである。しかし、そのように
リスクが高い出会いの手段であるにもかかわらず、一部の青年期女子はネッ
トを介した出会いを繰り返し実現している。

社会的補償仮説とthe rich get richer仮説についての検討

　一部の青年期女子がネットを介した出会いを実現する理由として、本章で
紹介した先行研究をもとに2点の仮説を提示したい。国内外問わず、ネット
を介した出会いに注目した研究はほとんどないが、第2節でふれたように、
第1に、既存の人間関係を補う目的で実現する出会い（社会的補償仮説）と、
第2に、既存の人間関係が充実している者がさらに自身の関係を発展させる
目的で実現する出会い（the rich get richer仮説）が考えられる。第1の既存
の人間関係を補う目的で実現する出会いについて、たとえばKatalyn Y. A.
McKenna and John Barghはネットを介した出会いについて直接言及して
いるわけではないが、内向的な性格などの理由から他者とうまくコミュニケ
ーションをとれない者がネットを利用することによって恩恵を得られると述
べている。関連する研究として、Peter et al.やValkenburg and Peterは、[68]
社会的サポートが少ない者について、社会的サポートが多い者に比べてネッ
ト上で他者とやりとりしていなかったが、ネットを介して他者とやりとりす
ることに価値を見いだしていると考察していた。上記から、対面関係でうま
く他者との関係を構築できない者がそれを補う目的で、ネットを介した出会
いを実現すると予想される。
　第2に、既存の人間関係が充実している者がさらに自身の関係を発展させ
る目的で実現する出会いについて、そもそもPeter et al.やValkenburg and
Peterの研究では、社会的サポートが多い者は少ない者に比べてネット上で
他者とやりとりしていることを指摘していた。また、Robert Kraut et al.の
研究でもネット利用と精神的健康との関係はみられず、ネットを利用する時
間が長いほど、既存の友人・知人と過ごす時間が多くなったと述べていた。[69]
いずれもネットを介した出会いに関する研究ではないが、社会的サポートの
多い者は少ない者よりもネット上で他者と頻繁にやりとりしていて、そのこ
とで既存の人間関係をさらに充実させられるといえる。ネット上で他者とや
りとりする機会が多いということは既存の関係だけでなく、ネット上で新し

く形成された他者とやりとりする機会も多いと考えられ、結果として対面関係に恵まれている、いわゆる社会的サポートが多い者が出会いを実現するということも考えられる。

　以上から、一部の青年期女子が出会いを実現する理由について、社会的補償仮説とthe rich get richer仮説の2点が挙げられる。

「受動的出会い」仮説

　社会的補償仮説とthe rich get richer仮説以外に「受動的出会い」仮説もある。自身にネットを介した出会いを実現する明確な意志がなくても、友人・知人や家族が出会いを実現する際、付き添うようにして促されて出会いを実現するというものである。また、付き添いで出会いを実現する者も、友人・知人や家族がネットを介して知り合った相手とやりとりしている様子をネット上で閲覧していたり、自身が友人・知人や家族とやりとりしている様子を相手もネット上で確認していたりすることが予想されるため、従来の知り合いからの紹介とは異なるといえる。サイト・サービス運営業者にとっては、このように利用者同士のつながりを促すことで、利用者の嗜好やニーズを把握し、長時間滞在してもらうことで広告主から多くの資金が得られるというメリットはあるが、知らないうちに我々の人間関係も利用され、場合によってはコントロールされていると考えられる。

　以上、一部の青年期女子がネットを介した出会いを実現する理由についての仮説を3点挙げたが、何がネットを介した出会い経験者と非経験者を分けるのだろうか。そもそも出会い経験者と非経験者を明確に分けることができるのかといった疑問も残る。先行研究の検討から、誰もがスマホをはじめとしたネット端末を有していて、特に青年期はSNSやIMの利用が顕著であることが明らかになっている。そして、誰もが消費社会やカーニヴァル化する社会、希望格差社会といった不安定な社会に生きているため、現在、友人・知人や家族、恋人、職場関係に恵まれている者でも、それらが失われる可能性は少なからずある。そのとき、新たな関係を容易に構築できる手段として、ネットを介した出会いを実現することも十分に考えられる。[70]本書は、探索的ではあるが、出会い経験者と非経験者に差異はあると仮定したうえで調査・研究を進め、青年期女子のネットを介した出会いの様相を明らかにしたい。

注

（1）本書で述べるパーソナルメディアとは、インターネット接続機能の有無に
　　　かかわらず、容易に持ち運びができ、他者とコミュニケーションをとるため
　　　の情報端末を指す。
（2）羽渕一代「高速化する再帰性」、松田美佐／岡部大介／伊藤瑞子編『ケー
　　　タイのある風景――テクノロジーの日常化を考える』所収、北大路書房、
　　　2006年
（3）富田英典「ケータイとインティメイト・ストレンジャー」、同書所収
（4）前掲「コミュニティ・サイト利用のリスク」
（5）圓田浩二「出会い系メディアのコミュニケーションに関する分析――現代
　　　社会における匿名的な親密さ」、沖縄大学人文学部紀要編集委員会編「沖縄
　　　大学人文学部紀要」第7号、沖縄大学人文学部、2006年、75-85ページ
（6）前掲『ケータイのある風景』
（7）警察庁「平成29年におけるSNS等に起因する被害児童の現状と対策につ
　　　い　て　」2018年（http://www.npa.go.jp/safetylife/syonen/H29_sns_koho.pdf)
　　　[2019年4月10日アクセス]
（8）前掲「青少年女子のインターネットを介した出会いの過程」
（9）前掲「青少年女子のネットを介した「人間関係悪化」のプロセス」
（10）岡田努『現代青年の心理学――若者の心の虚像と実像』（Sekaishiso
　　　seminar）、世界思想社、2007年
（11）岡田努「青年期男子の自我理想とその形成過程」、日本教育心理学会教育
　　　心理学研究編集委員会編「教育心理学研究」第35巻第2号、日本教育心理
　　　学会、1987年、116-121ページ
（12）岡田努「現代青年の友人関係に関する考察」「青年心理学研究」第519巻、
　　　日本青年心理学会、1993年、43-55ページ
（13）前掲「青少年女子のインターネットを介した出会いの過程」、前掲「青少
　　　年女子のネットを介した「人間関係悪化」のプロセス」
（14）木内泰／鈴木佳苗／大貫和則「ケータイを用いたコミュニケーションが
　　　対人関係の親密性に及ぼす影響――高校生に対する調査」、日本教育工学会
　　　編「日本教育工学会論文誌」第32号、日本教育工学会、2008年、169-172
　　　ページ
（15）Patti Valkenburg and Jochen Peter, "Preadolescents 'and Adolescents'
　　　Online Communication and Their Closeness to Friends," *Developmental
　　　Psychology*, 43 (2), 2007, pp.267-277.

(16) 前掲「思春期女子グループの友人関係と携帯メール使用」

(17) 深田博己編著『コミュニケーション心理学——心理学的コミュニケーション論への招待』北大路書房、1999年、115ページ

(18) 安藤清志／大坊郁夫／池田謙一『社会心理学』(「現代心理学入門」第4巻)、岩波書店、1995年

(19) 古川良治「インターネットにおける自己開示研究の方向性に関する考察」、成城大学社会イノベーション学会編「成城大学社会イノベーション研究」第3巻第2号、成城大学社会イノベーション学会、2008年、1-17ページ

(20) 本章第2節の「「社会的サポート」とは何か」で言及する。

(21) Jochen Peter, Patti Valkenburg and Alexander Schouten, "Developing a Model of Adolescent Friendship Formation on the Internet," *CyberPsychology and Behavior*, 8 (5), 2005, pp.423-430.

(22) 前掲「思春期女子グループの友人関係と携帯メール使用」

(23) 杉谷陽子「インターネットにおける自己呈示・自己開示」、三浦麻子／森尾博昭／川浦康至編著『インターネット心理学のフロンティア——個人・集団・社会』所収、誠信書房、2010年

(24) 杉谷はジョインソンの研究についても言及していて、ジョインソンの研究では公的・私的自己意識の両方が高まっている状態ではネット上での自己開示が促されない可能性について指摘している (Joinson, *op. cit.*〔前掲『インターネットにおける行動と心理』〕)。

(25) 前掲「青少年女子のインターネットを介した出会いの過程」

(26) Joinson, *op. cit.* (前掲『インターネットにおける行動と心理』)

(27) Katalyn Y. A. McKenna, Amie S. Green and Marci E. J. Gleason, "Relationship formation on the Internet：what's the big attraction," *Journal of Social Issues*, 58 (1), 2002, pp.9-31.

(28) Ibid.

(29) Joinson, *op. cit.* (前掲『インターネットにおける行動と心理』246ページ)

(30) 谷口弘一／福岡欣治『対人関係と適応の心理学——ストレス対処の理論と実践』北大路書房、2006年

(31) 阿部彩「包摂社会の中の社会的孤立——他県からの移住者に注目して」「社会科学研究」第65巻第1号、東京大学社会科学研究所、2014年、13-30ページ

(32) 前掲「インターネットにおける自己開示研究の方向性に関する考察」1-17ページ

(33) たとえば石川准『アイデンティティ・ゲーム——存在証明の社会学』(新

72

評論、1992年）は著書で「ジョハリの窓」と自己の関係について言及していて、「ジョハリの窓」では自分も他者も理解している自己を「open self」、自分は理解していて他者は理解していない自己を「hidden self」、自分は理解しておらず他者が理解している自己を「blind self」、自分も相手も理解していない自己を「unknown self」としている。自己開示・自己呈示される自己は「ジョハリの窓」の「hidden self」に該当する。「自らの意思で相手に伝える」という意味では、自己開示・自己呈示ともに「hidden self」に該当するが、自己呈示の場合、他者からの肯定的な評価を得るために自己に関する情報を偽ったり取捨選択したりすることから、自己開示とは異なる。石川の研究では自己開示・自己呈示ともに「hidden self」に分類されるが、本書では自己開示と自己呈示を区別して言及したい。

(34) 菅原健介「賞賛されたい欲求と拒否されたくない欲求——公的自意識の強い人に見られる2つの欲求について」、日本心理学会編集委員会編「心理学研究」第57巻第3号、日本心理学会、1986年、134-140ページ、小島弥生／太田恵子／菅原健介「賞賛獲得欲求・拒否回避欲求尺度作成の試み」、日本性格心理学会編集委員会編「性格心理学研究」第11巻第2号、日本性格心理学会、2003年、86-98ページ

(35) 前掲『子どものケータイ』など。

(36) Hancock, Toma and Ellison, op.cit.

(37) Catalina Toma, Jeffrey T. Hancock and Nicole Ellison, "Separating fact from fiction: An examination of deceptive self-presentation in online dating profiles," *Personality and Social Psychology Bulletin*, 34 (8), 2008, pp.1023-1036.

(38) Couch and Liamputtong, op.cit.

(39) 一方で、本書第2章第1節の「Online Dating」で言及したとおり、2021年4月に公開されたドキュメンタリー映画『SNS——少女たちの10日間』では、青少年、特に青年期女子がSNSを利用するリスクに焦点を当てている。

(40) 前掲「青少年女子のネットを介した「人間関係悪化」のプロセス」

(41) 前掲「青少年女子のインターネットを介した出会いの過程」

(42) 保坂亨『いま、思春期を問い直す——グレーゾーンにたつ子どもたち』東京大学出版会、2010年

(43) 前掲「インターネットにおける自己呈示・自己開示」

(44) Joseph B. Walther, "Computer-mediated communication: impersonal, interpersonal, and hyperpersonal interaction," *Communication Research*, 23, 1996, pp.3-43.

（45）前掲「青少年女子のネットを介した「人間関係悪化」のプロセス」

（46）わいせつ被害やサイバーストーカーに遭った一部の青年期女子は、関係が断たれた後も否定的感情を有していた。

（47）Sherry Turkle, *Alone Together: Why We Expect More from Technology and Less from Each Other*, Basic Books, 2017.（シェリー・タークル『つながっているのに孤独——人生を豊かにするはずのインターネットの正体』渡会圭子訳、ダイヤモンド社、2018年）

（48）松田美佐「若者の友人関係と携帯電話利用——関係希薄化論から選択的関係論へ」、日本社会情報学会誌「社会情報学研究」編集委員会編「社会情報学」第4号、社会情報学会、2000年、111-122ページ

（49）上野千鶴子『近代家族の成立と終焉』岩波書店、1994年

（50）前掲「若者の友人関係と携帯電話利用」111-112ページ

（51）浅野智彦『「若者」とは誰か——アイデンティティの30年 増補新版』（河出ブックス）、河出書房新社、2015年

（52）Anthony Giddens, *The Transformation of Intimacy: Sexuality, Love and Eroticism in Modern Societies*, Stanford University Press, 1993.（アンソニー・ギデンズ『親密性の変容——近代社会におけるセクシュアリティ、愛情、エロティシズム』松尾精文／松川昭子訳、而立書房、1995年、90ページ）

（53）*Ibid.*（同書204ページ）

（54）Eva Illouz, *Why Love Hurts: A Sociological Explanation*, Polity, 2013 , p.11.

（55）Zygmunt Bauman, *Liquid Life, Polity*, 2008.（ジグムント・バウマン『リキッド・ライフ——現代における生の諸相』長谷川啓介訳、大月書店、2008年）

（56）*Ibid.*（同書150ページ）

（57）前掲「青少年女子のネットを介した「人間関係悪化」のプロセス」

（58）鈴木謙介『カーニヴァル化する社会』（講談社現代新書）、講談社、2005年

（59）宮台真司「団塊親の幻想性の意味するもの——ブルセラ女子高生の背後に透ける親子関係」、門脇厚司／宮台真司編『「異界」を生きる少年少女』所収、東洋館出版社、1995年

（60）山田昌弘『希望格差社会——「負け組」の絶望感が日本を引き裂く』（ちくま文庫）、筑摩書房、2007年、40ページ

（61）前掲「青少年女子のネットを介した「人間関係悪化」のプロセス」

（62）今田高俊「リスク社会への視点」、今田高俊責任編集『社会生活からみたリスク』（「リスク学入門」第4巻）所収、岩波書店、2007年、3ページ

(63) 同論文3ページ

(64) 山田昌弘「家族のリスク化」、前掲『社会生活からみたリスク』所収、18ページ

(65) 前掲「青少年女子のインターネットを介した出会いの過程」

(66) 前掲「平成29年におけるSNS等に起因する被害児童の現状と対策について」

(67) 佐藤学「リスク社会の中の教育」、前掲『社会生活からみたリスク』所収、50ページ

(68) Katalyn Y. A. McKenna and John A. Bargh , "Coming out in the age of the Internet: Identity 'demarginalization' through virtual group participation," *Journal of Personality and Social Psychology*, 75 (3), 1998, pp.681-694.

(69) Robert Kraut, Sara Kiesler, Bonka Boneva, Jonathon Cummings, Vicki Helgeson, and Anne Crawford, "Internet Paradox Revisited," *Journal of Social Issues*, 58 (1) 2002, pp.49-74.

(70) 圓田は「「普通の女子高生がお金やブランド品を得るために、中年男性に体を売る」行為が援助交際であると「状況に対するメディア（特にマスメディアと述べていた）の定義づけ」がされ、この「状況に対する行為者の定義づけ」が新たな女子中高生による援助交際を生み出し」たと述べている（前掲『誰が誰に何を売るのか？』143ページ）。以上から、圓田は「援助交際のイメージがマス・メディアを介して形成されたことを否定できない」（同書139ページ）と述べ、マスメディアの影響によって一般の女子中・高生が援助交際に参入するようになったと考察している。つまり、圓田によると、何か特別な背景を有する女子中・高生だけが援助交際に参入するのではなく、誰もが援助交際に参入するようになったと考えられる。

第3章 先行研究 75

第4章
青年期女子のインターネットを介した
出会いの探索的研究
——女子中・高生15人への半構造化インタビューに基づいて

1 目的

　青少年がスマホをはじめとする自分専用のネット端末を所持し、ネットに
接続して複数の他者と交流していることは先行研究から明らかである。また、
一部の青少年はネット上で他者と交流するだけでなく、ネットを介して知り
合った者と実際に会ってもいる。伊藤賢一が群馬県の高校生1,794人に対し
ておこなった質問紙調査では、「ネットを介して知り合った人と実際に会っ
たことがあるか」という問いに対して、9年前の調査にもかかわらず、女子
の18.3％、男子の9.3％が「ある」と回答していた。また、フィルタリング
会社のデジタルアーツが実施した青少年618人を対象とした調査でも、男子
より女子のほうがネットで知り合った友達との「リアル化」（対面で会うこ
と）を望み、女子高校生に限定すると27.1％が既に出会いを実現していた。
上記から、特に女子がネットを介した出会いを経験し、それが青年期女子に
とって身近なものになりつつあることがわかる。しかし、国内外問わず女子
のネットを介した出会いに注目した研究は少なく、彼女らがどのような理由
から、どのような手段を用いて出会いを実現しているのかはいまだ明らかで
ない。そこで本章では、青年期女子のネットを介した出会いの実態を探索的
に明らかにしたい。

2 先行研究

ネットを介した出会いの魅力とそれに付随する問題

　ネットを介した出会いは青少年の間に広まりつつあるが、ではなぜ、一部の青少年はネット上に出会いを求めるのだろうか。

　彼・彼女らがネット上に出会いを求める理由として、まず、青年期心理の影響が考えられる。青年期は発達段階で、仲良しグループであるチャム・グループから互いの価値観を語り合うピア・グループの形成時期にあると考えられ[5]、理想的なピア[6]を求めるためにネットを介した出会いを実現している可能性がある。また、青年期は異性に対する興味・関心が高まる時期でもある[7]ことから、ピアを求めるだけでなく、恋愛や性愛のためにネットを活用する者もいると考えられる。

　加えて、ネットの特性がネットを介した出会いを促している可能性もある。ジョインソンはネットを介したやりとりの魅力を「類似性」「自己呈示」「自己開示と相補性」「理想化」の4点に整理しているが[8]、青少年が利用しているSNSやプロフなどには検索機能があり、自分と同じ趣味や考えをもった者と容易に知り合うことができる（類似性）。また、ネット上では自身の長所を最大化して短所を最小化させることが可能であるため[9]、「自己呈示」を戦略的におこなえる。さらに、ネット上では基本的に非対面での文字コミュニケーションが主であるため「自己開示と相補性」が促され、それらによって相手を「理想化」した結果、一部の青少年は出会いを実現すると考えられる。ジョインソンと同様に渋井も、ネットを介した出会いの魅力は「キュー」が少ない点にあると述べている[10]。「キュー」とは社会的手掛かりを意味し、ネットを介した出会いは「キュー」が少ないからこそ、たとえば、送られてきたメッセージの内容などによって相手を理想化しやすく、「これほどメッセージを交換し合ったのだから、私を理解してくれるにちがいない」といった思い込みを抱きやすいとしている。以上の理由から、ネットを介した出会いは、一部の青少年にとって非常に魅力的に映ると考えられる。

　しかし、繰り返し述べているとおり、出会いの実現は青少年にとって必ずしも魅力的なものになるとはかぎらない。確かに、出会いの実現によって充実した他者との関係を築くことができる者もいるが、一方で出会いの実現は既存の関係に悪影響を及ぼす場合もある。たとえばJohn Bargh et al.は、ネットを介したやりとりや出会いによって特に望んでいなかった友人関係や親

密な関係を築くことにつながり、既存の社会的なつながりや家庭生活を混乱させ、問題を引き起こす可能性について指摘している。[11]つまり、ネットを介したやりとりや出会いは魅力的であるがゆえに、既存の関係でのトラブルの原因になるともいえる。

ネットを介した出会いの過程を明らかにする意義

　ネットを介した出会いの魅力とそれに付随する問題について言及したが、出会いの過程に注目した研究は少ない。そこで本章では、青年期女子を対象として半構造化インタビューをおこない、探索的ではあるが、ネットを介した出会いの過程も明らかにする。

　社会的にはネットを介した出会いの実現によって、複数のトラブルや事件・犯罪が発生していることから、青年期女子も出会いを実現することへの危機感をある程度有していることが予想される。それにもかかわらず、一部の青年期女子がネットを介した出会いを実現する理由やそのときの心理状態、また、どのようなネット機能を用いて出会いを実現するのかといった点はいまだ明らかになっていない。また、前述の伊藤の研究によると、ネットを介した出会い経験者は高校生女子の約20％であり、残りの80％は非経験者だった。そのため本章では、非経験者に対してもインタビューを実施し、ネットを介した出会いに対してどのような考えをもつのかを尋ね、経験者と比較する。

3　方法

　本章では青年期女子のネットを介した出会いについて、質的調査によって研究する。量的調査と比較すると調査協力者の数は少なくなるため、結果を一般化することはできないが、青年期女子のネットを介した出会いの様相を知る手掛かりが得られるだろう。そのため探索的ではあるが、質的調査によって研究を進める。

インタビュー調査協力者

　インタビュー調査協力者の募集にあたり、15歳から18歳の青年期女子が

表4-1　青年期女子15人のプロフィル

調査協力者	インタビュー時の学年	出会い経験の有無	フィルタリングの有無
A	中学校3年生	有	無
B*	高校1年生	有	無
C*	高校1年生	有	無
D	高校2年生	有	無
E*	高校2年生	有	無
F*	高校3年生	有	無
G	高校2年生	有	有
H	高校2年生	有	有
I	高校1年生	無	無
J	高校2年生	無	無
K	中学校3年生	無	端末不所持
L	中学校3年生	無	端末不所持
M	高校2年生	無	有
N	高校3年生	無	有
O*	高校1年生	無	有

※ 著者がメールボックスを介してインタビュー依頼をした者には「*」を付した。
※ A・K・Lさんは中学生であることから、電話で彼女らの保護者に研究目的を説明し、自宅、または自宅の近くでインタビューを実施した。
※ G・Hさんは友人同士である。インタビューは個別に実施した。
※ 5都道府県の青年期女子から協力を得た。

発信しているプロフやホムペ（簡易ホームページ）などに付属している「メールボックス」から、本章の目的を明記した依頼文を送った。メールボックス(12)とは、ネット上の簡易私書箱のことである。当時、メールボックスが最も効率的に調査協力者を集めることができる手段だった。メールボックスはサイト発信者と直接連絡をとることが可能なサービスであり、かつ、互いの個人情報を保護したうえで、連絡先の交換も容易にできる。そのため、本章ではメールボックスをインタビュー調査協力者の募集に利用した。

　2012年4月から6月までの期間、メールボックスを介して600人に対してメッセージを送った結果、インタビュー実施に応諾したのは5人だった。(13)また、筆者が10年から12年に関東近郊の主要駅でおこなった街頭インタビューに参加した女子10人からも協力を得て、計15人に対して半構造化インタ

表4-2　質問項目

1. （筆者を除き）ネットを介して知り合った人と実際に会ったことはありますか。
2. （出会い経験者に対して）ネットを介して知り合った人とのエピソードを教えてください。
3. （出会い非経験者に対して）ネットを介した出会いに対してどのような考えを持ちますか。

ビューを実施した（表4-1）。その結果、ネットを介した出会い経験がある者は8人だったので、本章では8人のインタビュー結果を中心に整理する。なお、15人からは、個人情報を保護したうえでインタビュー結果を公開することに同意を得ている。また、基礎的な情報として、ケータイやスマホへのフィルタリング導入の有無についても尋ねている。

インタビュー方法

　本書で半構造化インタビューを採用した理由として以下の2点がある。第1に、構造化インタビューでは調査協力者の回答に応じて臨機応変に質問を変えることが難しいため、採用しなかった。第2に、非構造化インタビューは調査協力者とじっくりと深い話をすることで有用な情報を取得する方法だが、長時間のインタビューは調査協力者の精神的・身体的負担になることが予想されるため、採用しなかった。

質問紙項目の設定

　質問項目は表4-2のとおりである。ネットを介した出会いに関する質的研究は少ないが、群馬大学社会情報学教育・研究センターの質問項目を参考に作成した。[14]

4　分析

　まず、本書の協力者のインタビューの概要を以下に整理する。出会い経験者の各エピソードの考察をおこなったところ、「相手と接触するきっかけになったネット機能」「相手と接触した際の青年期女子の心理」「相手と実際に

会った理由」「相手と実際に会った際の心理・状況」の4点から結果を整理することが妥当であると判断した。そのため、上記4点に基づいて結果を整理する。

Aへのインタビュー（出会い経験者）

　街頭インタビューに応じてくれたうちの一人である。フィルタリングを導入していない自分専用のスマホを休日に利用していたところ、「LINE」で見知らぬ者からメッセージがきた。やりとりしているうちに同年代の異性だということがわかり、また、お互い比較的近くに住んでいたことから、2時間ほどやりとりした後、直接会うことになった。Aの意志で出会いを実現したというより、相手から促されて出会いを実現したようである。加えて、Aはこれまでネット・リテラシー教育を受けた経験はないと話していた。

Bへのインタビュー（出会い経験者）

　メールボックスを介してインタビューに応じてくれたうちの一人である。高校1年生だが、保護者とは同居せずに、年上の彼氏と同居していた。当時流行していた「mixi」を頻繁に利用していて、その掲示板上でつながった祭り好きな人たちとたびたび会うことがあった。祭りで神輿を担ぐために会うので、ネットを介して知り合った人と1対1になることはほとんどないという。その点は安心だと話していた。

Cへのインタビュー（出会い経験者）

　メールボックスを介してインタビューに応じてくれたうちの一人である。周囲から礼儀正しくまめな性格といわれることが多く、筆者とのメールのやりとりも丁寧だった。メールボックスには異性から連絡がくることが多く、そのうちの何人かと出会いを実現した経験がある。中学生のときにネットを介して知り合った相手は初めて会った後、相手がストーカーになってしまい、中学校まで来たことがあった。その際の対応は先生がしてくれた。

Dへのインタビュー（出会い経験者）

　街頭インタビューに応じてくれたうちの一人である。応援している芸能人（アイドル）がいて、その芸能人の「GREE」上のサークルで知り合った同年

代の同性と直接会った経験がある。県外のライブ会場で会い、一緒にライブを楽しむことができたし、出会いを実現した後も特にトラブルや事件・犯罪などの問題はなかったので、今後も出会いを実現する可能性について話していた。

Eへのインタビュー（出会い経験者）

　メールボックスを介してインタビューに応じてくれたうちの一人である。関西地方に住んでいて、関西地方で流行していたホムペでの出会いについて話してくれた。ホムペのBBS（掲示板）を介して親しくなった年上の異性とメールボックスを介してメールアドレスなどを交換した後、直接会った。しかし相手から終始卑猥なことを言われたり、不審な言動が多かったりしたので、その後連絡を断ったという。

Fへのインタビュー（出会い経験者）

　メールボックスを介してインタビューに応じてくれたうちの一人である。自身のバイト先でインタビューに応じてくれた（送迎は母親がしてくれた）。地方の進学校に通っている。自身のプロフにメールボックスをリンクしていて、メールボックスで知り合った同年代の者とやりとりすることが多いという。同性だけでなく異性とやりとりすることもあり、ネットを介して知り合った相手とのやりとりには不安もあるが、顔を見ない状態で相手とメッセージをやりとりする魅力について話していた。

Gへのインタビュー（出会い経験者）

　街頭インタビューに応じてくれたうちの一人である。スマホを所持したのは高校生になってからだが、周囲からの影響もあり「mixi」をはじめとした複数のサイト・サービスを利用するようになった。そこで知り合った異性と「mixi」上のやりとりだけで交際することを決め、直接会ったが、相手の容姿や言動が想像と大きく異なり、かなりショックを受けたという。

Hへのインタビュー（出会い経験者）

　街頭インタビューに応じてくれたうちの一人であり、Gの友人（幼なじみ）である。スマホを所持しはじめたのは高校生になってからであり、

「mixi」も登録はしているが、そこまで頻繁に利用はしていない。Gが出会いを実現するにあたり、心配で付き添いをしたが、相手から盗撮されたりサイバーストーカーされたりしたため、ショックを受けた経験について話していた。

Iへのインタビュー（出会い非経験者）

　街頭インタビューに応じてくれたうちの一人であり、地方の進学校に在学している。公共交通機関を使って通っているので、保護者との連絡のためにケータイは所持している。ケータイにフィルタリングは導入していないが、そもそもネットを介した出会いにはあまり興味・関心はないので問題ないという。仲がいい友達で出会いを実現した者はいないので、特に自分も出会いを実現しようとは思わないと話していた。

Jへのインタビュー（出会い非経験者）

　街頭インタビューに応じてくれたうちの一人である。同じ高校に通う彼氏がいて、その彼氏が「mixi」上で知り合った異性と楽しそうにやりとりしている様子をみて、インタビュー直前に彼氏と別れることにしたという。「mixi」も利用しているが、プロフも利用していて、以前見知らぬ中年の男性からプロフのゲストブック（足跡帳）に「Jの近所に引っ越してきた」という書き込みをされ、恐怖心を抱いた経験について話していた。

Kへのインタビュー（出会い非経験者）

　街頭インタビューに応じてくれたうちの一人である。現在スマホは所持しておらず、iPodで「LINE」を利用することがあるという。高校生になったら自分専用のスマホを所持する予定であり、家族とも話し合いはすんでいるという。出会いの実現についても完全に否定的ではなく、相手が同年代の同性で近所に住んでいたら会うこともしてみたいと話していた。

Lへのインタビュー（出会い非経験者）

　街頭インタビューに応じてくれたうちの一人である。現在スマホは所持しておらず、必要があるときは保護者のスマホを利用することがあるという。高校生になってからスマホは所持する予定だが、出会いの実現には抵抗があ

り、学校や地域の講習会などでネット・リテラシー教育を受けていることについて話していた。

Mへのインタビュー（出会い非経験者）

　街頭インタビューに応じてくれたうちの一人である。保護者がネット利用に詳しく、自身のケータイからネットが自由に利用できないようになっているという。そのため、出会いを実現することは難しいと話していた。周囲は「mixi」を介して出会いを実現している者が複数いるが、まねしたいとは特に思わないという。

Nへのインタビュー（出会い非経験者）

　街頭インタビューに応じてくれたうちの一人である。スマホではなくケータイを利用しているので、出会いを実現することは難しいのではないかと話していた。出会いの実現よりもパソコンなどを使って自分の趣味に関する情報を得たり、イベントに行ったりすることのほうが好きだと話していた。

Oへのインタビュー（出会い非経験者）

　メールボックスを介してインタビューに応じてくれたうちの一人である。出会いを実現した経験はなく、筆者と会うときも最初は遠くから筆者の様子を観察していたという。プロフやメールボックスは利用していて、以前メールボックスを介してつながった異性と交際を前提にやりとりをしていたが、結局直接会うのが怖くなり、連絡を断ったエピソードについて話してくれた。

5　結果

ネットを介した出会い経験者の分析結果

　インタビューから、ネットを介した出会い経験者8人全員が異性との出会いを実現していた（Bは異性だけでなく同性とも同時に出会いを実現していた）。異性とのネットを介した出会いを実現していたが、相手との交際や結婚、性交渉などを目的としたいわゆる「出会い系サイト」ではなく、共通の関心事や目的をもつ人たちが交流するサイト・サービス（たとえばSNSや掲示板な

ど）を介した出会いが語られた。

（1）相手と接触するきっかけになったネット機能

相手と接触するきっかけになったネット機能として、IM、SNS、メールボックス、BBSの4点を挙げていた。

なお、本章でのIMは富田の定義をもとに、1対1のやりとりが可能で、その場でメッセージを交換したり、チャットを始めたりすることができるサイト・サービスを指す。具体的には「LINE」や「カカオトーク」などが挙げられる。また、SNSとはdanah boyd and Nicole B. Ellisonの定義をもとに、1対nのやりとりを基本とした、①個々のユーザーが一定程度閉じられたシステムのなかに公開・準公開的なプロフィルを作成し、②コネクションを共有しているほかのユーザーのリストを生成し、③自身や他人がシステム内で作成したコネクション・リストを見たりたどったりすることが可能なサイトを指す。具体的には「mixi」や「GREE」「Facebook」などが挙げられる。メールボックスについては先に言及したが、1対1のやりとりを基本とした、ネット上の私書箱機能を指し、BBSとはn対nのやりとりを基本とした、特定のウェブページ上で複数の者が書き込み（レスポンス）をしたり、閲覧したりしているネット上の掲示板を指す。

IM（括弧内はハンドルネーム。以下、同）
・「LINE」っていうサイトで、知らない人の（ID）が自分のやつ（ページ）に入っていて（A）。
SNS
・あたし、「mixi」で神輿のコミュ入っているんですけど。それで知り合ったりとか（B）。
・（応援している芸能人の）「GREE」のサークルに入っていて。そこで知り合った（D）。
・学校も違うし、全く知らない人で関わりがないんですけど、「mixi」で知り合ったっていうか。なんか向こうから（「mixi」介してメールが）きて、メールが続いて（G）。
メールボックス
・（メールボックスは）中学のときからやってて、そのときは全然男の人から

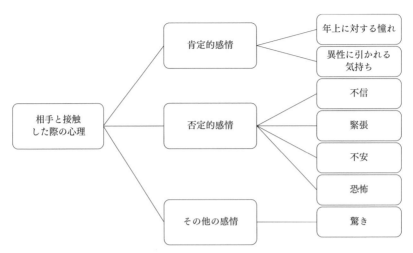

図4-1　相手と接触した際の青年期女子の心理

きても返信とかしていたんですよ。それで、近くの中学で「会おうよ」みたいになって（C）。
・（実際ネットを介して知り合った人は）メルボにメールをくれた人で（F）。
BBS
・BBSで絡んで仲良くなった人に、「メルボにメアド送って」って言って（E）。

(2)相手と接触した際の青年期女子の心理

　インタビューから、ネット機能を介して相手と接触した際の青年期女子の心理として、「年上に対する憧れ」「異性に引かれる気持ち」「不信」「緊張」「不安」「恐怖」「驚き」の7点を挙げることができる。それらをKJ法によって分類した結果、「肯定的感情」「否定的感情」「その他の感情」の3点に分類することが妥当だと判断した。「肯定的感情」は相手に対する肯定的な感情全般を指し、「否定的感情」は相手に対する否定的な感情全般、「その他の感情」は上記のいずれにも分類することができない相手への感情とした（図4-1）。
肯定的感情
・（サイトで相手とやりとりしていたときに）年上がいいなって思っちゃって（C・年上に対する憧れ）。

・相談とか結構のってくれる「俺が守る」的な感じの。そういうふうに言われたみたいな。それで引かれちゃった的な（G・異性に引かれる気持ち）。

否定的感情

・緊張しますね。メールの文だけだとどういう人とかわからないから、ちょっと不安ですけど（F・緊張／不安／不信）。

・やっぱり怖かったですよ。怖くないですか。素性とか、よくわかんないじゃないですか（H・恐怖／不信）。

その他の感情

・「え？」みたいな。「なんで、なんで（自分のIDを）知っているの？」みたいに思って（A・驚き）。

(3)相手と実際に会った理由

　インタビューでは、ネット機能を介して知り合った相手と実際に会った理由として、「相手の性格のよさ」「相手との趣味の一致」「相手の能力への評価」「相手との交際」「漠然とした肯定」「他者の出会いに対する心配」の6点を挙げていた。それらをKJ法によって分類した結果、「積極的理由」「消極的理由」の2点に分類することが妥当だと判断した。「積極的理由」は相手と直接会うことに対する具体的かつ自発的な理由があるものとし、「消極的理由」は相手と直接会うことに対する具体的かつ自発的な理由がないものとする（図4-2）。

積極的理由

・2時間くらい（相手と）やりとりしていたんですけど。悪い人ではないなと思って。そういう判断でやってて、そしたら本当にいい人みたいな感じだったんで（A・相手の性格のよさ）。

・「mixi」内で「○日にここで（神輿）かつぐけど来ちゃう？」とか誘われて。そういうのがすごい楽しくて。神輿かつぐの好きだし（B・相手との趣味の一致）。

・頭もよかったんですよ、有名な私立の学校に行ってた子で。それで、高学歴いいなとか思って、会っちゃったんですよ（C・相手の能力への評価）。

・向こうから「付き合おう」みたいな。自分も好きだから「いいよ」みたいな感じで。だから「お盆休みのどこかで会う？」みたいな感じで（G・相手との交際）。

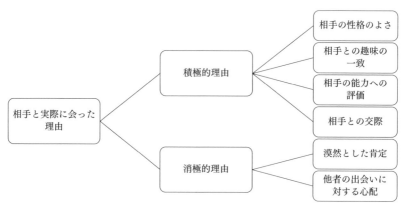

図4-2　相手と実際に会った理由

消極的理由

・まぁいいかなって思った（E・漠然とした肯定）。

・やりとりとかしていて…大丈夫かな、とか（F・漠然とした肯定）。

・（Gが）心配だから、付いていきました（H・他者の出会いに対する心配）。

(4)相手と実際に会った際の心理

　インタビューから、相手と実際に会った際の心理として、「相手の性格への評価」「相手に引かれる気持ち」「不信」「嫌悪」「怒り」「恐怖」「拒絶」の7点を挙げることができる。それらをKJ法によって分類した結果、「肯定的感情」「否定的感情」の2点に分類することが妥当だと判断した。「肯定的感情」は相手に対する肯定的な感情全般を指し、「否定的感情」は相手に対する否定的な感情全般を指す（図4-3）。

肯定的感情

・本当にいい人みたいな感じだった（A・相手の性格への評価）。

・同じ学校だとなんだろう。なんか話しにくい、声かけにくいけど、メルボからくると、なんか顔も知らないし、最初わかんないからメールからするから、そっちのほうが引かれる的な（F・相手に引かれる気持ち）。

否定的感情

・なんか変な人で（C・不信）。

・めちゃくちゃ気持ち悪かったので無視してました（E・嫌悪）。

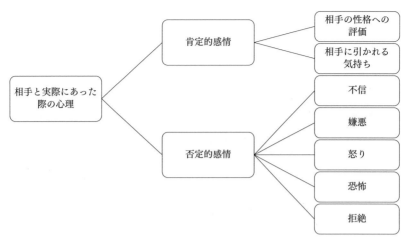

図4-3　相手と実際に会った際の心理

・気持ち悪かったです。本当だめだなって。思った以上に気持ち悪かったです、まじきもい。吐くくらいきめー、消えたほうがいいと思います（G・嫌悪／怒り／拒絶）。
・怖かったし。超気持ち悪いとか言ってて。ちょっと無理です（H・恐怖／嫌悪／拒絶）。

(5)相手と実際に会った際の状況

　インタビューで、相手に対する「否定的感情」を述べたC・E・G・Hは、相手の言動が原因になる「否定的感情」を伴う経験をしていたことが明らかになった。具体的には「サイバーストーカー」「ストーカー」「セクシャルハラスメント」「個人情報の詐称」の4点を挙げていた。

・なんかずっと「裏道いこうよ」とか。それで、なんか触ってきたりとかして。最初すごい優しく、（略）ご飯とかもご馳走してくれたりとか。けど、なんかもう帰り際とかになると、急に変わっちゃって。そのまま「ちょっとトイレ行ってくる」って言って帰っちゃって。そしたら夜連絡がきたんですけど、ずっとメールしかとしていたら、中学来ちゃって。それで先生が（対応を）やってくれて（C・セクシャルハラスメント／サイバーストーカー／スト

ーカー）。

・実際会ったら、何もしゃべらずにずっと黙ってて。ときどき私と目が合う
とニヤッてして、下ネタを言う、みたいな。（略）その人と別れた後、メー
ルが何度も送られてきたんですけど（E・セクシャルハラスメント／サイバー
ストーカー）。

・（実際会ったときの顔が）プリクラと全然違くって、自分で偽装して作った
って言ってました。架空ですよ（G・個人情報の詐称）。

・（会って話をしていたときに）ケータイを机の下に持っていって、それで明
らかにカメラが光っているんですよ。そこに持っていった先は、私のスカー
トの下で。（略）それで、（相手は）モノをわざと落として、それで拾って、1
人でにやけてて。友達がそいつの「ケータイ貸せ！」って言って、その動画
を消してくれたっぽいんですけど。（略）でもなんか、（「mixi」のページに）
訪問に毎日くるんですよ。（一連の出来事について、親は）知らないです。言
うつもりないです。（学校の先生には）信用できないから、言わないです（H・
セクシャルハラスメント／サイバーストーカー）。

ネットを介した出会い非経験者の分析結果

　インタビューで、ネットを介した出会い非経験者は出会いの実現に対して、
「嫌悪」「恐怖」「不信」「抵抗」「興味・関心」の5点を挙げた。「恐怖」はさ
らに「トラブルや事件・犯罪」に対する恐怖と「個人情報流出・悪用」に対
する恐怖の2点があった。「嫌悪」「恐怖」「不信」「抵抗」「興味・関心」の5
点をKJ法によって分類した結果、「肯定的感情」と「否定的感情」の2点に
分類することが妥当だと判断した。「肯定的感情」は出会いの実現に対する
肯定的感情全般を指し、「否定的感情」は出会いの実現に対する否定的感情
全般を指す（図4-4）。

肯定的感情

・もし、高校生とかになって、自分の家の近くで、自分と同じ趣味とか、同
じ年の人とかだったら、会うことを考えるかもしれない。あと、同性だった
ら（K・興味・関心）。

否定的感情

・「mixi」で知り合った人と付き合うとか、絶対ありえないです。なんか、
気持ち悪い。私の彼氏が「mixi」で私の友達（女の子）となんかメールを始

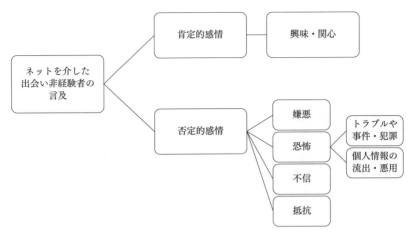

図4-4　ネットを介した出会い非経験者の出会いの実現に対する考え

めて。私が「やめて」って何回言っても彼氏はその子とのやりとりをやめな
かったから、すごい頭にきて。で、結局（その出来事が原因で）昨日別れま
したし（J・嫌悪）。

・全然知らない人と会うのは怖い。ニュースとかで、出会い系とかのやつを
見て、事件に巻き込まれたりとかするのかなと思って（L・恐怖　トラブルや
事件・犯罪）。

・そもそもケータイからネットできないので。親から禁止されてる。友達は
「mixi」で年上の人と知り合って付き合っているとか言うけど、なんかよく
わかんないし、気持ち悪いじゃないですか（M・不信／嫌悪）。

・（ネットを介した出会いだと）自分のメアド結局教えないと連絡とれないか
ら、怖いですね（N・恐怖　個人情報の流出・悪用）。

・同い年の男子なんですけど、メールボックスで知り合ってメールしていて。
メールも普通にしていたときはよかったんですけど、「会いたい」みたいな、
実際「会おう」みたいな話になって。でも、会いたくなくて……（略）その
人部活やっていて、「試合に勝ったら会ってもいいけど」みたいな話になっ
て、勝っちゃったんですよ。でも、その日に会いたくないからメールして、
「今日具合悪いから、また今度」って言って。（その）メールして以来、相手
からのメールを返していないっていう（O・抵抗）。

6　考察

　本章では、青年期女子のネットを介した出会いを探索的ではあるが明らか
にすることを目的とし、女子中・高生15人に対して半構造化インタビュー
を実施した。インタビューに応諾した女子は見知らぬ筆者のインタビューに
応じたという点で性格的な特徴として外向性が高いと思われ、青年期女子を
代表する存在とは言い難い。しかし、青少年の間にネットを介した出会いが
広まりつつある現状を踏まえると、15人のインタビュー結果を考察するこ
とに一定の意義はあるといえる。そのため、上記の点に留意しながら15人
のインタビュー結果を考察する。

ネットを介した出会い経験者のインタビュー考察

　ネットを介した出会いを実現した8人のうち、異性との出会いを実現した
者は全員だった。その理由として本章の結果から、以下の2点が考えられる。
第1に、青年期女子が同性との出会いよりも異性との出会いを求めていたと
いう点である。異性との出会いを求めることは、発達的側面からみても自然
なことであり、彼女たちは、ネット機能をうまく利用することで自分にふさ
わしい（交際）相手を探していたと考えられる。第2に、異性とネット上で
やりとりする機会が増えたため、相対的に異性との出会いが多くなったとい
う点である。異性とやりとりする機会が増えた理由について、ネット上では
非対面による文字でのやりとりが主であるため、異性と交流することに対す
る恥じらいや後ろめたさが緩和されることが挙げられる。また、メールボッ
クスなどの機能を利用すれば相手の連絡先を把握していなくても、相手と気
軽に、そして容易につながることができる。以上の理由から、異性とネット
上でやりとりする機会が増え、その結果、異性との出会いが多く実現したと
考えられる。

(1)相手と接触するきっかけになったネット機能
　インタビューでは、相手と接触するきっかけになったネット機能として、
IM 、SNS、メールボックス、BBSの4点が挙げられていた。サンプル数が

少ないので青年期女子の全体的な傾向はわからないが、本章の調査協力者は、特にSNSとメールボックスを出会いの実現に利用していた。

　ではなぜ、特にSNSとメールボックスが出会いの実現に利用されたのだろうか。第1に、両サイト・サービスを多くの青少年が利用している点が考えられる。たとえば、先に言及した総務省のSNS利用に関する調査によると、SNSをはじめとする利用者同士の情報交換によって成り立つソーシャルメディアの利用は13歳から19歳で80.5%になっていた。[19] また、リクルート進学総研がおこなった高校生に対するインターネット調査でも、約80%の高校生がSNSを利用していることが明らかになっている。[20] リクルート進学総研の調査はインターネット調査であるため、日常的にネットを利用する機会が多い者が回答したと考えられるが、そのことを考慮しても多くの青少年がSNSを利用していることが予想される。また、メールボックスも当時の青少年が利用していたプロフやホムペなどからリンクされることが多いサイト・サービスであり、[21] 複数の青少年が利用していた。上記から、SNSとメールボックスは青少年の利用が多いサイト・サービスであるため、相対的にほかのネット機能を介した出会いよりも、それらのサイト・サービスを介した出会いが本章ではみられたといえる。

　第2に、ネットを介した出会いの実現に際して、それらのサイト・サービスを利用することでリスク管理しやすくなるという利点も考えられる。たとえばSNSの場合、相手のプロフィルやサイト上でのつながり（相互リンク）などを確認した後、相手とやりとりするか否かを判断できる。また、自分の電話番号やメールアドレスなどの個人情報を相手に伝えなくても、SNS上ではメッセージ機能によってやりとりが可能なので、自分にとって不都合な事態が生じた場合、相手との関係を容易に断つことができる。同様の特性はメールボックスにもある。[22] 先に言及したとおり、メールボックスは互いの連絡先を把握していない状態であっても相手と連絡をとることが可能なサイトだが、メールボックスにメッセージを受け取った者は相手に対して必ず返信しなければいけないという義務はない。メールボックスには氏名や連絡先、所属などの個人情報を入力できる欄があるので、メッセージを受け取った者はそれらの情報をもとに「返信する相手」と「返信しない相手」を選択することになる。総じて、ネットを介した出会いの実現に際して、SNSやメールボックスを利用することでリスク管理がしやすくなると考えられる。

また、これらのサイト・サービスはリスク管理をするために利用されるだけでなく、「選択的な人間関係[(23)]」の実現にも利用される可能性がある。自分の都合で「返信する相手」と「返信しない相手」を選択できるということは、相手との関係を構築するのも、強化するのも、清算するのも、すべて自分次第ということである。そのため、SNSやメールボックスは相手との関係をコントロールするための機能も持ち合わせているといえる。

（2）関係を清算されるリスク

　相手との関係を構築するのも、強化するのも、清算するのもすべて自分次第ということは、相手からも同様のことをされるリスクがある。相互に好意を抱いているときは問題がみえづらいが、相手（だけ）が自分との関係を清算したいと考えたときも、SNSやメールボックスはその機能を発揮する。たとえば、SNSであれば相手から突然ブロックされ、相手のページにアクセスできなくなったり、メールボックスであれば、受信拒否されたり、URLを変更されたりといったことがある。仮に相手との信頼関係を築いていると思っていた最中に、相手から一方的に関係を清算されてしまうと、心理的なダメージはかなり大きいのではないだろうか。そのため、相手に自分との関係を清算されないように、相手から嫌われないように、一部の青少年はいわゆる「即レス」をしたり、相手と親しくしている写真を掲載したりして、親密さを周囲にアピールしていることが考えられる。そのようにすることで、相手から関係を清算されるリスクを減少させているといえる。一方で、関係を清算したり、されたりすることに慣れている青少年は、他者との関係を使い捨てることに対する抵抗はなく、仮にネットを介してつながった相手との関係が終了・消滅したとしても、何も感じないという可能性もある。ネットを介してつながった相手との関係が終了・消滅するたびに心を砕くことは、自分の心身にとってプラスの影響があるとは言い難い。そのため、一部の青少年はそもそも相手との関係を継続させるための努力さえしないことも考えられる。この点については、のちの章で再度考察したい。

（3）2時間で実現したIMを介した出会い

　インタビューではわずか1例だったが、AはIMを介して相手と知り合い、出会いを実現していた。その際、出会いが実現されるまでに要した時間は約

2時間と短かった。IMを介した出会いが短時間・短期間で実現された背景として複数の要因が考えられるが、その一つにIMの即時性が挙げられる。青少年のネット上のやりとりで、いわゆる「即レス」が両者の関係を良好なものに維持したり発展させたりするために重要であることは先行研究で指摘⁽²⁴⁾されているが、IMはその特性から「即レス」を実現させやすいサイト・サービスである。また、IMを介して「即レス」をしあうことによって、相手と時間を共有しているという一体感を感じるため、IMを介した出会いはそのほかのサイト・サービスよりも短時間・短期間で実現されたと考えられる。今後、IMのさらなる普及と同時に、ネットを介した出会いも短時間・短期間で実現されるケースが増えてくると予想する。また、IMを介した出会いが短時間・短期間で実現されたのには、Aがネット・リテラシー教育を受けた経験がないこともその理由として考えられる。家庭でも学校でもネット・リテラシー教育を受けた経験がなく、加えてAの場合、ネット端末にフィルタリングを導入していなかったので、様々な要因が相互に関連しあった結果、短時間・短期間でAは出会いを実現したといえる。

(4)相手と接触した際の心理と相手と実際に会った理由

　ネット機能を介して相手と接触した際の心理として、「肯定的感情」「否定的感情」「その他の感情」の3点が挙げられた。特に「肯定的感情」よりも「否定的感情」が多く語られ、出会い経験者は相手と実際に会う前、「否定的感情」を抱いていることが明らかになった。しかしながら、彼女らは「否定的感情」を述べていた一方で、最終的には相手と会っていて、その「積極的理由」についてインタビューのなかで言及していた。たとえばBの場合、SNSでの共通の趣味に関するやりとりが出会いの実現を促した。また、Gはネット上のやりとりだけで相手との交際を決意したことから、ネット上のやりとりが両者の関係の理想化に貢献したことが予想される。

　ジョインソンは著書のなかで、ネット上で形成される関係の理想化について、ネット上の場合、嘘や「創り上げられた」自己呈示ばかりでなく、より信頼できる真に近い自己（対面では表現することができない自己）を表出することができる点、また、ネットを利用することによって自己開示が促される点が関係の理想化につながるとしている。加えて、ネット上の関係の理想化は友人や恋愛相手を探していない人たちにとっても魅惑的であり、Jのエピ

ソードのように、既存の社会的なつながりや家庭生活を混乱させる可能性があるとも指摘されている。本章の女子も上記のネットの特性によって相手に引かれ、最終的には直接会うため出かけたと考えられる。

(5)相手と実際に会った際の心理・状況

　ネットを介して知り合った相手と実際に会った際の心理として、「肯定的感情」「否定的感情」の2点が挙げられた。特に「否定的感情」については複数語られ、たとえばGとHは相手に対する「嫌悪」「怒り」「恐怖」「拒絶」を述べていた。相手と実際に会った際の心理として、「否定的感情」が多く語られた理由を明らかにするためには、そのときの状況について考察する必要がある。たとえばGは、相手と実際会った際に、相手の容姿が事前に送られてきた写真と異なっていたこと（「個人情報の詐称」）や、相手が友人のHに対して「セクシャルハラスメント」をしたことから、相手に対する「嫌悪」や「怒り」などの「否定的感情」を抱いた。Gはネット上のやりとりだけで相手との交際を決意するほど、相手と深い信頼関係を築いていたような気がしていた。しかし直接会った際に、過去に送られてきた顔写真と実際の容貌が異なっていたり、相手が友人にセクシャルハラスメントをしたりしたので、Gの相手への信頼が裏切られることになった。そしてそれが強い「否定的感情」につながったのだと考えられる。

ネットを介した出会い経験者と非経験者の差異

　次に、出会い非経験者のインタビュー内容にも注目したうえで、出会い経験者と非経験者の差異について言及する。

(1)ペアレンタル・コントロールとフィルタリング

　インタビューから、多くの非経験者がネットを介した出会いに対して「否定的感情」を抱いていることが明らかになった。これは経験者と同様であり、感情的な側面から経験者と非経験者を区別することは難しい。
　では、ネットを介した出会い経験者と非経験者の差異はどのような点にあるのだろうか。たとえば非経験者であるKとLは、ネットを介した出会いの危険性について学校で教育を受けた経験を話し、Mも保護者からケータイのネット利用を禁止されている現状について話した。ネットを介した出会い

に関する犯罪の増加から、経験者も非経験者と同様に保護者や学校の教員からネット・リテラシー教育を受けていると考えられるが、経験者は非経験者と比較して十分にペアレンタル・コントロール(27)されていないことが予想される。その指標として、フィルタリング導入の有無がある。実際、出会い経験者で自身のネット端末(ケータイ・スマホ)にフィルタリングを導入していたのはGとHの2人だけであり、多くの経験者がフィルタリングを導入していないネット端末を使って出会いを実現していた。一方、非経験者でフィルタリングを導入していなかったのはIとJの2人であり、KとLについては自分専用のネット端末さえ所持していなかった。

　上記から、保護者や学校の教員からネット・リテラシー教育を受け、かつ、ペアレンタル・コントロールによってネットを自由に利用できない環境にある(フィルタリングを導入している、またはネット端末を有していない)青年期女子は、ネットを介した出会いを実現する可能性は低いと考えられる(28)。しかし、スマホが青少年に普及し、既に中学生の約80%が自分専用のスマホを所持している現在(29)、ペアレンタル・コントロールを実施すること自体困難になりつつある。このような状況で、ネットを介した出会いに伴う問題や課題とどのように向き合うかという議論は第7章でおこなうことにする。

(2)フィルタリングの限界

　不用意なネットを介した出会いの実現によって、青少年が被害者になるのを防ぐためにはフィルタリングの導入が一つの有効な手段だと考えられる。実際、警察庁の調査によるとSNSをはじめとしたコミュニティサイトを介した出会いによって何らかの被害に遭った1,540人のうち、フィルタリングを導入していたのは8.4%だった(91.6%はフィルタリングを導入していなかった)(30)。上記の結果からも、フィルタリング導入の有無とネットを介した出会い経験の有無は関連があるといえる。

　しかしながらインタビューから、フィルタリングを導入しただけでは完全にネット利用に伴うトラブルや事件・犯罪を防ぐことは難しいことも明らかになった。たとえばGとHは自身のネット端末にフィルタリングを導入していたにもかかわらず、ネットを介した出会いを実現し、また、そのことがきっかけで「セクシャルハラスメント」や「サイバーストーカー」被害に遭った。つまり、フィルタリングは様々なネット上のトラブルや事件・犯罪を

防ぐために有用だが、その機能には限界があることも本章の結果は示している。そもそも青少年のネット端末にフィルタリングを導入すれば、ネット利用に伴うすべての問題・課題が解決するとも思えない。青少年自身がネット・リテラシーを身につけ、自身のネット端末にフィルタリングを導入することについて前向きでなければ（保護者から強制的にフィルタリングを導入されたのでは）、結局は意味がないともいえる。⁽³¹⁾

7　まとめ・課題

　本章では青年期女子15人に対してインタビューをおこない、ネットを介した出会いの過程やそれに伴う感情の変化を探索的ではあるが明らかにした。また、経験者と非経験者の差異についても検討した。出会いの実現に対する考えとして、経験者と非経験者の間に大きな差異はみられなかったが、最終的に経験者は出会いを実現していた。それは、ネット上のやりとりのなかで彼女らが相手と実際会うことに対する理由を見いだしたためであるといえる。本章の調査協力者は、「相手の性格のよさ」「相手との趣味の一致」「相手の能力への評価」「相手との交際」といった「積極的理由」はもちろん、「漠然とした肯定」「他者の出会いに対する心配」といった「消極的理由」も挙げていた。

　今後さらなるSNSやIMの広まりとともに、つながる予定はなかった他者との交流により、出会いを実現する者も増加すると考えられる。加えて、ネット端末自体もケータイからスマホに移行したことによって、フィルタリングの導入率もさらに低下することが予想される。⁽³²⁾本章の結果からも明らかであるように、ネットを介した出会いに関するトラブルや事件・犯罪に巻き込まれないためには、青少年は自身のネット端末にフィルタリングを導入する必要があると考えられ、また、保護者や学校の教員はネットを介した出会いのリスクを把握し、それについて積極的に青少年と話をする機会が必要になってくるといえる。⁽³³⁾しかしその際、保護者や学校の教員は一方的に青少年に対して指導・教育をおこなうのではなく、彼・彼女らの心理を加味するべきだろう。その理由として、たとえばHは一連の出会いのトラブルについて保護者に「言うつもりはない」としていて、また、学校の教員には「信用

できないから、言わない」と回答していた。つまり、青年期は大人からの自立を課題とする時期であるため、大人に対して反抗的な態度をとりがちであり、保護者や学校の教員が一方的に指導・教育したとしてもその効果はあまり期待できない。そのため、保護者や学校の教員はネットを介した出会いのリスクを理解し、青年期の心理に寄り添いながら、教育をおこなうことが望ましい。むしろ、教育というよりも青少年と青少年を取り巻く大人の対話によって、ネットを介した出会いをはじめとしたネット利用に伴う問題・課題を解決していくことが必要になるともいえる。しかし、青少年との対話を保護者や学校の教員にすべて任せるというのは現実的でない。やはり、SNSやIMなどのサイト・サービスを提供している業者からの「協力」は必要ではないだろうか。具体的にどのような「協力」が必要かという点については、第7章で言及する。

　最後に、本章では青年期女子のネットを介した出会いの様相を探索的に明らかにすることを目的として15人の女子中・高生にインタビューしたが、経験者はその後も出会いを繰り返し実現しているのか否か明らかでない。また、非経験者のなかで出会いの実現に対する「興味・関心」について言及した者もいたため、インタビュー後に出会いを実現した者がいることも予想される。そのため、本章の結果をもとに縦断的研究をおこなう必要がある。加えて、今後は質的調査にとどまらず量的調査を実施し、質的調査を実施する場合は調査規模を拡大し、ネットを介した出会いについて多面的に明らかにしたい。次章では本章の課題を踏まえ、調査規模を拡大したうえで青年期女子のネットを介した出会いの様相について言及する。

注

（1）前掲「平成30年度青少年のインターネット利用環境実態調査」など。
（2）前掲「中高生のネット利用の実態と課題」
（3）前掲「第11回未成年の携帯電話・スマートフォン利用実態調査」
（4）本章は筆者が過去に「社会情報学」に投稿した研究「青少年女子のインターネットを介した出会いの過程——女子中高生15名への半構造化面接結果に基づいて」を加筆・修正し、考察を深めたものである。
（5）前掲『いま、思春期を問い直す』
（6）本章で言及する「ピア」とは、忌憚のない意見のやりとりができ、異質性

を認め合うことができる、心理的に強いつながりをもつ他者を意味する。

（7）Barbara M. Newman and Philip R. Newman, *Development Through Life：A Psychosocial Approach*, Wadsworth Pub C., 1988.（バーバラ・M・ニューマン／フィリップ・R・ニューマン『生涯発達心理学──エリクソンによる人間の一生とその可能性』福富護訳、川島書店、1988年）

（8）Joinson, *op. cit.*（前掲『インターネットにおける行動と心理』）

（9）Walther, op. cit.

（10）前掲『ウェブ恋愛』

（11）John Bargh, Katalyn Y. A. McKenna and Grainne Fitzsimons, "Can You See the Real Me? Activation and Expression of the 'True Self' on the Internet," *Journal of Social Issues*, 58 (1), 2002, pp.33-48.

（12）加藤千枝「青少年女子のメールボックス利用の実態──9名の女子中高生の半構造化面接結果と考察」、社会情報学会学会誌編集委員会編「社会情報学」第1巻第2号、社会情報学会、2012年、109-121ページ

（13）メールボックスを介して600人に対してメッセージを送ったにもかかわらず、インタビューに応諾したのは5人と少数だった。理由として考えられるのは、メールボックスは無料で利用できるかわりに業者からの広告メッセージも多く、メッセージ自体を確認しない利用者が多い点がある。いずれにせよ、本章の調査協力者である5人は青年期女子を代表する存在だとは言い難い。インタビューに応諾した青年期女子は外向性が高いと予想されるため、その点に留意して考察する。

（14）群馬大学社会情報学教育・研究センター「モバイルインターネットの進展と親密圏の変容に関する総合的研究」（https://www.si.gunma-u.ac.jp/rc/project/）［2019年4月10日アクセス］

（15）富田英典「デジタルコンテンツが形成する新たな人間関係への考察──Intimate Stranger とデジタルアウラー」「情報処理学会研究報告」第53号、情報処理学会、2002年、9-18ページ

（16）「LINE」をSNSに分類している研究もあるが、「LINE」はSNSのように日記を更新したりコミュニティに参加したりするというよりも、1対1でのメッセージのやりとりやグループ内での情報共有のために利用されることが多いため、本章ではIMとして扱う。

（17）danah boyd and Nicole B. Ellison, "Social Network Sites: Definition, History, and Scholarship," *Journal of Computer-Mediated Communication*, 13 (1), 2007, pp.210-230．

（18）Barbara M. Newman and Philip R. Newman, *op cit.*（前掲『生涯発達心理

学』)

(19) 前掲「令和元年通信利用動向調査の結果」

(20) リクルート進学総研「高校生のWEB利用状況の実態把握調査2012」2012年（http://souken.shingakunet.com/research/2012_smartphonesns.pdf）［2019年4月10日アクセス］

(21) 前掲「青少年女子のメールボックス利用の実態」109-121ページ

(22) 同論文

(23) 前掲「若者の友人関係と携帯電話利用」

(24) 土井隆義『キャラ化する／される子どもたち──排除型社会における新たな人間像』岩波書店、2009年

(25) Joinson, *op. cit.*.（前掲『インターネットにおける行動と心理』）

(26) Bargh, McKenna and Fitzsimons, op cit.

(27) 前掲『キャラ化する／される子どもたち』

(28) 青年期のネット利用について、「米国の保護者はまずパソコンにフィルタリングをかける。そのうえで、最初は子ども部屋への持ち込みを許さず、パソコンを居間で使わせるなど、子どものネット利用の見守り指導をする。このような営みをペアレンタル・コントロールと呼ぶ」と下田博次は述べている（前掲『子どものケータイ利用と学校の危機管理』34ページ）。

(29) 前掲「平成30年度青少年のインターネット利用環境実態調査」

(30) 前掲「平成29年におけるSNS等に起因する被害児童の現状と対策について」

(31) たとえば、芝崎はMary Ann Fitzgerald, "Misinformation on the Internet: Applying evaluation skills to Online information," *Emergency Librarian*, 24 (3), 1997, pp.9-14 の研究を紹介しながら、ネット上の情報に何らかの検閲をすることに対して、情報の不足は誤情報の一つであり、情報の自由な流出とその保護が奨励されることによって、ネットは民主主義を促進させるため、検閲は問題の解決として望ましくないと述べている。また、ラベリングも読み手の評価に偏見を与えるために望ましくないとしていて、たとえ検閲をしてもネットからすべての有害情報を取り除くことは不可能であるため、ユーザーがオンライン情報を評価することを学習しなければならず、検閲は根本的対策にはならないとしている。フィルタリングも上記の問題を含むと考えられる。

(32) デジタルアーツは毎年、青少年のネット利用の動向を調査しているが、2020年は10歳から18歳の男女618人を対象に調査した結果、スマホなどのネット端末にフィルタリングを導入している者は35.0％だった。17年は53.9

％、18年は49.5％、19年は40.0％になっているため、フィルタリングの導入率は減少傾向にあるといえる（デジタルアーツ「第13回未成年の携帯電話・スマートフォン利用実態調査」2020年〔https://www.daj.jp/company/release/common/data/2020/040701_reference.pdf〕［2021年4月10日アクセス］）。

(33) 伊藤賢一「青少年のモバイル・インターネット利用に対する保護者のリスク認知——群馬県高崎市調査より」、群馬大学社会情報学部編「社会情報学部研究論集」第19巻、群馬大学社会情報学部、2012年、1-15ページ

(34) 前掲『いま、思春期を問い直す』

第5章
青年期女子のインターネットを介した
出会い経験者と非経験者の差異

1　目的

　本章では前章の青年期女子15人への半構造化インタビューの結果を踏ま
え、さらに質的側面から研究をおこない、考察を深める。本書は青年期女子
のネットを介した出会いの様相を明らかにすることが目的であり、具体的に
①出会い経験者と非経験者の差異、②青少年（青年期女子）の出会いの実現
に対する考え、③出会い経験者が出会いを実現する過程、の3点について明
らかにする。本章では①出会い経験者と非経験者の差異、②青少年（青年期
女子）の出会いの実現に対する考えに注目する。具体的には青年期女子35人、
男子6人、計41人から協力を得て、まず、出会い経験者と非経験者の差異
を明らかにするために、Kスケール、賞賛獲得欲求・拒否回避欲求得点尺度
を用いて分析する。また、尺度で比較することが難しい①家族、②友人、③
恋人、④学校・仕事、⑤趣味や生き方の5点についても言及する。加えて、
多様な角度から概念形成を目的として青年期女子35人だけでなく、男子6
人からも協力を得て、青少年（青年期女子）の出会いの実現に対する考えを
KJ法によって分析する。

2　先行研究

出会い経験者と非経験者の差異に注目する理由

　本章でもネットを介した出会い経験者と非経験者の差異について言及する

が、その理由は、出会いを実現する者には特別な背景があると考えるからである。具体的に、出会い経験者は非経験者と比べて家庭環境に何らかの特徴があったり（保護者が多忙など）、学校や社会生活になじめなかったり、ネット依存傾向が強かったりといった差異が想定される。前章では、家庭でのペアレンタル・コントロールがきちんとされていて、ネット端末を有していない、またはフィルタリングをネット端末に導入している青少年は出会いを実現する可能性は低いと述べていた。しかし、スマホが若年層に普及し、端末へのフィルタリングの導入率が伸び悩んでいる現状では、ペアレンタル・コントロールの有無とネット端末の所持・不所持、フィルタリング導入の有無だけが出会い経験者と非経験者の差異とはかぎらない。[(1)] むしろ、出会い経験者と非経験者の差異自体が消滅している可能性もあり、条件さえ整えば、誰もが出会いを実現できる環境にあるのかもしれない。

　本章では、先行研究や前章を受け、出会い経験者と非経験者には何らかの差異があると仮定したうえで、それを探索的にではあるが再度検証していきたい。具体的に想定される差異については次に示す。

Kスケール

　第1に、ネットを介した出会い経験者と非経験者の差異として想定されるのが、ネット依存度である。ネット依存度については韓国情報化振興院で開発されたKスケールという尺度があり、日本ではそれを久里浜医療センター[(2)]が翻訳し、公開している。そのなかに青少年向けのKスケールも存在し、複数の研究で用いられている。[(3)] そのため、本章の調査協力者に対してもKスケールを用いた調査を実施し、出会い経験者と非経験者で比較する。予想される結果として、出会い経験者は非経験者よりもネット依存傾向にあると考えられる。前章と加藤の研究ではペアレンタル・コントロールが十分でなく、フィルタリングをネット端末に導入していない青年期女子がより出会いを実現する可能性について言及していた。[(4)] ペアレンタル・コントロールが十分でなく、フィルタリングを導入していないということは、ネット端末が自由に使える状態であり、ネット利用時間も当然長くなることが考えられる。そのため、出会い経験者と非経験者を比較した際、出会い経験者のほうがネット依存傾向にあると予想する（仮説1）。

賞賛獲得欲求・拒否回避欲求得点尺度

　ネットを介した出会い経験の有無にかかわらず、いまや多くの青少年が積極的にネットを利用しているが、青少年はネット上でどのような情報を受・発信しているのだろうか。具体的には、自身で日記などを発信したり、友人・知人の発信に対してコメントをしたり、「いいね！」ボタンなどの機能があればそれらを利用したりしている。そのような情報のやりとりをする理由として、ネット上の機能をうまく利用することで他者との良好な関係を形成・維持できる点が挙げられる。たとえば、友人・知人から自身の発信に対してコメントをもらったり、「いいね！」ボタンを押してもらったりすることに対して、嫌悪感など否定的感情を抱く者は少ないのではないだろうか。そのため、一部の者は友人・知人に喜んでもらうため、または自分自身に対するいい印象を相手に抱かせるため、必要以上にそれらの機能を利用することも考えられる。このように、「みんなの人気者になりたい」「人を感心させたい」といった項目から構成される、他者からの肯定的な評価の獲得を目標とする賞賛獲得欲求[5]とネットを介した出会い経験の有無は関連があると考えられる。具体的には、ネットを介した出会い経験者のほうが非経験者よりも賞賛獲得欲求得点が高いと予想する（仮説2）。その理由として、出会い経験者はネットを介して知り合った相手からの肯定的な評価を獲得するために、ネット上で頻繁に情報を受・発信したり、他者と積極的にやりとりしたりすると考えられるからである。また、ネット上で頻繁に情報を受・発信することによって、ネット上の友人・知人も増え、結果として、ネットを介した出会いの実現につながることも考えられる。

　一方、他者から否定されることを避けるために、他者の発信に対して頻繁にコメントをしたり、「いいね！」ボタンを押したりする者も少なからずいる。このように他者から「嫌われたくない」「変な人だと思われたくない」といった否定的な評価を回避しようとする欲求を拒否回避欲求とし、菅原健介や小島弥生ほかは賞賛獲得欲求とは異なる概念だと指摘した。拒否回避欲求得点についても、ネットを介した出会い経験者と非経験者で差異があると考えられる。具体的には、ネットを介した出会い経験者のほうが出会い非経験者よりも拒否回避欲求得点が低いと予想する（仮説3）。そもそもネットを介した出会いを実現するためには、ネットを介して知り合った相手と積極的

なやりとりをする必要があると予想されるため、出会い経験者は相手から否定・拒否されることを避けるために、ネット利用や他者とのやりとりを控えることはほとんどないと考えられる。[6]

家族関係と学校・社会適応

　Kスケール、賞賛獲得欲求・拒否回避欲求得点尺度で出会い経験者と非経験者を比較すると差異がみられると予想したが、それら以外に差異が予想される項目として、先に言及した家族関係がある（仮説4）。たとえば、母子家庭や父子家庭だと、保護者が仕事などで子どもに関わる時間が減り、結果として、ネット利用について十分なペアレンタル・コントロールができない状態になると想定される。また、子どもと連絡をとる手段としてネット端末を早期に買い与えることも考えられる。上記のような家庭で、幼いころからネットを自由に、また長時間利用できる環境から、出会いを実現する青少年もいるだろう。加えて一人で住んでいる（一人暮らし）か、家族と一緒に住んでいる（実家暮らし）か、といった居住状態と出会い経験の有無が関係することも考えられる。家族と一緒に住んでいる場合、出会いの実現に際して、家族からの干渉が想定されるからである。

　家族関係だけではない。学校や社会生活への適応が出会い経験の有無と関係することも考えられる（仮説5）。たとえば、何らかの事情で学校や職場に行くことができなかったり、身近に自分の迷いや苦悩を打ち明けられる友人・知人がいなかったりする場合は、ネット上にそれを求め、出会いを実現する可能性が高まる。いずれにしても、出会い経験者と非経験者の差異として想定される項目は複数あるが、先行研究ではほとんど明らかにされていないのが現状である。そのため、本章で出会い経験者と非経験者を多面的に比較・検討し、探索的にではあるが両者の差異について、また、そもそも差異があるか否かについて言及する。

　また、本章では出会い経験者と非経験者の出会いに対する考えを整理する。それをおこなうことで、出会い経験者が出会いを実現する目的・理由を明らかにすることができるだろうし、出会い経験者と非経験者の差異も明確になると考えるからである（仮説6）。本章では以上6点の仮説を明らかにしたい（表5-1）。

表5-1　本章の仮説

仮説1	出会い経験者のほうが非経験者よりもKスケール得点が高い。
仮説2	出会い経験者のほうが非経験者よりも賞賛獲得欲求得点が高い。
仮説3	出会い経験者のほうが非経験者よりも拒否回避欲求得点が低い。
仮説4	出会い経験者のほうが非経験者よりも家族関係が良好ではない。
仮説5	出会い経験者のほうが非経験者よりも学校・社会への適応が難しい。
仮説6	出会い経験者のほうが非経験者よりも出会いの実現に対して楽観的である。
→出会いに対する考えから、出会い経験者が出会いを実現する目的・理由が明らかになる。	

3　方法

インタビュー調査協力者

　機縁法とSNS（「Twitter」と「Facebook」）での公募によって調査協力者を募り、青年期女子35人と男子6人に半構造化インタビューをした。青少年のなかでも自分専用のネット端末を所有している可能性が高い、中学校卒業後の15歳から22歳を対象にインタビューを実施した。青年期女子35人のうち、ネットを介した出会い経験者は21人で、出会い非経験者は14人だった（表5-2）。なお、本章は調査協力者への倫理的配慮のため、金沢大学の「人を対象とする研究倫理審査」を受けて承認されている。[8]

質的調査の限界と可能性

　本章は、前章（第4章）の研究をさらに深めるために、調査規模を拡大したうえで再度質的調査を実施した。量的側面ではなく、質的側面から研究を深める理由は以下の2点がある。

　第1に、ネットを介した出会いが一般化しつつあることは先行研究の量的調査から明らかになっているが、どのような特徴を有する者が出会いに参入するのか、そもそも出会い経験者と非経験者に差異はあるのか否か、いまだに明らかになっていないためである。第2に、青年期女子をはじめとした青少年がネットを介した出会いに参入する過程も明らかになっていないからで

表5-2　本書の調査協力者

調査協力者	年齢	性別	地方	出会い	職業	居住状態	家族構成（自身除く）
E1 [1]	20	女	関東	あり	専門学生	実家	母、妹、祖父、祖母
E2	20	女	関東	あり	専門学生	実家	母、姉、祖父、祖母
E3	19	女	中部	あり	大学生	実家	父、母、弟
E4	19	女	関東	あり	大学生	一人暮らし	父（義理）、母、妹
E5	18	その他 [2]	中部	あり	大学生	実家	父、母、妹、祖父、祖母
E6	22	女	関東	あり	社会人	実家	父、母、弟
E7	16	女	中国	あり	高校生（定時制）	実家	母、祖母
E8	20	女	中部	あり	大学生	一人暮らし	父、母、弟
E9	20	女	関東	あり	大学生	一人暮らし	父、母、姉
E10	20	女	関東	あり	社会人	実家	父、母、弟
E11	20	その他	中部	あり	大学生	一人暮らし	父、母
E12	19	女	中部	あり	大学生	実家	父、姉、祖父、祖母
E13	19	女	中部	あり	大学生	実家	父、母、弟
E14	19	女	中部	あり	専門学生	一人暮らし	（不明）[3]
E15	21	女	関東	あり	大学生	実家	父、母、祖母、弟2人
E16	16	女	関西	なし	高校生	実家	父、母
E17	22	女	関東	あり	大学生	実家	母、弟2人
E18	19	女	関東	あり	大学生	実家	父、母
E19	22	女	東北	あり	社会人（主婦）	独立	子
E20	21	女	関東	あり	社会人	実家	父、母、姉
E21	21	女	関東	あり	社会人（主婦）	独立	夫、子2人
N1	18	女	中部	なし	大学生	実家	父、母、弟
N2	18	女	中部	なし	大学生	実家	父、母、弟
N3	18	女	中部	なし	大学生	実家	父、母
N4	19	女	中部	なし	大学生	実家	父、母

N5	18	女	北海道	なし	大学生	一人暮らし	父、母、弟
N6	20	女	中部	なし	社会人	一人暮らし	父、母、妹、祖父、祖母
N7	22	女	中部	なし	専門学生	一人暮らし	（不明）
N8	20	女	関東	なし	大学生	一人暮らし	父、母、姉
N9	22	女	関東	なし	大学生	実家	父、母、妹、弟
N10	20	女	中部	なし	大学生	一人暮らし	父、母、弟
N11	21	女	中部	なし	大学生	一人暮らし	父、母、弟
N12	21	女	関東	なし	大学生	実家	父、母、祖母、妹
N13	22	女	関東	なし	大学生	一人暮らし	父、母
N14	16	女	中部	なし	大学生	実家	父、母、兄
B1	20	男	九州	なし	大学生	実家	父、母、妹、祖母
B2	19	男	関東	なし	大学生	実家	父、母
B3	19	男	関東	なし	大学生	一人暮らし	父、母、弟
B4	22	男	東北	なし	公務員	実家	父、母、祖父、祖母
B5	19	男	東北	あり	大学生	一人暮らし	父、母、妹、弟
B6	22	男	関東	あり	大学生	一人暮らし	父、母、兄

（調査協力者の E は experienced girls、N は non-experienced girls、B は boys）

＊1）E1 と E2 は第4章でインタビューに応じてくれた G（E1）と H（E2）である。前回のインタビューから4年後に再度インタビューに応じてくれた。ともに4年前のインタビュー時に否定的感情を伴う出会い経験について話してくれたが、その後も出会いを1、2回実現したことを今回のインタビュー時に打ち明けてくれた。

＊2）性別について「その他」と記した者は、出生時の性別は「女」だったが、現在は異なるということである。便宜上、分析には出生時の性別を採用する。なお、出生時の性別を採用することについて、調査協力者から同意は得ている。

＊3）基本情報についてのアンケートは、インタビュー内容に影響されることを防ぐために事前回答とした。回答不備について、インタビュー後にメールで回答を求めたが、得られなかった場合は不明とした。

ある。どのようなサイト・サービスでのやりとりを経て出会いを実現するのか、出会いを実現した後、相手との関係はどうなるのかといった点も量的調査で明らかにすることは難しいだろう。第4章や加藤の研究では探索的に上記について明らかにしたが、より規模を拡大したうえで調査をする必要があると考えた。以上の理由から、本章では質的調査によって、考察を深めることにした。

質的調査はその限界と可能性について複数の先行研究で言及されているが、たとえばダニエル・ベルトーは以下のように指摘している。フランス国立統計経済研究所（insee）によって用意された伝記的な質問紙に回答した50人に、オープンインタビュー形式で数カ月後に再度インタビューした結果に基づき、質問紙への回答と伝記的インタビューのテープ起こしの比較をした場合、インタビューのほうがより豊かであるだけでなく、質問紙によって集められたものよりももっと信頼性がある情報が含まれていたという。そのうえでベルトーは「ライフストーリーは、たしかに完全ではないが、状況と相互行為、行為のつながりについての、正確な事実の情報と信頼できる記述の非常な豊かさを内に含みうることがもっとよく理解できるだろう[9]」とその可能性について言及していた。本書の調査協力者の数は量的調査と比較すると少数になることは否めないが、質的調査であるからこそ、先行研究でほとんど言及されていない青年期女子のネットを介した出会いの様相を明らかにすることができるといえる。

インタビュー方法

　本章では半構造化インタビューを採用した。調査協力者が指定した場所で、インタビュー前に10分程度の簡単なアンケート（Kスケール、賞賛獲得欲求・拒否回避欲求得点尺度、家族関係など）を実施し、その後50分程度の対面インタビューを実施した。本章では半構造化インタビューを採用したが、その理由は第4章の調査と同様に以下の2点がある。第1に、構造化インタビューでは調査協力者の回答に応じて臨機応変に質問を変えることが難しいために採用しなかった。第2に、非構造化インタビューは調査協力者とじっくりと深い話をすることで有用な情報を取得する方法だが、長時間のインタビューは調査協力者の精神的・身体的負担になることが予想されるために採用しなかった。

質問項目の設定

　質問項目については表5-3のとおりである。前章と加藤の研究をもとに作成した。また、基本情報として、年齢、性別、出身地（都道府県）、職業、居住状態（実家または一人暮らしか）、家族構成について尋ねた。加えて、仮説に基づいて、Kスケール、賞賛獲得欲求・拒否回避欲求得点尺度について

表5-3　質問項目

1. インターネットの使用歴を教えてください（いつからスマホを持ったか、フィルタリングの導入、利用しているサイト・アプリなど）。
2. インターネットを利用していてよかったこと、よくなかったことについてエピソードで教えてください。
3. （筆者を除き）ネットを介して知り合った人と実際に会ったことはありますか。
4. （出会い経験者に対して）ネットを介して知り合った人とのエピソードを教えてください。
5. （出会い非経験者に対して）ネットを介した出会いに対してどのような考えを持ちますか。

表5-4　Kスケール質問項目（青少年用）

1. インターネットの使用で、学校の成績や業務実績が落ちた。
2. インターネットをしている間は、よりいきいきしてくる。
3. インターネットができないと、どんなことが起きているのか気になってほかのことができない。
4. "やめなくては"と思いながら、いつもインターネットを続けてしまう。
5. インターネットをしているために疲れて授業や業務時間に寝る。
6. インターネットをしていて、計画したことがまともにできなかったことがある。
7. インターネットをすると気分がよくなり、すぐに興奮する。
8. インターネットをしているとき、思い通りにならないとイライラしてくる。
9. インターネットの使用時間をみずから調節することができる。
10. 疲れるくらいインターネットをすることはない。
11. インターネットができないとそわそわと落ち着かなくなり焦ってくる。
12. 一度インターネットを始めると、最初に心に決めたよりも長時間インターネットをしてしまう。
13. インターネットをしたとしても、計画したことはきちんとおこなう。
14. インターネットができなくても、不安ではない。
15. インターネットの使用を減らさなければならないといつも考えている。

※9、10、13、14は反転項目となっていて、項目の提示順序はランダムに変えている。

（出典：久里浜医療センター「K-スケール——青少年用（インターネット依存自己評価スケール）」2010年〔https://kurihama.hosp.go.jp/hospital/screening/kscale_t.html〕〔2019年4月10日アクセス〕）

表5-5 賞賛獲得欲求・拒否回避欲求得点尺度

賞賛獲得欲求尺度

1. 人と話すときにはできるだけ自分の存在をアピールしたい。

2. 自分が注目されていないと、つい人の気を引きたくなる。

3. 大勢の人が集まる場では、自分を目立たせようと張り切る方だ。

4. 高い信頼を得るため、自分の能力は積極的にアピールしたい。

5. 初対面の人にはまず自分の魅力を印象付けようとする。

6. 人と仕事をするとき、自分の良い点を知ってもらうように張り切る。

7. 目上の人から一目おかれるため、チャンスは有効に使いたい。

8. 責任ある立場につくのは、皆に自分を印象づけるチャンスだ。

9. 皆から注目され、愛される有名人になりたいと思うことがある。

拒否回避欲求得点尺度

1. 意見を言うとき、みんなに反対されないかと気になる。

2. 目立つ行動をとるとき、周囲から変な目で見られないかが気になる。

3. 自分の意見が少しでも批判されるとうろたえてしまう。

4. 不愉快な表情をされると、あわてて相手の機嫌をとる方だ。

5. 場違いなことをして笑われないよう、いつも気を配る。

6. 優れた人々の中にいると、自分だけが孤立していないか気になる。

7. 人に文句を言うときも、相手の反応を買わないように注意する。

8. 相手との関係がまずくなりそうな議論はできるだけ避けたい。

9. 人から敵視されないよう、人間関係には気をつけている。

※実際の測定では、項目の提示順序はランダムに変えている。

（出典：菅原健介「賞賛されたい欲求と拒否されたくない欲求——公的自意識の強い人に見られる2つの欲求について」〔日本心理学会編集委員会編「心理学研究」第57巻第3号、日本心理学会、1986年〕、小島弥生／太田恵子／菅原健介「賞賛獲得欲求・拒否回避欲求尺度作成の試み」〔日本性格心理学会編集委員会編「性格心理学研究」第11巻第2号、日本性格心理学会、2003年〕から作成）

も回答してもらった（表5-4・5-5）。回答が得られなかった項目については「不明」と明記している。参考までに、本書の調査協力者全員に対してネット端末へのフィルタリング導入の有無を尋ねたところ、インタビュー時点でフィルタリングを導入していると明言したものはいなかった。

4 分析・結果

調査協力者のインタビュー概要

　ネットを介した出会い経験者と非経験者の差異やそれぞれの出会いに対する考えを整理する前に、本書に協力してくれた青年期女子35人と青年期男子6人へのインタビューの概要を以下に示す。まず出会い経験者のインタビュー概要は以下のとおりである。

(1)青年期女子出会い経験者のインタビュー概要
E1へのインタビュー

　第4章で調査に協力してくれたGである。専門学校生になってから再度半構造化インタビューに応じてくれた。高校生当時を振り返り、スマホを所持しはじめたばかりということもあって、いろいろなサイト・サービスに興味があったと話していた。高校2年生の夏休みに「mixi」を介してはじめて出会いを実現したが、そのときに相手からトラウマになるようないやがらせを受けた。相手が付き添いの友人を盗撮していたり、相手と別れた後も「mixi」上でサイバーストーカーされたりした。そのため、出会いの実現に対してトラウマがある。その後は特に出会いを実現していないが、E2が出会いを実現する際、付き添いをした。

E2へのインタビュー

　第4章で調査に協力してくれたHである。E1と同じ高校であり、E1に付き添って初めて出会いを実現した。E1がネットで知り合った相手から盗撮されたり、サイバーストーカーされたりと出会いの実現に対してトラウマがあったが、その後自身でも出会いを実現した。相手が自分と住んでいる場所が近く、「Twitter」でやりとりをしている最中に偶然近くにいたことから直接会うことになった。相手に対する最初の印象はあまりよくなかったが、結局、相手の子どもを妊娠してしまい、専門学校を休学または退学して出産することになった（その後、中絶したため、専門学校は退学していない）。

E3へのインタビュー

　高校生のとき、いじめを受けて学校になかなか行くことができず、つらい
思いをしていた。そのときに「Twitter」で知り合った同年代の異性とやり
とりするようになり、ネット上のやりとりだけでなく、文通をしたり、誕生
日にはプレゼントを贈りあったりした。相手が親戚の家の近くに住んでいた
ので、親戚に会いにいくついでに出会いを実現した。会った際の相手の印象
は悪くなく、出会いを実現した後もネット上でやりとりしていたが、受験を
きっかけに一度疎遠になった。現在はまたやりとりを再開したが、ほかにも
ネット上でやりとりしている異性がいるので、関係がもとどおりになるかわ
からないという。

E4へのインタビュー

　小学校のとき、容姿を理由にいじめられていた。そのため学校に行けなく
なり、そのときから同年代の同じ境遇の人たちと掲示板でやりとりするよ
うになった。掲示板で知り合った人たちとは高校生や大学生になってから
直接会ったり、泊まりにきてもらったりする関係になったという。また、
「Twitter」上では趣味のつながりで多くのフォロワーがいるが、直接会った
際にやりとりがうまくいかなかったり、ちょっとしたことがきっかけで親し
くしていた人たちとの関係が突然切れたりすることから、むなしさや寂しさ
について話していた。

E5へのインタビュー

　自身が「セクシャルマイノリティ」⁽¹⁰⁾であることから、ネットを介して同じ
セクシャルマイノリティの人たちとのつながりを増やしている。ネットを介
して知り合った人たちとオフ会をしたり、特に親しい人には夏休みなどの長
期休みを利用して会いにいったり、一緒に旅行したりした経験がある。ネッ
ト・リテラシーに自信があり、出会いを実現したとしてもトラブルや事件・
犯罪に巻き込まれることはないと自負していた。

E6へのインタビュー

　複数回出会いを実現した経験がある。ネット上で放送をしている人のオフ
会に参加した際には、いろいろな年代や性別の人と知り合うことができてよ

かったと振り返る。また、ネットを介して知り合った人と交際した経験もあり、初めは関係がうまくいっていたが、結局1年弱で関係が消滅してしまったという。出会いの実現について、保護者に相談した経験はなく、相談しても否定されるだけだから相談しないと話していた。

E7へのインタビュー

　小学5年生のときに出会いを実現した経験がある。いじめや精神的な不安定さから学校になかなか行くことができず、ネット上で他者との関係を形成することが多かった。最初の出会いは保護者が心配し、自宅で食事をするという条件で実現した。その後も「Twitter」などのサイト・サービスで親しくなった者と「Skype」などのビデオ通話を介して交流を深め、異性の相手と交際をした経験もあるが、結局関係は長続きしなかったという。

E8へのインタビュー

「Twitter」で同じ趣味を介して知り合った同年代の女性とライブに行くため、地方から新幹線を使って出かけた。ライブ終了後は同じ宿泊施設に泊まり、ライブ後も交流を深めた。しかし、受験勉強や趣味の変化によって、相手と交流する機会がほとんどなくなってしまった。ちなみに保護者は一連のやりとりについて承知していて、出かける際、特に反対されたり止められたりしなかったという。

E9へのインタビュー

　中学生のときに、チャットを介して知り合った近隣に住む同年代の同性とグループでの出会いを実現した。初めての出会いの実現だったので、お互いの身元を何度も確認しあった。直接会った際の相手の印象は想像していたものとは異なっていたが、楽しく過ごすことができたと振り返る。会ってからもしばらくはチャットやメールのやりとりをしていたが、進学準備のため多忙になり、およそ1年後にはやりとりしなくなっていた。高校生になってからは、物々交換のため、ネットを介して知り合った人に会いにいった経験が一度ある。

E10へのインタビュー

「Twitter」を介して知り合った同年代の同性や異性に直接会った経験が複数回ある。出会いの実現に対する抵抗はあまりないため、友人や保護者から心配されることが多いという。「Twitter」で知り合った異性と直接会った後、突然連絡を断たれたり、相手のページにアクセスできないようブロックされたりした経験がある。一方、動画サイト・サービスで知り合った異性とは交際した経験もあり、一度疎遠になったが、最近連絡をとりあう機会が増えたため、復縁の可能性について言及していた。

E11へのインタビュー

　セクシャルマイノリティのため、周囲の友人や知人、家族に相談できず悩んでいたところ「Twitter」上で知り合った人と頻繁にやりとりするようになった。5カ月ほど相手とやりとりした後、ホームパーティーの誘いを受け、相手の自宅に行った経験がある。その後、「Twitter」上で複数人とつながりをもち、1年以上関係が継続している者もいるという。出会いを実現したことによって、自分の視野が広がった点について評価していた。

E12へのインタビュー

　友人がネットを介した出会いを実現する際、それに付き添って出会いを実現した。友人が相手とやりとりしている様子を「Twitter」上の書き込みを通じて把握していた。自身と友人がやりとりしている様子もおそらく相手にみられていたため、出会いを実現する際、「恥ずかしかった」と振り返る。また、出会いの実現に対して危機感はあまりなく、相手が県内であれば抵抗はないと話していた。ちなみに、物々交換のため「Twitter」上で自分と相手の住所の情報を交換しあった経験がある。

E13へのインタビュー

　母親がネットを介した出会いを実現する際、それに付き添って出会いを複数回実現している。母親は「Twitter」上で有名な利用者らしく、「Twitter」で知り合った人をアーティストのライブ会場などで突然紹介されることが多い。その点について困惑していたが、一方で「子育てで疲れているから（出会いを実現しても文句は言えない）」と母親を気遣う面もみられた。

E14へのインタビュー

　専門学校生で現在寮に住んでいる。同じ専門学校の友人がネットを介した出会いを頻繁に実現していて、出会いに関する話を見聞きすることが多かった。そのことがきっかけで、自身も同じアーティストを応援している同年代の同性と出会いを実現した。初めての出会いは特に問題がなく、むしろいい思い出になったので、長期休暇を利用して今後も出会いを実現したいと話していた。一方、異性との出会いについては友人が「斉藤さん」というアプリで複数回トラブルに巻き込まれていることから、恐怖心を抱いていた。

E15へのインタビュー

「Twitter」上で同じ趣味の人とつながり、オフ会を開催した経験がある。しかし相手と想像していた以上に親しくなれなかったり、趣味が変化したりしたため、関係は消滅した。また、大学に入学する前、あらかじめ友人・知人を増やしておく目的で出会いを複数回実現したが、直接会った際に話が弾まなかったり、入学してから関係が継続せず、消滅したりしたエピソードが複数あったと話していた。

E16へのインタビュー

　中学校卒業前後で、同じ高校に進学予定の人と「Twitter」や「LINE」を介して知り合い、出会いを実現した経験がある。結局は同じ高校で顔を合わせるわけだから、特に危機感や恐怖感はなかったという。相手とは「同じクラスになれたらいいね」という話をした程度。入学後相手との関係は継続している場合もあるし、そうでない場合もある。進学校のため、周囲はネットを介した出会いの実現にあまり興味はないと話していた。

E17へのインタビュー

　小学校のとき「GREE」や「モバゲー」でつながった年上の同性・異性と高校生になってから直接会った経験がある。相手は関西に住んでいて、関東に来た際、せっかく来たのだからと会う約束をした。会った後、関係が継続している人はいないが、会った相手の友達とSNSを介して交流を深め、その友達が大学進学を機に近所に引っ越してきたという。そのため、その友達といまでは頻繁に交流があると話していた。

E18へのインタビュー

　高校に入学する前に「Twitter」上で「○○高校入学」「○○高校合格」の
ようなハッシュタグが複数あり、その関わりから親しくなった複数人と入学
前に出会いを実現した。初めて会った際に相手が同性ではなく異性であった
り想像と異なる雰囲気であったりしたため、驚くことも多かったと話してい
た。入学後は関係が継続している者もいるが、関係が消滅してしまった者も
いる。また、サイト・サービス上で物々交換をした際は自分の住所を相手に
知られないため、祖母の家の住所を相手に教えてやりとりしていた。

E19へのインタビュー

「Twitter」上で同年代の同性にフォローされてから、他愛ないやりとりを
するようになった。住んでいる場所が東北と関東で離れているので、対面関
係の友人や知人に相談できないことを相談するようになった。また手紙でプ
リクラを送り合うこともしていたという。結婚相手が関東の人だったので、
関東に行ったとき、相手と初めて会った。会った直後はやりとりを頻繁にし
ていたが、いまは子育てが忙しいのであまりやりとりはしていない。次回会
う際にまたやりとりするようになると思うと話していた。

E20へのインタビュー

　ライブ会場で「Twitter」で発信をしたら、たまたま日頃からやりとりし
ている人が近くにいることがわかり、直接会うことにした。会った際は緊張
し、何を話していいかわからず、ひと言ふた言話して別れたという。その後
も半年ほどやりとりが続いたが、自分の趣味が変わったことをきっかけにほ
とんどやりとりしなくなった。この出来事について「やっぱり対面の友達の
ほうが自分のいろいろな面を知っているし、安心できるし、受け入れられ
る」と話し、基本的には対面での人間関係を大切にしたいとのことだった。

E21へのインタビュー

　異性と「Twitter」上で知り合い、出会いを実現した経験がある。初めて
出会いを実現したのは高校生のときで、相手は友達のネット上の知り合いだ
った。「Twitter」だけでなく「LINE」などのIMを介してやりとりし、相手

と直接会った。会ったときの印象は悪くなく、交際もしたが、短期間で相手に対する自分の気持ちが冷めてしまった。スマホを買い替えたので、「Twitter」や「LINE」の連絡先も消え、いつの間にか関係が消滅していたという。その後、年上の異性からアプローチを受け、出会いを実現し、食事を何度かご馳走してもらったが、自身の仕事が多忙だったために関係が自然消滅した。

(2)青年期女子出会い非経験者のインタビュー概要

N1へのインタビュー

　進学校に通っていたが、同級生がネットで知り合った人とライブに行ったり、ライブ終わりに一緒にホテルに泊まったりしたエピソードをよく話していたという。自身はそういうやりとりを聞いて恐怖心を抱くことが多かったと話していた。幼なじみの友達とチャットルームで異性になりきって話をしていたら、見知らぬ女性からアプローチされた経験があり、ネット上のやりとりでは素性はわからないと実感したという。

N2へのインタビュー

　N1の同窓生で幼なじみでもある。自身はネットを介して知り合った人とライブ会場で会う程度であれば危険性は低いと考えているが、カフェやカラオケなどで少人数で会うのは危険性が高いと考えている。N1とチャットで話をしていたときに、見知らぬ異性から下着の色を聞かれた経験があり、恐怖心を抱いた。その後、チャットの利用は控えるようになったという。

N3へのインタビュー

　ネット上のゲームや応援しているアイドルつながりで、ネットを介して知り合った人とは何度かやりとりした経験がある。同じアイドルを応援している年下の同性から、「ライブ会場で会いませんか」と誘われたが、進学準備で忙しかったため断った。いま考えると、断ってよかったと当時を振り返る。対面で知り合ってから関係を深める目的でネット機能を利用するのはいいが、新たな出会いのためにネット機能を利用することには抵抗があるという。

N4へのインタビュー

ネットを介した出会いを実現する以前に、内向的な性格から対面関係でほかの人と話をすること自体が苦手だと話していた。そのため、「Twitter」も一応アカウントは所持しているが、何を発信したらいいかわからないし、「Twitter」を介してつながった人とも話が続かずに関係が切れてしまったという。本人は、「出会いを実現する以前の問題」と話していた。

N5へのインタビュー

　ネットを介した出会いの実現に対して興味・関心がほとんどない。高校時代、友達や知り合いが繰り返し出会いを実現していたが、それは人がやっていることだから自分には否定する権利はないと話していた。しかし、友達の姉がオンラインゲームで知り合った遠方の人と交際して結婚に至ったことについては、驚きとともに嫌悪感を抱いたと話していた。

N6へのインタビュー

　中学生のときに、自身の親しい友達が当時流行していた「mixi」でつながった人と直接会ったいう。結果的にはトラブルや事件・犯罪に巻き込まれなかったが、それを間近で見ていて恐怖を感じたと話していた。また、自身も当時「mixi」を利用していたが、知らない人から連絡がたくさんくることに対して「あれは出会い系」「面倒くさかった」と振り返り、出会いを実現する人は時間がある人だけだと話していた。

N7へのインタビュー

　ネットを介して知り合った人と会いたいと思った経験は特にないという。パソコンは家にあったが、小学校高学年まで家庭の方針でパソコンを触らせてもらえなかったため、保護者の教育方針が自身のネット利用に影響しているのではないかと話していた。当時、周囲の友達はライブ会場で、ネットを介して知り合った人と会うという話もしていたが、自身は特に入れ込む趣味もないため、出会いの実現は他人事だと話していた。

N8へのインタビュー

　自身の趣味関係で、「Twitter」上で300人程度フォロワーがいた経験がある。高校生時代に1度、隣町の同じ電車を使っている同年代の同性から直接

会わないかという誘いを受けたが、相手の素性がわからないし、恐怖心もあったので断ったという。現在は大学生になり、自分の行動に責任をもてるようになったので、ネットを介して知り合った人と機会があれば会ってみることもしたいと前向きに捉えていた。

N9へのインタビュー

　自身は出会いを実現した経験はないが、中学時代の同級生aと高校時代の同級生bが「Twitter」上で知り合い、出会いを実現したことを後から聞き、驚いた経験について話していた。また、「Twitter」上で知り合った相手にライブ会場で販売していたグッズを買ってきてもらい、住所を教えて送ってもらった経験があるという。そのことについて、「自分は住所よりも重要な相手の口座情報を知っているから問題はない」と話していた。

N10へのインタビュー

　外国語の学習のために、「Facebook」を一時期利用していた。気の合う外国人の異性と「Facebook」で知り合い、「LINE」や「カカオトーク」などを介してメッセージをやりとりしたりビデオ通話をしたりした。東京観光をしようと誘われたが、怖くなり結局断ったという。その後、別の外国人の異性から「Facebook」上でいきなり裸の写真が送られてきたことがあり、ショックを受けたので「Facebook」は退会してしまった。

N11へのインタビュー

　出会いを実現することに対して、危なくなければ問題ないと考えている。自身の周りにも出会いを実現する人は複数いて、友人は「Twitter」で知り合った人とライブに出かけたり、ディズニーランドに出かけたりしているという。自身は出会いを実現することよりも、ネット上で無料の漫画を読むことのほうが好きなので、そちらのほうに時間を使いたいと話していた。

N12へのインタビュー

　オンラインゲームは頻繁に利用していて、そこで「フレンド」と呼ばれる、よく一緒にプレイをするネット上の知り合いはいるが、会ったことはないという。ネットを介した出会いは怖いというイメージがあり、特に「フレン

ド」とも会いたいとは思わない。また、周囲で出会いを実現した人もあまりいないので、自身も出会いを実現したいとは特に思わないという。

N13へのインタビュー

　地方の大学に進学したため現在一人暮らしであり、友達も同じような環境の人が多いという。そのため新しい友達を作ろうとネットを介した出会いを実現しても、同じ大学の別の学部の人だったり友達の友達だったりすることが多いと友人・知人の話から分析していた。自身は出会いを実現する必要性をあまり感じておらず、ネット上のサイト・サービスに疎いという。

N14へのインタビュー

　以前「Hello Talk」という外国人とコミュニケーションをとりながら英語を学習するためのアプリを利用していたとき、親しくやりとりしていた外国人の異性から突然性器を見せつけられるというショッキングな体験をした。そのため、それ以降アプリが開けなくなり、一時期は同じ学校の異性と話をすることもできなくなったという。そのような体験から、自身はネットを介した出会いを実現することはないと話していた。

(3)青年期男子のインタビュー概要
B1へのインタビュー

　ネットを介した出会いを実現した経験はない。しかし「Twitter」は利用していて、フォロワーが170ほどいるという。震災を経験したことがあり、「Twitter」上で支援情報が流れてきたこともあったので、「Twitter」は頻繁に利用しているという。出会いについては危険性を認めながらも、流行もあるので、機会があれば参入してみたいと前向きに捉えていた。

B2へのインタビュー

　ネットを介した出会いを実現した経験はない。しかし、小学校のときからネットは利用していて、ゲーム機で「YouTube」を利用していた。最近は「Twitter」と「Facebook」を頻繁に利用していて、「Twitter」は真面目なことを投稿するとちゃかされるが、「Facebook」はそれがないので、最近は「Facebook」をよく利用している。ネットを介した出会いの実現については

嫌悪感を抱いていて、出会いを実現する人の気持ちは理解できないと話していた。

B3へのインタビュー

　ネットを介した出会いを実現した経験はない。しかし、親しい友達が「Twitter」を介してオフ会を頻繁に実現している様子を見聞きし、自身はまねしたいとは思わないが、驚いたと話していた。また、「LINE」やSNSでの短い文章のやりとりに抵抗があるらしく、メールを使ったやりとりのほうが内容をよく考えられるし、安心できると話していた。

B4へのインタビュー

　ネットを介した出会いを実現した経験はない。学生時代、周囲で出会いを実現した人は何人かいたようだが、自身は特に興味もなかった。「ネット上では断片的な情報しか入ってこないので、その情報をもとに相手を信頼するか否か決めるのは非常に危険である」と、出会いの実現に対して慎重な姿勢だった。また、対面関係でのつながりを充実させたいと話していた。

B5へのインタビュー

　ネットを介した出会いを実現した経験が複数回ある。高校生時代、ネットを介して知り合った人と電車やバスを乗り継いでディズニーランドに行った経験もあるし、イベントに参加した経験もある。そこでつながった人とは現在ほとんどやりとりしていないので、あくまでネット上のつながりは「とっかかりの足掛かりみたいな」もので、みんなそのような使い方をしているのではないかと話していた。

B6へのインタビュー

　出会いを実現した経験はない。留学経験があり、ホストファミリーにネットを介した出会いを実現してはいけないと教育を受けた。また、現在交際相手がいるので、出会いを実現すると交際相手を不安にさせることにつながるし、ネット上のつながりよりも対面関係でのつながりのほうが継続しやすいと自身の経験をもとに話していた。

Kスケール、賞賛獲得欲求・拒否回避欲求

　ネットを介した出会い経験者と非経験者の差異について検証する。まず、久里浜医療センターが翻訳したKスケールを用いて、「全くあてはまらない」1点、「あてはまらない」2点、「あてはまる」3点、「非常にあてはまる」4点で得点化した。青年期女子35人のKスケール得点は表5-6のとおりである。次に、小島ほかが作成した賞賛獲得欲求・拒否回避欲求得点尺度を用いて、「1．あてはまらない」から「5．あてはまる」の5件法で尋ね、それらを得点化した。青年期女子35人の賞賛獲得欲求・拒否回避欲求得点は同表のとおりである。回答漏れがあり、後日メールで回答を求めたが、回答が得られなかったE13、E14、N10については記載していない。

(1) Kスケール

　回答が得られた青年期女子32人のKスケールの平均と標準偏差は表5-7のとおりである。また、青年期女子32人を、ネットを介した出会い経験者（19人）と非経験者（13人）に分類した。出会い経験者（19人）と非経験者（13人）各群のKスケールの平均得点と標準偏差は同表のとおりである。加えて、出会い経験者と非経験者の間でSPSS Statistics Base V26を用いたt検定をおこなった。その結果、5％水準で有意差はなかった（t=0.73, ns）。

　補足的ではあるが、Kスケールの総合得点に基づいてネット依存の「高リスク使用者」「潜在的リスク使用者」「一般使用者」の人数を確認したが、出会い経験者の「高リスク使用者」は2人、「潜在的リスク使用者」は1人、「一般使用者」は16人だった。出会い非経験者の「高リスク使用者」は0人、「潜在的リスク使用者」は2人、「一般使用者」は11人という結果だった。

(2)賞賛獲得欲求・拒否回避欲求

　青年期女子32人の賞賛獲得欲求・拒否回避欲求得点の平均と標準偏差は表5-8のとおりである。また、青年期女子32人を、ネットを介した出会い経験者（19人）と非経験者（13人）に分類した。各群の賞賛獲得欲求得点の平均得点と標準偏差は表5-9のとおりである。加えて、出会い経験者と非経験者の間でSPSS Statistics Base V26を用いたt検定をおこなった。その結果、5％水準で有意差はなかった（t=1.35, ns）。

表5-6　Kスケール、賞賛獲得欲求・拒否回避欲求得点

調査協力者	Kスケール	賞賛獲得欲求得点	拒否回避欲求得点	分類[11]
E1	37	36	29	賞賛高群
E2	45	25	32	拒否高群
E3	31	9	41	拒否高群
E4	34	28	41	両高群
E5	34	36	27	賞賛高群
E6	35	27	42	両高群
E7	35	31	27	賞賛高群
E8	38	30	32	両高群
E9	25	24	32	拒否高群
E10	45	21	36	拒否高群
E11	35	20	37	拒否高群
E12	39	17	30	両低群
E15	33	26	24	賞賛高群
E16	28	39	34	両高群
E17	34	22	14	両低群
E18	41	37	37	両高群
E19	36	39	25	賞賛高群
E20	34	24	27	両低群
E21	38	24	41	拒否高群
N1	38	24	35	拒否高群
N2	42	18	31	両低群
N3	37	20	29	両低群
N4	28	9	35	拒否高群
N5	37	21	28	両低群
N6	32	34	37	両高群
N7	41	28	45	両高群
N8	39	26	42	両高群
N9	32	27	39	両高群
N11	31	33	31	賞賛高群
N12	34	22	35	拒否高群
N13	26	19	29	両低群
N14	29	26	32	両高群

表5-7　Kスケールの平均と標準偏差

	全体	出会い経験	出会い非経験
平均	35.1	35.6	34.3
標準偏差	4.97	4.95	5.11

表5-8　全体の賞賛獲得欲求・拒否回避欲求得点の平均と標準偏差

	賞賛獲得欲求得点	拒否回避欲求得点
平均	25.7	33.0
標準偏差	7.54	6.51

表5-9　賞賛獲得欲求得点の平均と標準偏差

	出会い経験	出会い非経験
平均	27.1	23.6
標準偏差	7.96	6.63

　続いて、ネットを介した出会い経験者（19人）と非経験者（13人）各群の拒否回避欲求得点の平均得点と標準偏差は表5-10のとおりである。出会い経験者と非経験者の間でSPSS Statistics Base V26を用いたt検定をおこなった。その結果、5%水準で有意差はなかった（t=1.12, ns）。

特記すべき出会い経験者と非経験者の特徴

　インタビューのなかで言及された出会い経験者と非経験者の特徴を表5-11に記す。①家族、②友人、③恋人、④学校・仕事、⑤趣味や生き方から特記すべき点を記した。

出会いを実現することに対する考え

　ネットを介した出会い経験者と非経験者の出会いの実現に対する考えを整理する。仮説に基づく分析をするため、本章の調査協力者41人（青年期女子35人、男子6人）から得たインタビュー結果を内容に基づいて切片化し、コーディング作業をした。またコーディング作業の後、KJ法によって概念を生成した。ここでは青年期男子6人の発言も分析対象とし、出会いの実現に対する多様な概念形成を目標とした。

表5-10　拒否回避欲求得点の平均と標準偏差

	出会い経験	出会い非経験
平均	32.0	34.5
標準偏差	7.22	5.22

表5-11　出会い経験者と非経験者の特徴

出会い経験者の特徴	出会い非経験者の特徴
・母子家庭（E1、E2、E4、E7、E17） ・趣味に没頭（E8、E10、E14、E17） ・いじめ経験（E3、E4、E11） ・登校拒否経験（E3、E4、E11） ・サイバーストーカー経験（E1、E2） ・セクシャルハラスメント経験（E1、E2） ・セクシャルマイノリティ（E5、E11） ・子育て中（E19、E21） ・中絶経験（E2） ・リストカット経験（E7） ・精神病院通院（E7） ・昼夜逆転の生活（E9） ・父子家庭（E12） ・母が出会いに夢中（E13） ・小学校から電車通学（E17） ・アイドル活動（E18） ・夫と別居中（E19	・セクシャルハラスメント経験（N10、N14） ・（職業としての）音楽家（N6） ・異文化交流への関心（N10）

(1)主観的肯定

　ネットを介した出会いの実現に対する考えについて、KJ法によって概念を生成した結果、以下のとおりになった（図5-1）。また、生成した概念は4象限に分類することがふさわしいと判断した。

　第1象限の「主観」「肯定」（主観的肯定）は「漠然とした肯定」「条件付き肯定」の2点だった。「漠然とした肯定」はネットを介した出会いを実現することに対して肯定的であり、その考えの根拠や理由が漠然としているものである。「条件付き肯定」は、条件が整えば出会いを実現してもいいとする考えである（表5-12）。

(2)主観的否定

　第2象限の「主観」「否定」（主観的否定）は「否定的感情」「オフライン至上」「心的外傷」の3点だった。「否定的感情」はネットを介した出会いを実

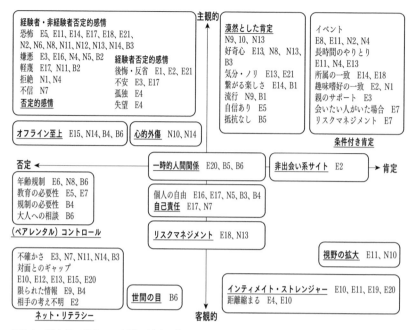

図5-1　青少年の出会いの実現に対する考え

現することに対して否定的な考えであり、その考えが主観的または感情的と判断されたものである。「オフライン至上」はネットを介した出会いよりも対面での他者との交流に重きを置く立場である。「心的外傷」は自身の強烈な心的外傷体験から、出会いを実現することに対して否定的な考えを有するようになったものである。また、「否定的感情」はさらに２点に分類され、「恐怖」「嫌悪」「軽蔑」「拒絶」「不信」といった経験者と非経験者の双方が言及したものと、「後悔・反省」「不安」「孤独」「失望」といった経験者が主に言及したものであり、後者のうち「不安」以外は出会いを実現した後の感情が挙げられた（表5-13）。

(3)客観的否定

　第３象限の「客観」「否定」（客観的否定）は「（ペアレンタル）コントロール」「ネット・リテラシー」「世間の目」の３点だった（表5-14）。「（ペアレンタル）コントロール」は保護者や学校の教員など教育的立場にある大人がネ

ットを介した出会いのリスクについて青少年に教育をしたり、場合によって
はネット端末の利用を制限したりすべきだと考える立場である。「ネット・
リテラシー」はネット上の情報を批判的に読み解き、ネットを介した出会い
の実現に対して慎重であるべきと考える立場である。「世間の目」は出会い
を実現することに対して、第三者の目や社会的立場を気にするというもので
ある。

(4) 客観的肯定

　第4象限の「客観」「肯定」（客観的肯定）は「インティメイト・ストレン
ジャー」「視野の拡大」の2点だった（表5-15）。「インティメイト・ストレ
ンジャー」は富田の定義に基づき、ネットを介して知り合った見知らぬ他者
であるからこそ、深い話や相談ができるというものを指す。「視野拡大」は
ネットを介した出会いによって非日常的な出来事を経験したり、新たな人脈
を作ったりすることで、ものの見方が多様になると考える立場である。

(5) 4象限に分類できなかったもの

　そのほか、4象限には分類できなかったものとして「自己責任」「非出会
い系サイト」「リスクマネジメント」「一時的人間関係」の4点がある（表
5-16）。「自己責任」はネットを介した出会いを実現するか否かを決めるのは
個々の自由であり、仮にトラブルや事件・犯罪に巻き込まれたとしてもやむ
をえないとするものである。ネットを介した出会いはいわゆる「出会いサイ
ト」を介した出会いではなく、SNSやIMなどを介した出会いであるため、
「非出会い系サイト」は基本的には問題はないと考える立場である。「リスク
マネジメント」はネットを介した出会いのリスクを理解したうえで、リスク
に対応できるのであれば出会いの実現もやむをえないとするものである。
「一時的人間関係」はネットを介した出会いによる関係が短期間で終了・消
滅するものと考える立場である。ネットを介してつながった過去の人間関係
に注目していて、現時点で相手との関係は終了または消滅している。しかし、
結果的に関係が短期間で終了・消滅しただけであって、当事者は最初から離
脱を前提として相手とつながったと言いきれない。「選べる縁」[12]に位置付け
られるといえるが、特にネットを介した出会いの様相から明らかになった概
念である。そのため、本書では一時的人間関係を「新たな関係を構築するこ

表5-12　主観的肯定

上位カテゴリ	コード名	具体的な言及内容（一部）
漠然とした肯定		・なんかやっぱりライブ会場とかいったら「Twitter」で会った子たちでわーって言っている、やっと会えたねみたいな、言っているのとかを見ると、そういうのってすごいなって思います。そういうのもいいのかなって思います。やっと会えたね！みたいな、画面上でしか会えない友達にやっと会えるっていうのは、わーって思って。そういうのもいいなって思います（N9）。
	好奇心	・実家生であって、そんなにあれなんですけど、自分の行動に責任はもてると思うので、もし機会があれば会ってはみたいかなとは思いますね（N8）。 ・すごく趣味が合う友達がいまはたまたま近くに友達がいるので、よかったんですが、もしいなかったら探してみたいなって思う気持ちはあるのかもしれないと思っています（N13）。
	気分・ノリ	・（会いたいという）そういう気持ちになったら会いたいなと。なんか結構会話が続くなら。（略）気分ですかね。なんか、まあ楽しそうなら行きたいなと思います（E13）。 ・（会った）理由、特にはないです、すいません。（略）なんなんですかね、そのときのノリだったんですかね（E21）。
	つながる楽しさ	・いい方向でつなげていきたいなって思いますよね。そういう出会いも。楽しくつながれるほうがいいかなって（E14）。
	流行	・最初はえ？って思ったんですけど、みんなのを見ていると普通に友達っていう感じだったんで、時代も時代だし、そういう友達の作り方もあるのかなって思いました（N9）。 ・交際目的とか、友達感覚でいろんな方、この人たちとそのいろんな人たちとネットでつながれる楽しみっていうのは、そういう世の中の流れがいまきてるかなって思うので、私はそういった目的だったら使ってもいいのかなあって（B1）。
	自負	・自分はネットに詳しいからいいですけれども、知らない人って軽率に会うと思うんで（E5）。
	抵抗なし	・えーと僕も結構会いますし、会うっていうか。はい、結構そこには抵抗ないですね（B5）。

条件付き肯定	イベント	・ライブとかだったらまだいろんな人がいるし、ほかに、ほかの人がいるしそこまで危ない目にはあわないと思うんですけど（N2）。
	長期間のやりとり	・何人か当事者っていう人たちが集まる場所に行ってつながるのはいいなって思うんですけど、言葉だけのやりとりのあとで時間が短いなか会うのは危ないかなって思います。(略) 1年2年やりとりしなかったら会うのはまだ怖いかなって思います。顔を見ていない状態で（E11）。
	所属の一致	・ある程度同じ高校とか大学とか共通点がないと怖いかなって思うので。(出会いを実現する基準)「Twitter」とかだとなりすましたりもしちゃうので、春から○○大学とか誰でもかけるから、やっぱりそういうときはこの人はちゃんとここに通っている人だなとか確認するようにはしています（E14）。
	趣味嗜好の一致	・同じ趣味とかだったら大丈夫、心配しなくてもいいと思うんですけどね（N1）。
	親のサポート	・(親に)ついてきてもらっておけば変な人でも親とかがカバーできるし、一応会いたい、行きたいって言ったら「じゃあちょっとついていくし」(って親がいう)。ちょっとついて行くだけやし（E3）。
	会いたい人がいた場合	・いまは会いたい人が何人かいるので、その人たちと会いたいと思いますし、そのあとは特にネットから出会いたいっていうふうには思っていなくて、ネットで知り合ったなかで会いたいっていう人がいれば、会ってみたいと思っています（E7）。
	リスクマネジメント	・(仮に自分が親の立場で)危ないサイトとかは自分から伝えて、自分で考えていかないようにするとかできたら、(べつに出会いの実現は)いいと思うので（E7）。

とを目的としてネットを介した出会いを実現したが、その関係が短期間で終了・消滅してしまうもの」と定義する。

表5-13　主観的否定

最上位 カテゴリ	上位 カテゴリ	コード 名	具体的な言及内容（一部）
否定的感情	経験者 非経験者 否定的感情	恐怖	・カフェとかで会うとかそういうのだと、ちょっと怖いって思います（N2）。 ・好奇心とかわくわくとかじゃなくて怖いなって思ってしまうところが（経験者との）違いなのかなと思いますね（N6）。
		嫌悪	・知らない人とっていうのは気持ち悪いじゃないですか。どんな人と出会うかわからないし、気持ち悪いじゃないですか（E16）。 ・私はいやですけれども（N5）。 ・もう嫌悪派なんですけれども（B2）。
		軽蔑	・危ないからちゃんとしなよとは思いますけど、ちゃんとしてなくて事件に巻き込まれた人とかは何やってんの、ばかじゃないの、とは思いますけど（E17）。 ・気持ちが軽いなぁと思いますね。僕が殺す側だったら、Twitterとかで簡単に釣れるなって。むしろますます危険になっている感じがします。（略）誰もがやっているし、その分だませる数も増える。なんで、考えが浅はかな人たちが増えてるんじゃないかなって（B2）。
		拒絶	・（自分は出会いを実現するのは）ちょっとないですね（N1）。 ・画面上で会話するぐらいならいいって感じですけど、会うってなるとちょっとって思いますね（N4）。
		不信	・ネットで友達になることもまずないですし、そういう、もしあったとしても、会うまで信用できないかなっていう感覚ですね（N7）。
	経験者 否定的感情	後悔・ 反省	・インターネット使う出会いとかは絶対やめたほうがいいですね。（略）昔のこと振り返ると、昔は子どもだったんで。子どもだったかなぁ（E1）。 ・いや、もういいかなって思います。なんなんですかね、そのときのノリだったんですかね、若気の至りというか（E21）。
		不安	・最初は会いたいっていうだけのノリなんですけれども、完璧相手を信用する感じで行くじゃないですか。でも、もしかしたら怪しいおじさんだったらどうしようって考えたら（E3）。
		孤独	・孤独感を埋めるためにネットしているのに余計孤独感を感じるっていうループには1回陥りましたね（E4）。
		失望	・私のことを何々様、何々さんって呼んで慕ってくれていた友達は、人たちは何もなかったかのように全スルーだったので（最初）顔で見ない、名誉でみない、じゃフォロワーで見るんだなって。ネットの人たちは、って思ったことはありましたね（E4）。

オフライン至上	・やはり顔、顔の印象とかって SNS ではわかりにくいじゃないですか。面と向かってだと意外とこの人 SNS ではテンション高めだけど、実際はすごい真面目そうな人だなって。そうすると、あ、どうしようって判断しちゃって、結局話す内容がわかんなくなって。（略）なので、友達作りとかは学校とかサークルとかでつながっていくほうが好きかなって（E15）。
心的外傷	・どうしても昔の事件のことが戻ってきてしまって、少し恐怖心をもっているので。そうですね、使っていたアプリを見てしまうと…（いまでも）見られない状況にはあると思います（N14）。

表5-14　客観的否定

上位カテゴリ	コード名	具体的な言及内容（一部）
（ペアレンタル） コントロール	年齢規制	・「Twitter」上でも中学生とかだと自分の意見にこれはそうじゃないんじゃないのって言われると反抗的になったりするんで、あんまり年が若いすぎる子はよくないかもしれないんですけれども（E6）。 ・本当何歳からでも気をつけないといけないと思うんですけどね、特に10歳〜20歳とかの間は気をつけないといけないなって思います（B6）。
	教育の必要性	・知らない人って軽率に会うと思うんで。大丈夫やろ、みたいな。だからああいう（ネット・リテラシーの）授業は大切だと思います（E5）。
	規制の必要性	・やっぱりそれ（出会い）は規制されるべき部分かなと自分は思っているんですけど（B4）。
	大人への相談	・完全に誰かわからない人がフォローしてきたときは周りの（留学先の）ホストファミリーに聞いて確認してから、大丈夫かなっていう感じでした。すごい心配されました。家族とかがすごい大事にするので、そこは徹底して、そういうつながりで会うとかはやめようっていうのがありました。だから相談するっていうのは大事だと思いますね（B6）。
ネット・リテラシー	不確実性	・本人かもわからないというか、「Twitter」でいついつ会いましょうって言って待ち合わせ場所に行った人間が、はたしてその「Twitter」の相手なのかっていう。怪しいですし、不確実な要素が多すぎる気がして本当に自分が会いたい人間に会えるかどうかわからない（B3）。
	対面とのギャップ	・実際相手を前にするのと、「Twitter」だけのやりとりってちょっと違うじゃないですか。これいま話しているけど、実際話せるかなと思っちゃうんで、会おうとは思わないです（E12）。
	限られた情報	・ネット上っていう限られたところだけで、いくらでも偽れるじゃないですか、ネット上の立場って。そのこともよく知っているし、自分も自分の素を明かさないようにっていうのを、ネットをするときにするので、それは相手も同じだと思うので、そういう限られた情報だとあまり信頼できないじゃないですか（E9）。 ・やっぱりインターネットを介してだと断片的な情報しか入ってこないので、やはり危険度はすごく高い（B4）。
	相手の考え不明	・（相手の目的が）変な目的だったりとかするじゃないですか。相手が何考えてるかわからないじゃないですか（E2）。
世間の目		・異性も、いま一応お付き合いしている人がいるんですけど、（ネットで）つながったら怒られちゃうし、そういう面でも、もし別れたとしてもそこでは求めたくないなと思いますね（B6）。

表5-15　客観的肯定

上位カテゴリ	コード名	具体的な言及内容（一部）
インティメイト・ストレンジャー		・自分のことを直接言っている友人には言えない話ってあるので、友人関係とか家族の関係は知っている人には言えない話は、「Twitter」の友人には言えることがあるので、お互いの顔を見なくてすむからそういう点では楽かなっていうのもあります（E10）。
	距離の近さ	・インターネット上だと距離感がすぐ縮まるっていうので使っていますね。やっぱりネット上の友達のほうが、すぐ頭に浮かぶのはその友達ですね（E4）。
視野拡大		・世界を広げるというか、外国の方とやりとりすることで自分もいい意味で成長できると思うんで（N2）。

表5-16　4象限に分類できなかったその他

上位カテゴリ	コード名	具体的な言及内容（一部）
自己責任	個人の自由	・結局はその人それぞれかなって思うんで、個人の自由かなと思います。（友達が会いに行くのは）止めたりとかはないですね。そうなんや、すごいね、みたいな感じです（E16）。
		・ちゃんと気をつけている分には、ちゃんとやっている人たちがやっている分には全然いいんじゃないかなって思います（E17）。
非出会い系サイト		・出会い系ってなると普通に「Twitter」から（知り合うの）とわけが違うじゃないですか（E2）。
リスクマネジメント		・いろいろ新しいことをやってみようっていうのはいいことだなと思うので、完全にそんなのありえないとは思わないです。ただ、どういうリスクがあるのか考えてやったほうがいいですし、そのリスクにはちゃんと対策をしたほうがいいと思います。絶対に1人だったり、人目のない場所では会わないほうがいいのではないかなって思っていますね（N7）。
一時的人間関係		・ライブの間だけとか、イベントのその間だけとか仲良くなるのとかはいいと思いますけど、それ以外で会って仲良くなるとかはたぶんしないと思います（E20）。 ・つながった人のほとんどはたいして仲良くないんで、とっかかりの足掛かりみたいな使い方をみんなしているというか、僕もそうですし、その他の人もそうなんじゃないかなって思っていますね（B5）。

5 考察

　本章ではネットを介した出会い経験者と非経験者の差異を探索的にではあるが明らかにし、青少年の出会いの実現に対する考えを分析した。本書の調査協力者は青年期女子35人、青年期男子6人の計41人と限定されているため、結果に一般性をもたせることは難しいといえる。しかし先に言及したとおり、青年期女子のネットを介した出会いに関する研究が少なく、その様相が明らかになっていないため、質的調査によって①出会い経験者と非経験者の差異や、②青少年（青年期女子含む）の出会いの実現に対する考え、③出会い経験者が出会いを実現する過程を明らかにすることには一定の意義があると考える。本章では、①出会い経験者と非経験者の差異、②青少年（青年期女子含む）の出会いの実現に対する考え、以上2点について考察する。

ネットを介した出会い経験者と非経験者の差異

（1）Kスケール

　ネットを介した出会い経験者はネットを利用する機会が多く、依存するほどネットを利用していると推測したが、本章の結果からは明らかにならなかった。Kスケールの総合得点からの判断で、「高リスク使用者」と「潜在的リスク使用者」「一般使用者」の人数についても確認したが、出会い経験者は「高リスク使用者」が2人、「潜在的リスク使用者」が1人の計3人だった。出会い非経験者は「潜在的リスク使用者」が2人だった。出会い経験者のほうが「高リスク使用者」である可能性が高いことも考えられるが、調査協力者が限定されているため、単純無作為抽出法による大規模調査をおこなう必要がある。本章の結果から判断するかぎり、Kスケールは出会い経験者と非経験者を分ける一つの指標になりにくいといえる。

（2）賞賛獲得欲求・拒否回避欲求得点尺度

　Kスケール以外の尺度として、賞賛獲得欲求・拒否回避欲求得点尺度において出会い経験者と非経験者の差異がみられると推測したが、有意水準5%で有意差はなかった。しかしKスケール同様、さらに規模を拡大して横断的

調査をおこなう必要がある。たとえば、量的調査をした際、出会い経験者は「賞賛獲得欲求高群」が有意に多く、出会い非経験者は「拒否回避欲求高群」が有意に多いという可能性も考えられるからである。今後の課題として、本章の結果を再度、量的側面からも検証したい。

(3)そのほか特記すべき点

　Kスケール得点、賞賛獲得欲求・拒否回避欲求得点で出会い経験者と非経験者で有意差はなかったが、そのほかの特記すべき点で、出会い経験者と非経験者の差異がみられた。たとえば出会い非経験者について、回答が得られた者のなかで母子・父子家庭はいなかったが、出会い経験者について、回答が得られた者のなかで母子・父子家庭は6人だった。ちなみにE4は父母ともに健在だが、父は最近母が再婚した相手であるため、E4は「ほとんど母子家庭のようなもの」と話していた。また、妹は生まれたばかりであるため、インタビュー当時は義父、母、妹が一緒に住んでいて、E4は一人暮らしをしている状態だった。家庭環境以外では、いじめ経験や登校拒否経験も出会い非経験者にはみられなかった出会い経験者の特徴であり、対面関係の友人・知人に自分の趣味を理解してもらえないため、あえてネットを介して知り合った相手とイベントを楽しむ目的で出会いを実現した者もいた（E8）。

　以上の背景から、一部の青少年は自身の感情や日常の出来事を他者と共有することを目的に、出会いを実現することも考えられる。仮に家族と関わる機会が少なかったとしても、身近な友人・知人、学校の教員、職場の者などと感情や日常の出来事を共有する機会があれば、わざわざ出会いを実現する必要はないだろう。しかし、一部の出会い経験者はいじめや登校拒否、セクシャルマイノリティなどの理由から、身近な友人・知人、学校の教員、職場の者などとも自身の感情や日常の出来事を共有する機会が少なくなり、それを補うためにネットを介した出会いを実現することも考えられる。つまり、様々な理由から対面関係で他者と良好な関係を構築することが難しい場合、ネットを介した出会いを実現し、自身の人間関係を補うという可能性が考えられる（社会的補償仮説）。しかし、Kスケール得点と賞賛獲得欲求・拒否回避欲求得点で出会い経験者と非経験者で有意差はなかったため、結果を慎重に判断する必要があるといえる。

ネットを介した出会いの実現に対する考え

　ネットを介した出会いの実現に対する考えを、青年期男子6人も含む41人の青少年に自由回答してもらった。その結果、図5-1の概念図を作成することができた。

　まず、出会い経験者は出会いに対して楽観的で、出会いを実現することに対して肯定的であると予想していたが、概念図を作成すると出会い経験者からも出会いを実現することに対する慎重な意見が聞かれた。これは前章の結果・考察と類似している。具体的には、出会いを実現する前の「不安」や出会いを実現したことに対する「後悔・反省」について述べた者がいた。

　一方、出会い非経験者からも出会いに対する寛容な意見が聞かれた。たとえば出会いを実現することに対する「好奇心」や、「イベント」など不特定多数がいる場での出会いは問題ないと考えている者が複数いた。そのため、インタビュー時に出会い非経験者であっても、近い将来出会いを実現する可能性は十分にあると考えられる。

(1)言行相反な青少年

　本書の青少年はネットを介した出会いの実現に対する肯定的考えだけでなく、否定的考えについても述べていた。むしろ、否定的考えのなかで、出会い経験者であるにもかかわらず、出会いの実現に対する嫌悪の感情について述べたり、ほかの出会い経験者を軽蔑するような発言をしたりする者もいた。いわば、言行相反な青少年が一定数存在していた点は注目すべきではないだろうか。

　では、一部の青少年はなぜ言行相反な態度をとるのだろうか。その理由として、一部の大人、特に教育的立場にある大人が考えるネットを介した出会いと青少年が考える出会いにズレが生じている可能性が考えられる。本書では、たとえば進学・就職前にあらかじめネットを介した出会いによって仮の人間関係を構築しておき、進学・就職後、互いに新生活になじんだら仮の関係が終了・消滅するものもネットを介した出会いによる関係として扱ってきた。しかし、一部の青少年は上記の関係を、ネットを介した出会いによる関係とは捉えていないと考えられる。その証拠にE16は「同じ高校とかだと本当に怖い人じゃないことはわかるじゃないですか。（略）そういう面では

大丈夫」と述べ、数週間後には進学・就職先で会うのだから問題ないとしていた。そのため、一部の大人の出会いに対する認識と青少年の出会いに対する認識のズレから、青少年が言行相反な態度であるように映ると考えられる。

(2)認識のズレが生み出すネット・リテラシー教育の課題

　この認識のズレは青少年のネット・リテラシー教育にも影響を及ぼすと考えられる。たとえば、文部科学省はNTTラーニングシステムズに委託し、「現代的課題に対応した効果的な情報モラル教材に関する調査研究[13]」のなかで「SNSを通じた出会いの危険性[14]」という動画を公開している。この動画は「YouTube」で閲覧でき、内容も10分程度になっていて、学年・年齢に応じて複数の動画が公開されている。このようなネット・リテラシー教育で扱われている内容を、青少年が自身の問題として捉えられるかが課題といえる。たとえば、E5は自身のネット・リテラシーの高さを自負していて、今後も繰り返し出会いを実現する可能性は高い。自身のネット・リテラシーの高さを自負する者や繰り返し出会いを実現する者こそ、上記で扱われている内容を再度身近な問題として確認する必要があると考えられるが、それが青少年に正確に伝わるかは疑問である。E5に限らず、ネットを介した出会い経験者全員に共通している点は、ネットを介した出会いに伴うトラブルや事件・犯罪をどこか他人事のように捉える傾向にあるということだ。確かに、実際トラブルや事件・犯罪に巻き込まれたことがある出会い経験者は、本章の調査協力者のなかではE1とE2だけだった。ほとんどの出会い経験者はトラブルや事件・犯罪に巻き込まれた経験がないため、ネット・リテラシー教育は自分には必要ない、もしくは自分のネット・リテラシーは十分であると考えているかもしれない。また、他者と知り合い関係を深めるきっかけは、対面だろうとネットだろうと、青少年にとって大した差異ではないとも考えられる。しかし、そのような青少年こそ、再度ネット・リテラシー教育を自身に必要なものとして捉えるべきではないだろうか。文部科学省の内容は以前の教材と比べてより実態に即した内容になっている点については評価したいが、出会い経験者がより自身の問題として認識するためにはどのように改善したらいいかという点については、今後の課題になると考えられる。

（3）一時的人間関係

　一時的人間関係について、本書の調査協力者のなかでは、出会い経験者だけが言及していた。第6章で再度言及するが、相手とネット上でつながり、交流し、直接会うほどの間柄になったにもかかわらず、その関係が短期間で終了・消滅することに対して「孤独」や「失望」を感じる者は少なからずいるだろう。この「孤独」や「失望」については、E4も言及していて、「（ネットでつながった）友達は、何もなかったかのように全スルーだったので（略）それでちょっと孤独感を埋めるためにネットしているのに余計孤独感を感じるっていうループには1回陥りましたね」と話していた。一方で、E20やB5のようにネットを介した出会いによる関係を「ライブの間だけとか、イベントのその間だけ」「とっかかりの足掛かりみたいなもの」と、割り切った関係として捉えている出会い経験者もいた。そのため、E4のようにネットを介した出会いに対して継続的かつ情緒的な関係を望んでいる青少年が、E20やB5のように出会いを淡白に捉えている青少年とつながった場合、意見の相違や感情の行き違いが生じやすいと考えられる。そしてその相違や行き違いによって、トラブルや事件・犯罪に発展する可能性がある。

　本章で述べたとおり、ネットを介した出会いによる関係はいわゆる「選べる縁」であり、そこに継続的かつ情緒的な関係を望むことには無理があるといえる。しかし、出会い経験者のなかには家族関係が良好でなかったり、不登校やいじめなどの理由から友人・知人との関係を満足に築くことができなかったりする者もいた。また、青年期はアイデンティティの確立が課題であるため精神的に安定しているとは言い難いし、経済的に自立している者も少ないことから、限られた手段で信頼できる他者との関係を構築していかなくてはならない。そのような状況のなかで、既存の人間関係に縛られることなく、新たな関係を出会いの実現によって構築できるということは、一部の青少年にとって利点といえる。以上の背景から、ネットを介した出会いは「選べる縁」であるために短期間で終了・消滅しやすいが、一部の青少年は出会いに頼らざるをえないと考えられる。

　ここまで述べてくると、ネットを介した出会いを実現する者のなかに社会的サポートが十分でない者が一定数存在する可能性が考えられる。しかし、SNSやIMが青少年の間に広まり、それに伴って、少しのきっかけや明確な理由のないまま出会いを実現する者も増えつつあると考えられる。そのため、

社会的サポートが少ない者がそれを補うために出会いを実現するとただちに結論付けることはできない。実際、「気分・ノリ」「好奇心」で出会いを実現した者もいて、出会いの実現は青少年にとって身近でカジュアルなものになりつつあるのかもしれない。しかし、社会的サポートを補うために出会いを実現する（した）青年期女子も一定数いて、出会いの実現によって道具的にも情緒的にもサポートが得られたと評価している女子がいることも考慮する必要があるだろう。次に、青年期女子が出会いの実現に対してどのような点を評価しているのかを整理する。

(4)「インティメイト・ストレンジャー」

　ネットを介した出会い経験者が出会いの実現を評価している点の一つである、「インティメイト・ストレンジャー」について考察する。富田英典はメディア上の匿名だからこそ親密になれる他者を「インティメイト・ストレンジャー」と称し、メッセンジャーなどのメディア技術の発達がそれを生み出したとしている。本章の結果からSNSやIMなどを介して知り合った「インティメイト・ストレンジャー」という存在は、一部の出会い経験者にとって重要な役割を果たしていることがわかる。たとえば、いじめ経験を共有するために出会いを実現したE4は、同級生の外見に対するいじめを理由に小学生のころから学校を休んでいた。そのため、対面関係でチャムやピアを求める[15]ことは困難だったと考えられる。E4はとある掲示板上で自分と似た境遇の者を見つけて悩みを相談しているうちに、相手に対して親近感を抱くようになった。その結果、E4は出会いを実現するに至った。また、E19もクラスメートではなく、あえてネットを介して知り合った他県の同年代の同性とやりとりすることに意義を感じていた。E19は「ネットのほうだと（略）そんなに認識もないじゃないですか。（略）いらないことを考えなくてもすむからいろんなことを相談できたりとか。こっちの現実のお友達に（悩みなど）言って、裏で「こんなの言ってたよ」とかないのが安心かなって思います」と話し、ネットを介して知り合った者と交流する価値を見いだしていた。出会いを実現した当時、E4は学校に行っていなかったり、E19は保護者の仕事が忙しくて1人で過ごすことが多かったりと、対面関係で他者との充実した関係を築くことが難しい状況だった。そのため2人にとって、ネットを介して知り合った者はまさに「インティメイト・ストレンジャー」としての

役割を果たし、精神的な安定を得る手段になったといえる。

　以上を踏まえると、ネットを介した出会いは一部の青少年にとっていわゆる社会的補償になりうるのではないだろうか。先行研究をまとめるなかで、ネットを介した出会いを実現する理由として、社会的補償仮説とthe rich get richer仮説、「受動的出会い」仮説について言及した。たとえば、E4やE19は当時社会的サポートが少ない者であったと考えられ、それを補うためにネットを介した出会いを実現したといえる。

(5)ネット上の「サードプレイス」

　本章の一部の青年期女子が社会的補償のためにネットを介した出会いを実現しているとすれば、出会いのきっかけになったネット上のサイト・サービスは、家庭や学校、職場とは異なる「サードプレイス」やそれに準じた居場所になりうるといえる。

　「サードプレイス」とは、アメリカの社会学者のレイ・オルデンバーグが著書『The Great Good Place』のなかで提唱した概念であり、自宅や職場・学校ではない、個人としてくつろぐことができる第3の場所と定義した。[16]また、その条件として、「ニュートラル・グラウンド（中立領域）」「レヴェラー（平等主義）」「会話がおもな活動」「利用しやすさと便宜」「常連」「目立たない存在」「遊び心がある」「もう一つのわが家」の8点を挙げている。「サードプレイス」は都市社会学に起因する概念であり、いわゆる街角のカフェやクラブ、公園などが該当する。一見すると「サードプレイス」はネットを介した出会いと関係がない概念であるように思われる。しかし、ネット機能、特に本章の調査協力者である青少年が利用しているサイト・サービスは上記の特徴を有すると考えられる。たとえばE10には特殊な趣味があるが、自分の趣味のことも含めて、「知っている人には言えない話は、「Twitter」の友人には言えることがあるので、お互いの顔を見なくてすむからそういう点では楽かなっていうのもあります」と述べていた。そのため、E10にとってネットを介して知り合った者とやりとりする空間は、まさに「サードプレイス」に該当するのではないだろうか。

　上記から、ネットを介した出会いそのものは「サードプレイス」の概念と関係がないように思われるが、本章の一部の青少年にとって、ネット機能によってもたらされる場（サイト・サービス）は「サードプレイス」の特徴を

有するといえる。そして、ネットを介した出会いは「サードプレイス」やそれに準じた居場所によってもたらされたものだから、出会い経験者だけでなく一部の非経験者も出会いを肯定的に捉える傾向にあるのではないだろうか。

しかし一方で、ネットを介した出会いの実現は警察庁の調査からも明らかなように、トラブルや事件・犯罪に巻き込まれるリスクを伴う。特に女性は被害者になる可能性が高いと複数の先行研究で指摘されている⁽¹⁸⁾。本章のN14も出会い非経験者ではあるが、スマホ上のアプリを通じて知り合った海外の異性から突然性器を見せつけられるという非常にショッキングな経験をした。また、その経験が忘れられず、いまだにアプリを開けない状態にあるという。そのため、ネットを介して見知らぬ者とやりとりすることは一部の青少年にとって「サードプレイス」に該当するような癒やしを提供する一方で、「心的外傷」に値する大きな精神的負担をもたらす可能性もあることが明らかになった。

6 まとめ・課題

本章の調査結果では、ネットを介した出会い経験者と非経験者の差異はKスケール、賞賛獲得欲求・拒否回避欲求得点尺度ではみられなかった。一方、出会い経験者と非経験者の差異について特記すべき点として、出会い経験者は他者との関係で保護者と過ごす時間が少なかったり、学校や職場に行くことができず、友人・知人との信頼関係を築くことが難しい状況に置かれたりしていた。そのため、満たされない他者との関係を補償するため（社会的補償仮説）、出会いを実現している可能性があることが明らかになった。

しかし、その関係は一部の出会い経験者が「とっかかりの足掛かりみたいなもの」と述べているように、長く続くものとは言い難い（一時的人間関係）。また、仮に相手との関係が継続したとしても、相手から「心的外傷」を負うようないやがらせを突然されたり、場合によってはトラブルや事件・犯罪に巻き込まれたりすることも十分想定される。以上を踏まえると、ネットを介した出会いのリスクは2点に分類される（図5-2）。第1に、トラブルや事件・犯罪に巻き込まれるリスクである。これは警察庁をはじめとした複数の先行研究が指摘していて、本章でもこれに該当するものがあった。第2に、

ネットを介してつながった相手との関係が一時的人間関係に終わるリスクである。この点について言及した先行研究はほとんどない。しかし本章の調査では相手と時間をかけて信頼関係を築いたつもりでいても、その関係が短期間で終了・消滅し、それによって傷ついた経験について話した者もいた。前章の結果も踏まえると、逆に相手が関係の終了・消滅に納得しておらず、そのことが原因でストーカーやサイバーストーカーされた事例もあった。そのため、一時的人間関係も一種のリスクになると筆者は考える。[19]

　以上を踏まえると、ネットを介した出会いの実現やそれによる関係は社会的サポートを補う手段として十分とはいえないが、一部の青年期女子はそれに頼らざるをえない状況にあることが明らかになった。本書は質的調査によって研究するため、結果を一般化することは難しいといえる。しかしそれでも、社会的サポートの少なさを補うために出会いを実現した女子が一定数いたことは注目すべき点ではないだろうか。そして、そのような青年期女子をどのようにフォローしていくのかが今後の課題といえる。しかし、社会的補償のために出会いを実現する女子は大人、特に教育的立場にある大人からのフォローを諦めていたり、そもそも大人からのフォローを期待していなかったり、フォローを拒絶したりする可能性も少なからずある。そのような背景から、ネットを介した出会いを実現することも考えられ、大人も青少年もネットを介した出会いの様相やそれに伴うリスクを理解すれば問題・課題が解決するという単純な話ではないともいえる。また、ネットを介した出会いを実現するのは個人、青少年の自由なのだからフォローなど必要ないと考える者もいるだろう。しかし青少年にネット端末が広く普及し、いまや小学生もネットを介した出会いに参入していることが予想されるため、完全に「自己責任」や「個人の自由」として放置しておくわけにもいかず、やはり何らかの対策が必要になると考えられる。[20] 社会としてどのような対策が必要か、フォローが必要と考えられる青少年をどのようにサポートしていくのかという議論までを本書で展開することは難しいが、教育的立場にある大人だけで解決できる問題・課題ではないことが明らかになった。また、ネット上のサイト・サービスの利用を青少年に対して全面的に禁止することは現実的ではないので、問題が起こりづらく、青少年からの理解も得られるような、いわば[21]ネット上の「サードプレイス」の環境をどのように整えていくのかも、今後の課題といえる。

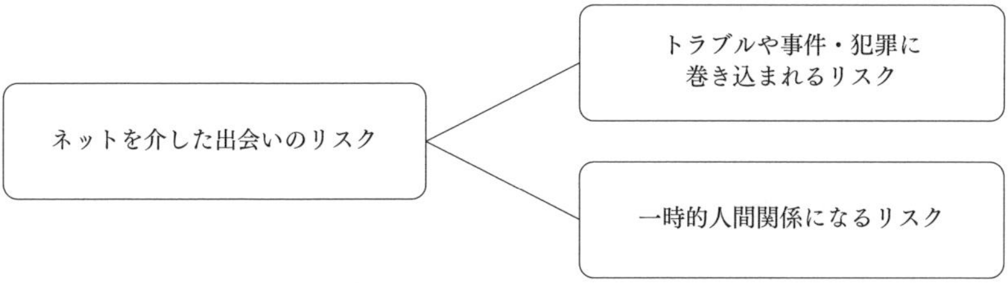

図5-2　ネットを介した出会いのリスク

注

（1）内閣府「平成28年度青少年のインターネット利用環境実態調査」2017年（https://www8.cao.go.jp/youth/youth-harm/chousa/h28/net-jittai/pdf-index.html）［2019年4月10日アクセス］、前掲「平成30年度青少年のインターネット利用環境実態調査」

（2）久里浜医療センター「K-スケール——青少年用（インターネット依存自己評価スケール）」2010年（https://kurihama.hosp.go.jp/hospital/screening/kscale_t.html）［2019年4月10日アクセス］

（3）伊藤賢一「小中学生におけるインターネット依存をもたらす諸要因——群馬県前橋市における追跡調査に基づいて」、群馬大学社会情報学部編「社会情報学部研究論集」第26巻、群馬大学社会情報学部、2019年、1-14ページ、など。

（4）前掲「青少年女子のインターネットを介した出会いの過程」

（5）前掲「賞賛されたい欲求と拒否されたくない欲求」、前掲「賞賛獲得欲求・拒否回避欲求尺度作成の試み」

（6）加藤千枝「賞賛獲得欲求と拒否回避欲求からみた青少年のSNS利用」（「北陸学院大学・北陸学院大学短期大学部研究紀要」第7号、北陸学院大学・北陸学院大学短期大学部、2014年、315-323ページ）の研究では、賞賛獲得欲求・拒否回避欲求得点とSNS利用の関連を量的に明らかにするために、高校生から大学生までの青少年301人を対象に質問紙調査をした。結果は、両欲求高群（両欲求得点が平均点よりも高い群）がほかの群よりもSNSを利用していない者が有意に多かったが、1日のネット利用時間やメール送・受信数、SNSでの相互リンク数などで有意差はなかった。つまり、賞賛獲得欲求・拒否回避欲求得点はネット利用と関係がない可能性も考えられる。そのため賞賛獲得欲求・拒否回避欲求得点はネットを介した出会い経験の有無と関係がないことも考えられるが、この点について本章で検討したい。

（7）本章では主に機縁法で青年期女子の調査協力者を集めることになったが、調査協力者の属性が類似するという問題もある。しかし、本章の調査協力者は学生だけでなく、社会人やフリーター、主婦も含まれていて、また、家庭環境や友人関係、居住地域について様々な特徴を有していた。そのため、機縁法によって調査協力者を集めることは、横井修一／現代行動科学会誌編集委員会「「機縁法」調査の信頼性について──調査事例による具体的な検証の試み」（現代行動科学会誌編集委員会編「現代行動科学会誌」第19号、現代行動科学会、2003年、1-8ページ）が指摘するように、対象者を得る場所と時間によって対象者が調査対象集団の特定の人々に偏ることがなく、調査依頼に対する「無視・拒否」が少ないのであれば、有用な手段だと考えられる。また、機縁法だけでなく、SNSを介した公募を併用することで、質的研究ではあるが、より俯瞰的な分析による結果の整理、考察が可能と考える。

（8）本章の個人情報の取り扱いは以下のとおりである（一部省略）。

> ・インタビュー調査やアンケート調査によって得られたデータはパスワードを設定することにより、研究責任者（1人）以外見られない状態にする。
> ・USBによるデータの持ち出しはせず、研究責任者の一台のパソコンでのみ、扱えるようにする。また、パソコン自体にもパスワードを設定し、研究責任者以外使用しない。
> ・インタビュー調査やアンケート調査によって得られたデータの保存は最長5年であることを調査協力者に伝える。5年後にはすべてのデータを必要に応じてシュレッダーなどを用い、削除する。
> ・インタビュー調査やアンケート調査の途中で気分が悪くなったり、回答したくなかったりする場合は、途中離脱が可能であることを文書と口頭で説明する。なお、回答しなかったり、途中離脱したりした場合でも調査協力者が不利益を被ることは一切ないことも説明する。
> ・インタビュー調査やアンケート調査終了後に調査協力者が結果公表を拒否した場合、その意思を尊重し、結果公表はしない。
> ・その他、調査協力者にとって不利益が生じることのないよう、最大限の配慮をする。

（9）Daniel Bertaux, *Les Récits De Vie: Perspective ethnosociologique*, NATHAN, 1997.（ダニエル・ベルトー『ライフストーリー──エスノ社会学的パースペクティブ』小林多寿子訳、ミネルヴァ書房、2003年、48ページ）

(10) 大澤尚也「セクシュアル・マイノリティのジェンダー・アイデンティティに関する試論」(「京都大学大学院教育学研究科附属臨床教育実践研究センター紀要」第23号、京都大学大学院教育学研究科附属臨床教育実践研究センター、2020年、31-41ページ)はセクシャルマイノリティについて、先行研究を踏まえて以下のように定義している。「性に関する領域で「数または力の少ないグループ」に属する人々である。そこには、男女両方の身体的特徴をもつインターセックス(間性、半陰陽)や、性指向が異性愛ではないレズビアン・ゲイ(同性愛者)やバイセクシュアル(両性愛者)、出生時に指定された性別と異なる性別認知をするトランスジェンダー、また女性化・男性化を促す医学的介入によって一次性徴や二次性徴を変えることを希望する(あるいは既に変えた)トランスセクシュアルといった人々が含まれる」という。本書では大澤の定義を採用する。

(11) 本書の調査協力者は限定されていたので、分類は小島の研究での賞賛獲得欲求得点と拒否回避欲求得点の平均点をもとに判断した(小島弥生「防衛的悲観性と賞賛獲得欲求・拒否回避欲求の関連——2つの承認欲求がともに強い人の特徴について」「埼玉学園大学紀要(人間学部篇)」第11号、埼玉学園大学、2011年、67-74ページ)。小島の研究での賞賛獲得欲求得点の平均は25.8(SD 7.51)、拒否回避欲求得点の平均は31.8(SD 7.55)であった。賞賛獲得欲求・拒否回避欲求得点から「賞賛獲得欲求得点高群(平均より賞賛獲得欲求得点のみ高い)」「拒否回避欲求得点高群(平均より拒否回避欲求得点のみ高い)」「両欲求高群(平均より両欲求得点が高い)」「両欲求低群(平均より両欲求得点が低い)」の4群に出会い経験者と非経験者をそれぞれ分類し、参考までにSPSS Statistics Base V26によるPearsonのカイ2乗検定をしたが、5%水準で有意差はなかった(χ^2=2.78, ns)。

(12) 前掲『近代家族の成立と終焉』

(13) 前掲「平成30年度文部科学省委託「生涯学習施策に関する調査研究」調査研究報告書(現代的課題に対応した効果的な情報モラル教材に関する調査研究)」

(14) 文部科学省「SNSを通じた出会いの危険性」(https://www.youtube.com/watch?v=VJfOAK_fhFA)[2022年8月9日アクセス]

(15) 本章で言及するチャムとは、話題を共有することによって互いのつながりを確かめ合う関係を指し、ピアとは、忌憚のない意見のやりとりができ、異質性を認め合うことができる、心理的に強いつながりをもつ他者を意味する。

(16) Ray Oldenburg, *THE GREAT GOOD PLACE*:*Cafes, Coffee Shops,*

Bookstores, Bars, Hair Salons and Other Hangouts at the Heart of a Community, Da Capo Press, 1999.（レイ・オルデンバーグ『サードプレイス──コミュニティの核になる「とびきり居心地よい場所」』忠平美幸訳、みすず書房、2013年）

(17) 前掲「平成29年におけるSNS等に起因する被害児童の現状と対策について」

(18) 前掲『ウェブ恋愛』、前掲「平成28年におけるコミュニティサイト等に起因する事犯の現状と対策について」

(19) 対面関係でも相手との関係がうまく清算されず、相手がストーカーやサイバーストーカーになる事例も少なくないが、ネットを介した出会いによる関係は、相手のことをよく知らないまま短時間・短期間で手軽に形成されるため、トラブルや事件・犯罪がより起こりやすい環境とはいえる。

(20) 青少年のネット利用に周囲の大人がどこまで関わり、干渉するのかは難しい問題でもある。大人が関わることで、青少年はそこから距離をとろうとするだろうし、大人が干渉しないことで、青少年はネット上で自由に振る舞うことができるが、問題が発生しやすい状況・環境になるともいえる。本書では特に心理的側面から、青年期のネットを介した出会いの実現に対して慎重な考えを述べてきた。しかし、本書の調査協力者も述べているように、ネット上で発生した問題は「自己責任」だし、ネット上の情報やそこで形成された関係をどのように扱おうと「個人の自由」だから、他者は干渉するべきではないという考えがあるのも事実である。ただ、山田が述べていたように、「自己責任」が強調されすぎると、リスクを顧みず、運頼みの人間が出現することも考えられる（前掲『希望格差社会』）。ネット上の情報を利活用し、そこで形成される関係をどのように扱おうと、「自己責任」や「個人の自由」であるという主張は理解できるが、実際にはそれらが強調されすぎて、無責任あるいは不用意に出会いの実現を繰り返す者も出現しはじめているといえる。その結果、社会問題として、出会いの実現に伴うトラブルや事件・犯罪が繰り返し報道され、教育的立場にある大人はそれらの問題に対してより敏感になるという悪循環が起きていると考えられる。そのような悪循環を断つためには、やはり青年期のネットを介した出会いについて、「自己責任」や「個人の自由」といった議論にとどまらず、青少年はどのような点に留意し、どのような工夫をすれば大人から過度に干渉されることなくネットを利用できるのかについて、青少年自身の努力が必要になると考えられる。また、大人も青少年にどのようなアプローチをすれば、ネットの利用やネットを介した出会いのあり方について青少年と建設的な議論ができるのか、検

討していく必要があるといえる。

(21) 韓国では2011年11月20日に16歳未満の子どもが深夜にネットゲームができないように規制した「ゲームシャットダウン制」が導入されたが、22年1月1日に事実上廃止になった。この点について伊藤賢一は、①法的な対処にも限界がある点、②「ゲーム＝悪」の烙印はむしろ子どもと保護者とのコミュニケーションを阻害すると考察している（伊藤賢一「コロナ禍でのゲーム依存を考える」「ポストコロナ時代に向けて青少年のネット利用について考えるシンポジウム」2022年2月27日、青少年とインターネットについて考える会／ぐんま子どもセーフネット活動委員会）。

第6章
青年期女子のインターネットを介した出会い経験者が出会いを実現する過程

1　目的

　本章では、青年期女子のネットを介した出会い経験者21人が出会いを実現する過程に注目する。それに注目することで、前章で言及した、①一時的人間関係の実態を明らかにし、②出会い経験者が出会いを実現する理由が明らかになると考えたからである。本章でも一時的人間関係について、「新たな関係を構築することを目的としてネットを介した出会いを実現したが、その関係が短期間で終了・消滅してしまうもの」として扱いたい。

　前章ではネットを介した出会い経験者と非経験者の差異に注目した。その結果、Kスケール、賞賛獲得欲求・拒否回避欲求得点尺度で出会い経験者と非経験者の有意差はなかった。一方、出会い経験者と非経験者の差異として筆者が特記すべきと判断したのは、出会い経験者は保護者と過ごす時間が少なかったり、学校に行くことができず、友人・知人や学校の教員との信頼関係を築くことが難しい状況に置かれていたりする点だった。一部の出会い経験者は、満たされない他者との関係を補償するため（社会的補償仮説）に出会いを実現している可能性が明らかになった。しかし、その関係は一部の出会い経験者が「とっかかりの足掛かりみたいな（もの）」と述べているように、長く続くものではないことから、短期間で終了・消滅しやすい（一時的人間関係）。本章では青年期女子がネットを介した出会いを実現する過程に注目することで、探索的にではあるが、①一時的人間関係の実態を明らかにし、②出会い経験者が出会いを実現する理由を明らかにしたい。

2 先行研究

不安定な社会とネットを介した出会い

　本章では特に一時的人間関係の実態を明らかにするが、一時的人間関係が実現される背景として、我々がいま置かれている社会状況について考察する必要があるだろう。

　青年期女子だけでなく、我々はいま、消費社会やカーニヴァル化する社会、希望格差社会など様々に称される社会に身を置いている。それらの社会に共通している特徴は不安定さであり、その不安定さを解消するための一つの選択として、一部の青年期女子はネットを介した出会いに参入すると考えられる。しかし不安定さを解消するために出会いを実現したとしても、その関係が継続する保障はない（不安定さが解消する保障はない）。出会いを実現することによって、一時的には自分にとって理想の人間関係を形成することができたとしても、その関係はいつの時点でもいずれか一方のほぼ思うままに関係を終わらせることができる「純粋な関係性」の特徴を有しているからである。そのため、対面関係はもちろん、出会いの実現でも不安定さを解消できない場合、一部の出会い経験者は出会いの実現を繰り返すことになると考えられる。

　上記に述べたのは、一部のネットを介した出会い経験者の特徴であるといえるが、出会い非経験者も他人事ではない。不安定な社会に身を置いているのは、出会い非経験者も同様だからである。そのため、現時点で親密な友人・知人がいて、学業や仕事、恋人、家族関係が良好な者でも、明日それらがすべて失われることもある。そのため、出会い非経験者も将来ネットを介した出会いに参入する可能性はあり、多くの青少年はスマホをはじめとした出会いを実現するためのツールを既に有しているので、前章では出会い経験者と非経験者の差異が明確にならなかったと考えられる。

トラブルや事件・犯罪を防ぐためのシステム構築

　誰もがネットを介した出会いに参入する可能性があると述べたが、それでも出会い経験者が出会いを実現した過程に注目することは重要だといえる。

それは、出会いを実現した過程を明らかにすることで、出会いの実現に伴うトラブルや事件・犯罪を未然に防ぐための仕組みづくりに役立つからである。先に言及したとおり、前章では出会い経験者と非経験者の差異はわずかである可能性が明らかになった。そのため、少しのきっかけや理由があれば、将来誰もが出会いに参入する可能性がある。その場合、出会いを実現する過程がどのようなものであるか広く知られていれば、仮にトラブルや事件・犯罪が発生した場合でも事態を最小限にとどめることが可能である。また、青少年が利用するSNSやIMがあるかぎり、出会いを実現する青少年は存在し続けるので、前章のまとめで言及したとおり、より安心・安全に出会いを実現するためのシステム構築も必要になってくるだろう。システム構築をするうえで、出会い経験者が出会いを実現した過程を明らかにすることは重要だと考えられる。

　本来であれば、SNSやIMが青少年の間に広まる前に、青少年をはじめとした誰もが安心・安全に利用できるようなシステムをサイト・サービス運営業者が構築する必要があったのではないだろうか。実際は、青少年をはじめ多くの利用者が好き勝手に利用できる状態になっていて、安心・安全対策は不十分だといわざるをえない。しかし、そのようなシステムを構築することはいまからでも遅くはないだろう。たとえばIT先進国の韓国では、国が主体になって、住民登録番号に基づくネット利用規制を実施している。利用できるサイト・サービスはもちろん、ネットを利用できる時間帯も住民登録番号に基づく管理が可能である。現実には、青少年が保護者の住民登録番号を利用してネットを好き勝手に利用するなど課題も多いが、日本の青少年のように最初からフィルタリングが全くない状態で利用するよりもいいのではないだろうか。確かに、安心・安全対策を強化することで、誰もが自由に制限なく使うことができなくなるという弊害はあるかもしれない。しかし、これまでも我々が自由に制限なく利用していると思っていたサイト・サービスも、運営業者はもちろん、場合によっては第三者から閲覧されたり利用されたり誘導されたりしていることは、たとえば「LINE」の個人情報流出の問題などからもわかる。そのため、これまで好き勝手にサイト・サービスを利用できていた状態が本当に自由だったかという点については、疑問が残るところでもある。いずれにせよ、いまからでも青少年が比較的安心・安全にSNSやIMを利用するためのシステム構築をするのは遅くないといえるし、その

ためにネットを介した出会い経験者が出会いを実現する過程を明らかにすることは重要だといえる。以上を踏まえ、本章では青年期女子の出会い経験者21人が出会いを実現する過程を整理することで、①一時的人間関係の実態と、②出会い経験者が出会いを実現する理由を明らかにしたい。

3　方法

インタビュー調査協力者

　機縁法とSNS（「Twitter」と「Facebook」）での公募によって調査協力者を募り、青年期女子35人に半構造化インタビューをした。青少年のなかでも自分専用のネット端末を所有している可能性が高い、中学校卒業後の15歳から22歳を対象にインタビューを実施した。青年期女子35人のうち、ネットを介した出会い経験者は21人で、出会い非経験者は14人であった。本章では出会い経験者21人を対象に分析をする（表6-1）。

　出会い経験者21人から得た出会いに関するエピソードは全部で33あった。33のエピソードのうち、双方または一方の意志で関係を断った場合やつながった相手と1年以上一切連絡をとっていない場合、相手との関係が終了・消滅したと判断し、本章では一時的人間関係と称する。[2]　なお、本章は調査協力者への倫理的配慮を考え、金沢大学の「人を対象とする研究倫理審査」を受けて承認されている。

質的調査の限界と可能性

　本章でも前章に引き続き、質的調査から得たインタビューデータを分析し、その結果をまとめたうえで考察する。第5章第3節でも言及したとおりだが、本書の調査協力者は単純無作為抽出法によって選出されたわけではないため、その結果を一般化することは難しいといえる。しかし、ベルトーは、「ライフストーリーは、たしかに完全ではないが、状況と相互行為、行為のつながりについての、正確な事実の情報と信頼できる記述の非常な豊かさを内に含みうることがもっとよく理解できるだろう[3]」とその可能性について言及していた。本章でも質的調査の限界は意識しながらも、そこから得られる結果についての考察を深めたい。

表6-1　本書の調査協力者（ハンドルネームの E は experienced girls）

調査協力者	年齢	性別	地方	出会い	職業	居住状態	家族構成（自身除く）
E1	20	女	関東	あり	専門学生	実家	母、妹、祖父、祖母
E2	20	女	関東	あり	専門学生	実家	母、姉、祖父、祖母
E3	19	女	中部	あり	大学生	実家	父、母、弟
E4	19	女	関東	あり	大学生	一人暮らし	父（義理）、母、妹
E5	18	その他 [1]	中部	あり	大学生	実家	父、母、妹、祖父、祖母
E6	22	女	関東	あり	社会人	実家	父、母、弟
E7	16	女	中国	あり	高校生（定時制）	実家	母、祖母
E8	20	女	中部	あり	大学生	一人暮らし	父、母、弟
E9	20	女	関東	あり	大学生	一人暮らし	父、母、姉
E10	20	女	関東	あり	社会人	実家	父、母、弟
E11	20	その他	中部	あり	大学生	一人暮らし	父、母
E12	19	女	中部	あり	大学生	実家	父、姉、祖父、祖母
E13	19	女	中部	あり	大学生	実家	父、母、弟
E14	19	女	中部	あり	専門学生	一人暮らし	（不明）[2]
E15	21	女	関東	あり	大学生	実家	父、母、祖母、弟2人
E16	16	女	関西	なし	高校生	実家	父、母
E17	22	女	関東	あり	大学生	実家	母、弟2人
E18	19	女	関東	あり	大学生	実家	父、母
E19	22	女	東北	あり	社会人（主婦）	独立	子
E20	21	女	関東	あり	社会人	実家	父、母、姉
E21	21	女	関東	あり	社会人（主婦）	独立	夫、子2人

＊1）性別について「その他」と記した者は、出生時の性別は「女」だったが、現在は異なるということである。便宜上、分析には出生時の性別を採用する。なお、出生時の性別を採用することについて、調査協力者から同意は得ている。

＊2）基本情報についてのアンケートは、インタビュー内容に影響されることを防ぐため、事前回答とした。回答不備について、インタビュー後メールで回答を求めたものの得られなかった場合は不明とした。

インタビュー方法

　本章では半構造化インタビューを採用した。半構造化インタビューを採用した理由として、前述のように以下の2点がある。第1に、構造化インタビューでは調査協力者の回答に応じて臨機応変に質問を変えることが難しいため、採用しなかった。第2に、非構造化インタビューは調査協力者とじっくりと深い話をすることで有用な情報を取得する方法だが、長時間のインタビューは調査協力者の精神的・身体的負担になることが予想されるため、採用しなかった。

質問紙項目の設定

　質問項目については前章の表5-3のとおりである。また、基本情報として、年齢、性別、出身地（都道府県）、職業、居住状態（実家または一人暮らしか）、家族構成について尋ねた。回答が得られなかった項目については「不明」と明記している。

4　分析

分析方法

　本章では、青年期女子のネットを介した出会いの過程について分析する。まず、出会い経験者から出会いを実現した理由や出会いに関する具体的なエピソードについて話をしてもらった。出会いを実現した理由が複数あるときは、主要な理由を回答してもらった。具体的なエピソードについては、内容に基づいて切片化し、「オンライン（ネット上）」「オフライン（対面関係）」でどのようなやりとりや出来事があったのかを分類した。また、そのときの「気持ち」や「周囲の反応」についても時系列で整理した（表6-2）。加えて、出会いを実現した後、①現在も相手との関係が継続しているもの（継続）、②終了・消滅したもの（終了・消滅）、③不明のもの（不明）の3点からエピソードを分類した（表6-3）。なお、②消滅したもの（消滅）は、互いまたは一方の意志で関係を断った場合やつながった相手と1年以上一切連絡をとっていない場合を指す。あわせて表6-3では、相手と出会いを実現した後の関

表6-2　時系列で整理したエピソード例（一部省略）

時期	中学生	高校生	最近	
オンライン	1人はおんなじ女の子で、同い年だねって言ってフォローされて連絡先を交換してからずっと他愛もない話をしたりとか。	埼玉と福島みたいな感じだったんですけど。それで他県のお友達ができて、それでいまでも月1とかで電話するくらいの仲ですかね。		連絡の回数自体は会ったばかりのときとかは結構増えました。いまはそんなに。会ったばかりのときは楽しかったね、また遊ぼうねとかそういうのが増えて、で減って、また会ったら増えていく感じですかね。
オフライン		昔は手紙がはやっていたので手紙とかでプリクラを送り合ったりとかしていて。	やばいね、やばいねってきゃぴきゃぴきゃぴして、普段電話とかでは落ち着いて話しているんですけど、会うと最初緊張してお互いずっとしゃべってました。	
気持ち	あと、あとは見た目がかわいくて私は最初、かわいい子からフォローがきたって感じ。	そんなに会わないからこそ相談ができるね、みたいな感じですかね。波長が合うんですかね。相手の話も聞けるしこっちの話もできるし、お互い。趣味とかは全然、合わないと思います。	違和感すごいありました。初めて会うのに初めてじゃないみたいな。あ、どーもみたいな感じで。	・よき相談相手ですね。 ・埼玉の子のほうはよき相談相手なので、できれば悩んだときとかに話聞いてほしいなっては思います。いてほしいですね。
周囲の反応		友達と遊んでいるときに電話がきたりしたときとかは「ちょっと遠いところに住んでいる子なんだ」みたいな感じで。かわいかったんで、かわいい友達いるねとかは言われました。		

係だけでなく、出会いを実現した「時期」や出会いを実現した「相手」、出会いを実現した際の「人数」、「出会いに対する評価」や「出会いを実現した理由と特記すべき点」を整理した。

ネットを介した出会いを実現した理由

　出会い経験者21人にネットを介した出会いを実現した理由について尋ね、得られたデータにコーディング作業をした。コーディング作業の後、KJ法によって概念を生成した結果、ネットを介した出会いを実現した理由は「いじめ」「セクシャルマイノリティ」「近所・近隣」「共通の進学先」「オフ会」「趣味嗜好の一致」「インティメイト・ストレンジャー」「相手との交際」「相手からのアプローチ」「相手へのアプローチ」「（異性の）友人関係充実」「トレード」「友人からの紹介」「家族からの紹介」の14点に整理された。

（1）「能動的出会い」

　理由として挙がった14点について、さらに上位概念を形成するために、KJ法を用いた。その結果、「いじめ」「セクシャルマイノリティ」「近所・近隣」「共通の進学先」「オフ会」「趣味嗜好の一致」「インティメイト・ストレンジャー」の7点は、青年期女子がネットを介して知り合った相手と話題の共有を目的として出会いを実現したことから「話題の共有」とした（表6-4）。「相手との交際」「相手からのアプローチ」「相手へのアプローチ」「（異性の）友人関係充実」の4点は、青年期女子がネットを介して知り合った異性との関係を発展させるために出会いを実現したことから「恋愛への発展」とした（表6-5）。「トレード」は、青年期女子がネットを介して知り合った相手と互いの所有物を交換するために出会いを実現したことから「ビジネス」とした。なお、E12とE18はE9のようにネットを介して知り合った相手と直接会うことはしなかったが、互いの所有物を交換するためSNS上で住所を教え合った経験がある。いずれも青年期女子が自らの意志でネットを介して見知らぬ者と知り合い、その相手と直接会うという決意や覚悟によって実現した出会いといえるので、「能動的出会い」とした。

（2）「受動的出会い」

　「友人からの紹介」と「家族からの紹介」については、青年期女子が自ら

表6-3　エピソード（EP）ごとの整理

EP No	調査協力者	時期	相手	人数	出会い後の関係	出会いに対する評価	出会いを実現した理由と特記すべき点
1	E1	高校生	異性	n対1	終了・消滅	否定	交際、盗撮、サイバーストーカー
2	E2	専門学生	異性	n対n	継続	肯定	相手からのアプローチ、妊娠、中絶(4)
3	E3	高校生	異性	n対1	継続	肯定	交際、家族も会う、破局、復縁
4	E4	小学生	同性	1対1	継続	肯定	年齢が近い、気が合う、数回会ったあと宿泊
5	E4	大学生	異性	n対n	終了・消滅	否定	オフ会
6	E5	高校生〜大学生	同性異性	n対n	継続	肯定	セクシャルマイノリティ、オフ会
7	E6	社会人	同性異性	n対n	不明	肯定	趣味の一致、オフ会
8	E6	学生時代	異性	1対1	終了・消滅	肯定	「Twitter」で知り合う、交際、破局
9	E7	小学生5年	同性	n対1	継続	肯定	自宅が近い、年齢が近い、気が合う、家族で食事
10	E7	小学生6年	異性	1対1	終了・消滅	肯定	相手からのアプローチ、気が合う、交際、自宅近くで会う
11	E8	高校生	同性	1対1	終了・消滅	肯定	趣味の一致、宿泊
12	E9	中学生2年	同性	n対n	終了・消滅	否定	年齢が近い、気が合う、自宅が近い
13	E9	高校生	同性	1対1	終了・消滅	否定	趣味の一致、トレード
14	E10	高校生3年	同性	1対1	継続	肯定	自宅が近い、年齢が近い、共通の話題
15	E10	高校生3年	異性	1対1	終了・消滅	肯定	ブロックされる、ほかの相手からもブロック
16	E10	高校生3年	異性	1対1	継続	肯定	交際、破局、復縁
17	E11	大学生2年	同性	n対n1対1	継続	肯定	セクシャルマイノリティ、オフ会からの知り合い、複数人との出会い

18	E12	高校生	同性	1対1	不明	肯定	付き添い、(友人が) 趣味の一致、近所
19	E13	大学生	同性 異性	n対n	終了・消滅	否定	付き添い、(母親が) 趣味の一致、オフ会
20	E14	専門学生	同性	1対1	継続	肯定	趣味の一致、年齢が近い、次回の約束
21	E15	大学生	同性 異性	n対n	終了・消滅	否定	趣味の一致、オフ会、年齢が近い、観光を兼ねる
22	E15	高校生〜大学生	同性 異性	1対1	おおむね終了・消滅	否定	入学前の交流
23	E16	中学生高校生	同性 異性	おおむね1対1	おおむね終了・消滅	肯定	入学前の交流
24	E17	大学生	同性 異性	n対n	終了・消滅	肯定	趣味の一致、オフ会、年齢が近い
25	E18	高校生	同性 異性	n対n	終了・消滅	肯定	趣味の一致、年齢が近い
26	E18	中学生3年	同性 異性	n対n	おおむね終了・消滅	肯定	入学前の交流、関係の変化
27	E18	高校生3年	同性 異性	n対n	不明	肯定	付き添い、(友人が) 趣味の一致
28	E19	社会人	同性	1対1	終了・消滅	否定	趣味の一致、近所、年齢が近い、趣味の変化、子も一緒に会う、多忙のため関係消滅
29	E19	社会人	同性	1対1	継続	肯定	相談相手、年齢が近い、容姿に魅力、子も一緒に会う
30	E19	中学生〜高校生	同性	1対1	終了・消滅	否定	入学前の交流、関係の変化、性格の不一致
31	E20	社会人	同性	1対1	終了・消滅	否定	趣味の一致、オフ会、年齢が近い、趣味の変化
32	E21	高校生	異性	1対1	終了・消滅	否定	相手からのアプローチ、交際、破局、近所、年齢が近い
33	E21	社会人	異性	1対1	終了・消滅	否定	相手からのアプローチ、食事をする、暇つぶし、多忙のため関係消滅

表6-4　「話題の共有」「インティメイト・ストレンジャー」E19（一部省略）

時期	中学生	高校生	最近	
オンライン	1人はおんなじ女の子で、同い年だねって言ってフォローされて連絡先を交換してからずっと他愛もない話をしたりとか。	埼玉と福島みたいな感じだったんですけど。それで他県のお友達ができて、それでいまでも月1とかで電話するくらいの仲ですかね。		連絡の回数自体は会ったばかりのときとかは結構増えました。いまはそんなに。会ったばかりのときは楽しかったね、また遊ぼうねとかそういうのが増えて、で減って、また会ったら増えていく感じですかね。
オフライン		昔は手紙がはやっていたので手紙とかでプリクラを送り合ったりとかしていて。	やばいね、やばいねってきゃぴきゃぴきゃぴきゃぴして、普段電話とかでは落ち着いて話しているんですけど、会うと最初緊張してお互いずっとしゃべってました。	
気持ち	あと、あとは見た目がかわいくて私は最初、かわいい子からフォローがきたって感じ。	そんなに会わないからこそ相談ができるね、みたいな感じですかね。波長が合うんですかね。相手の話も聞けるしこっちの話もできるし、お互い。趣味とかは全然、合わないと思います。	違和感すごいありました。初めて会うのに初めてじゃないみたいな。あ、どーもみたいな感じで。	・よき相談相手ですね。・埼玉の子の方はよき相談相手なので、できれば悩んだときとかに話聞いてほしいなっては思います。いてほしいですね。
周囲の反応		友達と遊んでいるときに電話がきたりしたときとかは「ちょっと遠いところに住んでいる子なんだ」みたいな感じで。かわいかったんで、かわいい友達いるねとかは言われました。		

表6-5 「恋愛への発展」「相手からのアプローチ」E21（一部省略）

時期	18歳			
オンライン	友達の友達だと思うんですけど、いまだったら誰々さんがフォローしてますとかいって出るんですよ。名前の下に。その当時出てなくて。顔見たことなかったんですよね。(略) 同じ県の人でした。けどちょっと市が離れている。(年齢は) 20歳ぐらい。私の2個上ぐらいでしたね。	私からは基本誘わないんで、向こうから誘われたんだと思います。	で、「LINE」やりとりしたんですけど。	私が返せば返してくるって感じだったんですけど。
オフライン		2回だけごはん行ったんですけど、なんで最初行こうってなったのかもうちょっと覚えていないんですよ。	えと、私仕事始めて忙しくなってきて、あまり連絡返す暇なくなってきちゃったんですよ。それで、途絶えました。	
気持ち		いや、覚えていないですね。あ、(印象は) 悪くはなかったです。(イメージと) たいして変わんなかったと思います。	メールとかもしててもそんなに (イメージ) 変わっていなかったと思います。	仕事が3交代制だったんで、時間がバラバラだったんですよ。そうすると返すのが面倒くさくなってきて、自分の睡眠のほうが大切になってきちゃって、考えずに会ったなって思います。
周囲の反応	たぶん親に言ったら絶対百パーセント反対されるのわかるんで、なので一切言っていなかったです。(友達にも) 言ってないですね。			

の意志でネットを介して見知らぬ者と知り合い、その相手と直接会うという決意や覚悟によって実現した出会いとはいえず、既存の友人・知人や家族がネットを介して知り合った相手と直接会う際に付き添うなどして実現した出会いといえる。そのため、上記2点を「周囲からの紹介」とした（表6-6）。上記を踏まえ、本書では「能動的出会い」とは異なり、青年期女子の既存の友人・知人や家族がネットを介して見知らぬ者と知り合い、直接会う際に付き添うなどして間接的に実現した出会いであるため、「受動的出会い」とする。「受動的出会い」について述べたE12、E13、E18はみな、自らSNSやIMなどの交流サイト・サービスを介して相手とやりとりしているわけではなかったが、相手と直接会う前に友人・知人や家族から相手のネット上の発信を見せられたり、自ら相手の発信を確認したりしていた。そのため、本書での「受動的出会い」は従来の友人・知人や家族からの紹介とは異なる概念として扱う。調査協力者の数を考慮すると限定的な結果ではあるが、本章のネットを介した出会い経験者21人から得た、ネットを介した出会いを実現した理由は図6-1のとおりになった。

ネットを介した出会いを実現した後の関係

　本章の調査では、ネットを介した出会い経験者21人から33のエピソードを得た（表6-7）。そのうち、ネットを介してつながった相手との関係がインタビュー時点まで継続しているエピソードは10あった。一方、相手との関係を意図的に断った／断たれた、消滅したエピソードは20あった。そのほか、相手との関係が不明のエピソードは3あった。それぞれのエピソードの内訳は表6-7のとおりであり、また、代表的なエピソードを以下に記す。

（1）関係が継続しているエピソード
　関係が継続しているエピソードの例を以下に示す（表6-8・6-9・6-10）。関係が継続しているエピソードの特徴として、「いじめ」や「セクシャルマイノリティ」などやりとりされている内容が深刻なものが多い傾向にあった。E7は「近所・近隣」の者と出会いを実現したが、当時学校に行くことができず、同じ境遇の者を自宅に招待することで出会いを実現した。E7は当時、対面関係で他者との関係が良好でなく、それを補い、自身の精神的な安定を得るために出会いを実現したことから、「シェルター的役割」や「補償的役

表6-6 「周囲からの紹介」E12（一部省略）

時期	高校生			現在
オンライン	ネットを介して、（略）中学校が一緒で高校が別って友達と趣味アカでつながってて、その子を介して「Twitter」でつながって。			
オフライン		・イベントとかで実際会って友達になった子はいる・（対面の友人から）この子は何々ちゃん、「Twitterの」って。		
気持ち		あなたが！みたいな。やっと会えた！みたいな。うれしさもありますけど、恥ずかしいですね。本当に趣味に走ったツイートばかりしているんで、恥ずかしいですね。	普通に友達になる前に初対面で会って、で、だんだん趣味が同じなんで、学校で入学してから友達になる感じとそんなにかわらない。	・県内に住んでいる子なんで、そんなイベントとかいってたら出会っていたかもしれないんで。・友達の友達なんで、「Twitter」のおかげっていうわけでもないですね。
周囲の反応				うち父と祖父母と姉っていう家族構成なんですけど、姉が一人暮らしをしていて、祖父母と父が帰ってくるのが遅いんで、あまり生活環境とかみていないんですよ。祖父母はみていても目悪くなるよとか。

割」を出会いに求めていたといえる。「シェルター的役割」とは、現在直面している困難や苦悩をやり過ごすための手段として出会いを実現することを意味する。また、「補償的役割」は対面関係で得ることが難しい他者からの社会的サポートを得る手段として出会いを実現することを意味する。

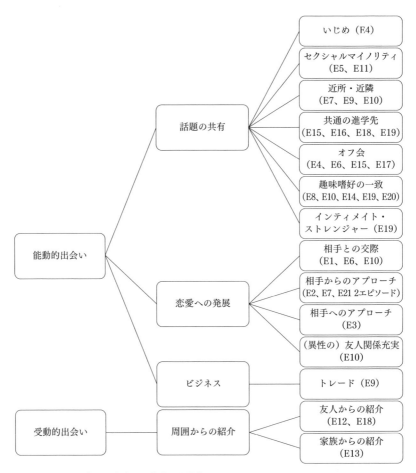

図6-1　ネットを介した出会いを実現した理由

(2)関係が消滅したエピソード

　関係が消滅したエピソードの例を以下に示す（表6-11・6-12・6-13）。関係が消滅したエピソードの特徴として、「趣味嗜好の一致」「（異性の）友人関係充実」「トレード」などやりとりされている内容がカジュアルなものが多い傾向にあった。「共通の進学先」では新生活になじむまでの間、ネットを介した出会いを実現することによって一時的に他者との関係を形成し、新生活になじんだらそれらの関係は消滅または終了するというものである。新

表6-7　33のエピソードの内訳（数字はエピソード数）

関係が継続しているエピソード	10	「能動的出会い」「話題の共有」	7	「いじめ（E4）」「セクシャルマイノリティ（E5・E11）」「趣味嗜好の一致（E14）」「インティメイト・ストレンジャー（E19）」「近所・近隣（E7・E10）」
		「能動的出会い」「恋愛への発展」	3	「相手からのアプローチ（E2）」「相手へのアプローチ（E3）」「相手との交際（E10）」
関係が消滅したエピソード	20	「能動的出会い」「話題の共有」	12	「オフ会（E4・E15・E17）」「近所・近隣（E9）」「趣味嗜好の一致（E8・E18・E19・E20）」「共通の進学先（E15・E16・E18・E19）」
		「能動的出会い」「恋愛への発展」	6	「相手からのアプローチ（E7・E21　2エピソード）」「（異性の）友人関係充実（E10）」「相手との交際（E1・E6）」
		「能動的出会い」「ビジネス」	1	「トレード（E9）」
		「受動的出会い」「周囲からの紹介」	1	「家族からの紹介（E13）」
不明	3	「能動的出会い」「話題の共有」	1	「オフ会（E6）」
		「受動的出会い」「周囲からの紹介」	2	「友人からの紹介（E12・E18）」

生活に適応できず、孤独になることを避けるために出会いを実現することから、「インシュアランス的役割」を出会いに求めていたといえる。「インシュアランス的役割」とは、近い将来予想される困難や苦悩を最小限にとどめるための手段として出会いを実現することを本書では意味する。また「趣味嗜好の一致」では、相手とイベントやライブを楽しむ目的で出会いを実現していたことから、「カーニヴァル的役割」を出会いに求めていたといえる。「カーニヴァル的役割」とは、イベント・出来事、それに伴う感情を他者と共有するための手段として出会いを実現することを意味する。

表6-8　関係が継続しているエピソード「近所・近隣」E7（一部省略）

時期	小学生（5年生）			現在
オンライン	そのとき相手は中学1年生でした。（略）そんなに遠くなく、県内で、まぁ、年も近いし同性でって感じ。	最初は顔も知らなかったので、自分のなかのイメージというか話しているなかで勝手にイメージしているというか。		もう、5、6年になるんで、話すことは減っているんですけど、一応連絡はとれます。
オフライン			・最初は家で会うことになって、私の家に家族がいて、ここでご飯を食べるっていうのがいちばん最初だった。 ・イメージとのギャップは最初ありました。	
気持ち		そのとき（のイメージ）は、いい意味でだったと思います。	・そのときは心配というか危なそうな感じはなかったです。 ・家で普通に、学校の友達と遊ぶような感覚で。 ・ネットだと学校とか仕事とかネット以外の事情を知らないので、実際に会って、学生ってわかるのは新鮮でよかったと思います。	
周囲の反応		最初はまぁあぶないんじゃないのっていうふうには言われたんですけど。		

5　考察

　本章の調査では出会い経験者21人から33のエピソードが語られたが、そのうち相手と意図的に関係を断った／断たれた、消滅したエピソードは20

表6-9　関係が継続しているエピソード「相手からのアプローチ」E2（一部省略）

時期	専門学校生			現在
オンライン	私がプロフィルに○○高校とか。それで同級生で。そういうので適当に絡みを増やそうと（相手が自分を）フォローしただけ。ていうか、私だったからとかそういうわけじゃなくて。	「Twitter」で全く知らない人からフォローされて。私のほうも知らなかったんですよ。	それで実際会ったのが、ちょうど偶然○○の祭りがあって。（相手が）いま○○祭りにいるよっていったから、私もいるよって言って。	
オフライン			ちょうど近くにいたんですよ。	
気持ち		全然知らなくて、お互い誰っていう感じだったんで。	びっくり。ギャップありましたね。いや、別に、でも想像していた身長とかより全然違っていて、デカくて185。巨人めっちゃ巨人ですよ。見た目はちょっと受け付けない、ていう感じなんですけど。	でも出会い系とかで知り合ったりとかじゃないからまぁいっかなって。（略）いちばんなんていうんだろう、素を出せる。付き合っていて、いちばん素を出せる。ていうか、自分をよく見せたりもせずっていう、本当の自分で接することができるからめっちゃ素を出していますよ。やばいぐらいに。
周囲の反応			家族とかも見た目で決め付けるとしたらだめっていう感じ。	中身はいい子だよねえっていう話で。

だった。20のエピソードのうち「受動的出会い」に関しては自らの意志によって出会いを実現したわけではないので、相手との関係が継続することは考えづらいが、「能動的出会い」によって出会いを実現したにもかかわらず、相手との関係が短期間で終了・消滅してしまうエピソードが全体の半数以上だった。[6] 以下、ネットを介した出会いによる関係が継続しているエピソードと関係が終了・消滅したエピソードでどのような差異があるのか、またそれぞれのエピソードが青年期女子に何をもたらしたのかを考察する。

表6-10　関係が継続しているエピソード「相手との交際」E10（一部省略）

時期	高校生（3年生）			現在
オンライン	・「ニコニコ動画」関連のイベントで、私が参加しているイベントを「ニコニコ動画」で配信していたんですけど、相手のほうがその放送を見ていて、私を気になってくれたみたいで。 ・「Twitter」で話しかけてくれて。	でも気が合う人だったので、「LINE」とかも交換して、実際に会ってみたいねって話になって。		1年でちょっと別れてしまったんですけど、ただ相手のほうからよりは戻したいみたいな話はきていますけど。
オフライン			お会いして、で会ったのが付き合う最終的なきっかけになりました。	
気持ち	私はそれを知らなかったので、誰だ？この人って感じだったんですけど。		・（恋愛は）思っていなかったですね。私自身男性とお話しするのが得意じゃないんですけど。 ・その人とは何にも気兼ねすることなく、話をすることができたので、その部分が大きかったのかなと思います。	（復活するかも）そうかもしれないですね。
周囲の反応			見た目は私はちょっとそういうのは疎いのでわからないんですけど、友人たちにはかっこいいねって言われる人でした。	

表6-11　関係が消滅したエピソード「趣味嗜好の一致」E8（一部省略）

時期	高校生（2年生）			最近
オンライン	・なんかもともと「Twitter」経由で仲良くなったんですけど。 ・「LINE」とかも交換していて、ずっと「LINE」したりとか、プリクラとかもやりとりしていたし、（略）電話もしていたし、「LINE」の通話なんですけど。			2年くらいは続いていたんで、ちゃんと受験がおわったら（趣味に）戻るみたいな。はやく会いたいねみたいな感じだったんですけど。
オフライン		そのとき東京ドームが会場だったんですけど、そのときやっと現場で会えるみたいな、会いました。	・そのときは新幹線で行って、泊まってみたいな感じでした。 ・会って写真も撮ってみたいな。	
気持ち		・ネットで知り合った人だから、怖いとか全然なかったです。 ・普通に年も近いし、好きな人も一緒だし、もう一緒でうれしいみたいな。		・会って本当にうれしかった、いい思い出です。また連絡とりたいなって思います。 ・でも自分のほうが（趣味に）冷めていて、なんか申し訳ないなっていう気持ちのほうが結構。
周囲の反応		基本的にうちの親が放任じゃないですけど、わりと私しっかりしていると思われているんで。	楽しんできなーみたいな。	

一時的人間関係──相手との関係が短期間で終了・消滅した場合

　調査ではネットを介した出会い経験者から33のエピソードを得たが、そのうち半数以上で相手との関係が短期間で終了・消滅していて、いわゆるその場限りの関係になっていたことから、本書ではそれらの関係を一時的人間

表6-12　関係が消滅したエピソード「相手からのアプローチ」E21（一部省略）

時期	18歳			
オンライン	友達の友達だと思うんですけど、いまだったら誰々さんがフォローしてますとかいって出るんですよ。名前の下に。その当時出てなくて。顔見たことなかったんですよね。（略）同じ県の人でした。けどちょっと市が離れている。（年齢は）20歳ぐらい。私の2個上ぐらいでしたね。	私からは基本誘わないんで、向こうから誘われたんだと思います。	で、「LINE」やりとりしたんですけど。	私が返せば返してくるって感じだったんですけど。
オフライン		2回だけごはん行ったんですけど、なんで最初行こうってなったのかもうちょっと覚えていないんですよ。	えと、私仕事始めて忙しくなってきて、あまり連絡返す暇なくなってきちゃったんですよ。それで、途絶えました。	
気持ち		いや、覚えていないですね。あ、（印象は）悪くはなかったです。（イメージと）たいして変わんなかったと思います	メールとかもしてもそんなに（イメージ）変わっていなかったと思います。	仕事が3交代制だったんで、時間がバラバラだったんですよ。そうすると返すのが面倒くさくなってきて、自分の睡眠の方が大切になってきちゃって、考えずに会ったなって思います。
周囲の反応	たぶん親に言ったら絶対百パーセント反対されるのわかるんで、なので一切言っていなかったです。（友達にも）言ってないですね。			

表6-13　関係が消滅したエピソード「家族からの紹介」E13

時期	大学生			現在
オンライン	「Twitter」でお母さん、私とお母さん正反対の性格なんですけど、はきはき活発で、「Twitter」で趣味アカ、好きなアーティストでつながって。		このフェス参加するから一緒に会おうってなって、事前に連絡しているみたいで。	
オフライン	そこで若い、私とおんなじくらいの同級生の子といっぱいどっかにいったりとか。	・ライブ私と一緒にいったときに、ちょっと○○をまつから一緒に待ってってなって。 ・5人くらい私と同級生の子が来て、娘さんですか？ってなって。		（母経由でこれまでの出会いは）あります。5回くらいですね。今年「Twitter」はじめて、そんだけなんで。
気持ち		・私は心の準備ができていないんですけど。 ・ちょっと困るなって。こんなに簡単に会えるんだなーって思って、「Twitter」すごいなって。	・アーティストは好きなんで、そこはいいんですけど、ちょっと1人2人ぐらいで楽しみたいなって。（知らない人が来ると）ちょっと「おおっ」てなりますね。・（事前に知らせてほしいとか）ありますね。（当日知らされる）はい。	来年が怖いですね。かなり名（の知れた）「Twitter」（のユーザー）で、はい。だからそこは子育てとかで疲れとるやろうし、余暇として。
周囲の反応				

関係と称した。対面関係でも相手との関係が短期間で終了・消滅し、その場限りの関係になることは少なくない。しかし、ネットを介した出会いによる関係の場合、どのような点で異なるのだろうか。

　ネットを介した出会いによる関係では相手と直接会うまでの過程で、互いの感情や考え方、趣味嗜好、場合によっては欠点や心理的葛藤を共有しているため、単なる知り合いや顔見知りとは若干異なるといえる。一方で、直接

会っているわけではないので、相手の顔や雰囲気を理解しているとは言い難いが、対面関係の単なる知り合いや顔見知りよりも互いが没頭していることや迷い・苦悩などを共有している場合もあるため、深い関係ともいえる。富田がいう「インティメイト・ストレンジャー」のような存在とも考えられる。対面関係での相手よりも多様な面を把握している場合もあることから、その関係が短期間で終了・消滅した場合、精神的な負担を抱える者もいるだろう。

(1)なぜ一時的人間関係が問題なのか
　ここであらためて、一時的人間関係がなぜ問題として取り上げられるのか、その理由について考察する。
　第1に、先に言及したとおり、ネットを介した出会いによる関係は対面関係とは異なり、場合によっては深い関係だったり、対面関係では打ち明けることが難しい事柄も出会いによる関係では打ち明けることが可能だったりする。そのため、相手との関係が短期間で終了・消滅した際、一方または双方の心理的ダメージが想定される。一方、ネットを介した出会いを実現するたびに、相手に対して心を砕くことは心身ともに疲れる行為ともいえる。そのため、何度も出会いを実現した経験がある者は、そもそも出会いによる関係に期待していなかったり、関係を使い捨てたりすることも考えられる。そのようなことも、ネットを介した出会いによる関係が終了・消滅しやすく、特に教育的立場にある大人から問題として取り上げられる理由といえる。
　第2に、一時的人間関係が青年期の人間関係のありようと関連していることも、それが問題として取り上げられる理由といえる。成人期やそれ以上の年代で、ネットを介した出会いを実現し、仮にその関係が一時的なものになっても、心理的ダメージは少ないと予想される。その理由は、成人期やそれ以上の年代では他者との関係がある程度固定化されているからである。家族関係はもちろん、友人・知人関係、仕事や趣味などで他者との関係がある程度固定化されている場合が多く、仮に成人期やそれ以上の年代の者がネットを介した出会いを実現し、相手との関係が一時的になっても、心理的ダメージは少ないと予想される。もちろん、壮年期や老年期の者が他者との関係をもたずに孤独死するという現象も少なからずみられるが、一般的には年齢とともに友人・知人の数が増えたり、その関係が強化されたりすると考えられる。一方、青年期は先行研究で繰り返し指摘されているとおり、チャムから

ピアへ他者との関係が変化していく時期と重なる。親ではない友人・知人との関わりのなかから将来自分がなりたい人間像を形作り、アイデンティティを形成することが課題になる。そのため、対面関係、ネットを介した出会いによる関係問わず、一方または互いの都合で利用したり利用されたりする関係はプラスの影響があるとは言い難いのではないだろうか。

　以上を踏まえると、特に発達的側面からみて、一時的人間関係は問題と捉えられる傾向にあるといえる。確かに、一時的人間関係を経験することで、宮台がいう様々な状況に対応できる免疫が獲得できるという見方もあるだろう。しかし、親ではない友人・知人との関わりからアイデンティティを形成している青年期に、ある意味、利己的な人間関係に参入した場合、どのような問題が起こりうるのだろうか（もしくは起こらないのだろうか）。本書ではそこまでの議論を発展させることはできないが、この点について、さらなる調査研究が必要だろう。

(2)ネットを介した出会いを促す一時的人間関係

　一時的人間関係がネットを介した出会いをさらに促すという側面もある。調査結果から、一時的人間関係では、相手との関係は短期間で終了・消滅することが明らかになった。そのため、他者との継続的な関係を望む、または他者との新たな関係を望むのであれば、代わりの相手を見つけなければならないので、出会いを繰り返し実現する必要があるといえる。学校や職場など対面関係で、自身が望む関係を他者と築くことができるのであれば、出会いを実現する必要はない。しかし、対面関係でそのような関係を他者と築くことができなければ、ネットを介した出会いに頼るしかないと考えられる。実際、前章で言及したとおり、出会い経験者は非経験者と比較して登校拒否やいじめ経験、セクシャルマイノリティや母子・父子家庭といった特徴を有していた。つまり、対面関係のなかで社会的サポートが十分に得られる状況にあるとは言い難かった。仮に登校拒否であるならば、友人・知人からのサポートもあまり期待できないといえる。そのため、ネットを介して知り合った相手からのサポートに期待することが考えられるが、ネットを介した出会いによってもたらされた関係は「選べる縁」であるために、その関係を維持・強化し、「選べない縁」に準じる、またはそれと同等のよりどころにするためには、かなりの時間と努力、そしてときには制度的な縛りが必要になると

考えられる。しかし、対面関係でもネットを介した出会いによる関係でも満足のいく社会的サポートが得られない者は、繰り返し出会いを実現することを合理的な手段として認知しているのではないだろうか。

ネットを介した出会いがもたらす関係──相手との関係が継続している場合

　一時的人間関係について言及したが、相手との関係が一時的にならず、継続的な関係を構築できた場合、青年期女子はその関係をどのように評価しているのだろうか。

(1)相手の子どもを妊娠した青年期女子

　たとえばE2は「相手からのアプローチ」がきっかけで出会いを実現し、その後交際に至ったが、交際後まもなく妊娠した。インタビューに応じてくれたのは妊娠3カ月のときで、そのときE2は相手と結婚して子どもを出産することに前向きだった。その際、E2は「(相手と)出会い系とかで知り合ったりとかじゃないからまぁいっかなって」と述べ、ネットを介した出会いと「出会い系サイト」を介した出会いは異なるという考えを有していた。これはE2だけでなく、ほかの出会い経験者も同様の考えを有していて、ネットを介した出会いによる関係は「出会い系サイト」を介した出会いと異なるため、問題ないという立場だった。一方、特に教育的立場にある大人はネットを介した出会いと「出会い系サイト」を介した出会いは大差ないと考えているのではないだろうか。このような両者の考え方の差異が、ネットを介した出会いに伴う問題・課題を解決するための建設的な議論を難しくしていると予想される。具体的には、青少年はネットを介した出会いによる関係を保護者に言えなかったり(E21)、トラブルが起こった際も保護者や学校の教員などに相談できなかったりすることが考えられる(E1)。この点については第7章第3節の「ネットを介した出会いは援助交際ではない」の項で再度考察する。

　また、E2は出会いによる関係を「いちばんなんていうんだろう、素をだせる。(略)自分をよく見せたりもせずっていう、本当の自分で接することができるからめっちゃ素を出していますよ」と述べ、今後も相手との関係を継続していく意志を示していた。しかしその数カ月後、中絶したことを筆者はメールで知らされた。中絶の理由は、E2がまだ専門学校生という立場で

あり、卒業して資格を取得するまで子育てに十分な時間が取れないことや、交際相手もまだ若く、安定した収入を得られる状況ではないので、互いの家族と話し合った結果、中絶という結論に至ったということだった。 E2は「相手からのアプローチ」がきっかけで出会いを実現したこと、相手との子どもを妊娠したこと、結果として中絶したことについて後悔はしていないと話していたが、妊娠・中絶がきっかけでPTSD（心的外傷後ストレス傷害）に陥る者も一定数いるため、出会いの実現が彼女の心身に及ぼす影響は少なからずあったと推測される。

　総じて、E2はネットを介した出会いがもたらした関係によって妊娠・中絶を経験したが、中絶後も相手との関係を継続する意志を示していた。その証拠に、相手との親しい写真や動画をネット上に頻繁に掲載したり、相手の誕生日や名前が入ったIDを複数のサイト・サービス上で利用したりしていた。これはE2だけでなく、ネットを介して知り合った相手と交際した経験がある、ほかの出会い経験者（たとえばE1）も同様だった。相手と撮った写真や動画を頻繁にネット上に掲載したり、相手の誕生日や名前が入ったIDを利用したりすることは、単純に相手と自分が親しいことを第三者に自慢するだけでなく、相手が自分から離れていかないように、第三者が自分と相手の関係を壊さないように予防線を張っているのだと考えられる。これは逆にいえば、ネットを介した出会いによる関係は、上記のような努力や工夫をしなければ終了・消滅する可能性がある脆い関係だということを一部の青年期女子は感覚的に理解しているともいえる。そのため、ネット上で相手とのつながりを頻繁に発信し続けることで、相手との関係を確認し続けていると考えられる。

(2)「コンフリクト解消のための関係」

　ここまでネットを介した出会いがもたらす負の側面について主に言及してきたが、それでもネットを介した出会いが青年期女子から受け入れられる理由について考察したい。

　たとえば、セクシャルマイノリティのE5やE11にとってネットを介した出会いは同じ境遇の者と容易に知り合え、互いの感情を共有することができる癒やしの場を提供するものだった。いわば、ネットを介した出会いによる関係が一般社会のしがらみから逃れるためのシェルターのような役割を果た

したといえる（シェルター的役割）。E11は出会いを実現した後の心境について、「（いままでは）いまある人間関係のなかでいいわって思っていたんで、そうですね、変わりました。広がったなって私は思います。なんか思ったことをそのまま言っても否定されないし、向こうの方も当事者なので、それでやりとりできるっていうのが初めての経験」と話し、自身の考えが受け入れられたり視野が広がったりした点を評価していた。また、E8は当時とあるアイドルの熱狂的なファンで、周囲に自分の趣味を理解してくれる友人・知人はいなかったが、ネットでつながった相手とは自分の趣味を思う存分共有することができたと振り返る（補償的役割、カーニヴァル的役割）。そのように考えると、ネットを介した出会いによる関係は一部の者にとって、対面関係で自分の感情や経験を他者と共有することができないという葛藤やもどかしさを経たうえで形成される関係なのではないだろうか。

　青年期はちょうど発達段階でピアを形成する時期と重なるといえるが、岡田努は、ピアの特徴として「自分が所有したいと願う資質をもつ人」「自分がなりたいと望む相手」として互いに理想化しあうといった特徴がみられる[7]としていた。しかし、ネットを介した出会いによる関係はピアのような関係ではなく、対面関係での葛藤やもどかしさを経たうえで形成される「コンフリクト解消のための関係」が多いのではないだろうか。本書では「コンフリクト解消のための関係」について、ネットを介した出会いによって形成される関係として言及するが、それは対面関係でもみられるものだ。たとえば、一部の青少年の間でみられる性的欲求・不満を解消するためだけに関係をもつ、いわゆるセックスフレンドも「コンフリクト解消のための関係」に該当すると思われる。『失恋ショコラティエ[8]』という漫画はドラマ化もされ、当時の青少年、特に青年期女子に広く受け入れられたが、その主人公は、片思いの相手と恋愛が成就しない葛藤やもどかしさをセックスフレンドにぶつけていた（といえる）。つまり、セックスフレンドは単に性的欲求・不満を解消するためだけの関係ではなく、自分の感情や経験を理想の相手（漫画では片思いの相手）と共有することができないという葛藤やもどかしさを解消するための関係、「コンフリクト解消のための関係」に近いと考えられる。

　「コンフリクト解消のための関係」はネットを介した出会いが青少年の間に広まったことによって新たに誕生した概念ではないが、ネットを介した出会いによって多くの青少年が形成できるようになった関係といえる。逆にいえ

ば、これまでの青少年は対面関係での葛藤やもどかしさを抱えていたとしても、それを解消するための術をほとんど有していなかったと考えられる。仮に学校の人間関係がうまくいかず、登校拒否になったとしても、その葛藤やもどかしさを解消する手法は、せいぜい家族や親族に相談するか、学校の教員またはスクールカウンセラーに打ち明けるほかなかった。むしろ葛藤やもどかしさを解消するために他者に打ち明けることは恥だと思い、当事者の家族は親族にも自分の子どもが登校拒否状態であることを隠そうとする場合も多いのではないだろうか。そのため、葛藤やもどかしさを抱えている青少年はそれを解消するための方法がなく、自分のなかで処理するか、家族にそれらをぶつけるか、もしくは近所・近隣の同じ境遇の者たちと「つるむ」といった方法をとるしかなかったといえる。しかし、ネットを介した出会いが登場したことによって、対面関係での葛藤やもどかしさを容易に解消する手段を青少年は得たと考えられる。いま自分が学校に行くことができていなくても、いじめを受けていても、母子・父子家庭であってもネット上ではそれを恥じる必要がない。匿名やハンドルネームでのやりとりもできることから、他者の視線を気にすることはなくなったといえる。むしろ自身の葛藤やもどかしさをネット上で開示することによって、多くの共感が得られ、対面関係では得られなかった新たなつながりが生まれる。そのような意味で、「コンフリクト解消のための関係」はネットを介した出会いが青少年の間に広まったことによって広く浸透したものと考えられる。

ネットを介した出会いが青少年の間に広まることによる変化

　ネットを介した出会いによる関係が終了・消滅したものと継続しているものについて考察してきたが、ネットを介した出会いが一般化することによって、それが青少年にどのような変化をもたらしたのか、そもそも変化はあったのか否かという点について考察を深めたい。

(1)友人・知人関係のモノ化
　まず、青少年の間にネットを介した出会いが広まることによって、トラブルや事件・犯罪に巻き込まれる可能性が高まると考えられる。これは先行研究で繰り返し言及されている点だし、本書でもそれに該当すると思われるエピソードが複数みられた。しかし、それ以上に筆者が懸念していることの一

つとして、友人・知人関係、人間関係のモノ化がある。

　友人・知人関係、人間関係のモノ化とは、バウマンが述べている消費社会と関連している[(9)]。つまり、衣食住だけでなく、人との関係も消費の対象になるという捉え方である。そのため、TPOに合わせて自分を着飾るように、友人・知人を状況に応じて取捨選択することが考えられる。たとえば、勉強するときは勉強を教えてくれそうな相手を誘い、遊園地に遊びに行くときはその場を盛り上げてくれる相手、悩み相談や深い話をしたいときにはまた別の相手を選ぶというものである。また、それらの関係が必要なくなったり煩わしくなったりしたら、相手からの連絡を無視したり、連絡先を変えたりする。いわば、友人・知人を洋服やアクセサリーのようなモノとして扱い、場合によっては使い捨てることが、ネットを介した出会いによる関係だとより容易に実現できる。加藤の研究でも指摘していたが[(10)]、対面関係では相手との関係だけでなく、相手の友人や知人、家族との関係を考慮しなければならないこともあるので、世間体を気にして自己中心的に振る舞うことは難しいといえる。しかし、ネットを介した出会いによる関係では倫理的に問題はあっても、それが容易に実現できると考えられる。そのため、一部の青少年は自分の都合や嗜好に合わせて、相手との関係をカスタマイズしていることが予想される。この点については、第7章第4節の小項目「カスタマイズできる人間関係」で考察を深める。

(2) 価値と基準の多様化

　ネットを介した出会いが青少年の間に広まることによって考えられる影響として、価値と基準の多様化についても考察したい。

　青少年の間にネット端末が広まる前までは、学校や家庭がある意味、価値や基準を教える場として機能してきたといえるのではないだろうか。学校や家庭で教えられてきた価値や基準の正否について、本章で検討することは難しいが、たとえば、小・中学生であれば、毎日学校に通うことで保護者はもちろん学校の教員から称賛されたりするし、学校のテストでいい成績をとれば、保護者や学校の教員だけでなく友人・知人からも褒められたり認められたりする。逆に、友人・知人を傷つけたり、いじめたりすれば、保護者や学校の教員から注意されたり叱られたりするし、周囲から軽蔑されたりする。そのような経験の積み重ねによって、青少年は社会のルールを身につけ、他

者から称賛されたり認められたりすることに価値を見いだしていくと考えられる。

　しかし、ネットを介した出会いによって、青少年はこれまで関わることがほとんどなかった者とのつながりを有することができるようになった。そのため、保護者や学校の教員、友人・知人には理解してもらえなかったり軽蔑されたりするようなことでも、それに対して価値を見いだしたり認めてくれたりする者とつながることも可能になったといえる。たとえばE8やE10は学校の友人・知人とは共有しづらい趣味があったが、ネットを介して知り合った相手とは自分の趣味や感情を思い切り共有できたと話していた。E8は当時を振り返り、「（ネットを介して知り合った相手は）普通に年も近いし、好きな人も一緒だし、もう一緒でうれしいみたいな」と話し、ネットを介した出会いを実現する喜びやその価値について述べていた。また、E5やE11はセクシャルマイノリティだが、既存の友人・知人や家族には打ち明けられない自分の性に関する悩みや迷いを、ネットを介して出会った相手には容易に打ち明けることができたと振り返り、また、ありのままの自分を他者から受け入れられた点について、安堵感や解放感を述べていた。

　そのような意味で、ネット上の情報やネットを介した出会いによって形成される関係は、これまで対面関係で容易に得ることができなかった、新たな価値や基準を我々にもたらす可能性があると考えられる。本書ではネット上の情報やネットを介した出会いによって形成される関係が青少年にとってプラスの影響をもたらすのか否か、判断することは難しい。しかし、ネット上の情報やネットを介した出会いによる関係は、青少年に何らかの影響を与え、それによって、青少年が少なからず変化している可能性があるといえる。そしてその変化を、特に青少年の保護者やそれ以上の年代の大人は経験してこなかったため、変化に右往左往していることが考えられる。

6　まとめ・課題

　本章では、青年期女子の出会い経験者21人が出会いを実現する過程に注目した。まず一時的人間関係の実態について、本章では33のエピソードを示したが、そのうち半数以上でその関係がインタビュー時点で終了・消滅し

ていた。上記から、ネットを介した出会いによる関係はその場限りの仮の関係になりやすいと考えられたが、一方で出会いの実現によって生まれた関係を維持・強化しようと試みている者もいた。仮に相手との関係が一時的にならず、制度的な縛りなどによって、相手と「選べない縁」やそれに準じる関係や縁を形成できる可能性があったとしても、その関係が強固で継続的なものになると断言することは難しい。そのため、一部の青年期女子は関係が終了・消滅しないよう、相手との親しい写真や動画を投稿したり、相手の名前や誕生日が入ったIDをサイト・サービス上で使っていたりすると考えられる。

　対面関係でも相手と強固で継続的な関係を構築することは難しいが、対面関係の場合、相手と居住地域が近かったり、共通の友人・知人がいたりすることが想定されるため、相手との関係を終了・消滅させることはネットを介した出会いによる関係よりも容易ではないといえる。(11) 一方、ネットを介した出会いによる関係では世間体を気にすることなく相手とやりとりできるため、自分の嗜好や都合に合わせて相手との関係を容易に形成できるが、終了・消滅させることもできる。そのため、そうした出会いによる関係は一時的になりやすいと考えられる。以上を踏まえると、ネットを介した出会いによる関係を仮の関係として捉えている者と、出会いによる関係を社会的サポート獲得の手段として捉えている者が出会いを実現した場合、感情や考え方の相違によってトラブルや事件・犯罪に発展することも考えられる。

　次に、出会い経験者が出会いを実現する理由について、33のエピソードを内容に基づいて切片化し、その後コーディング作業をした。コーディング作業によって、本書では14の出会いを実現する理由が明らかになった。14の理由からさらに上位概念を生成した結果、ネットを介した出会いを実現する理由は「能動的出会い」と「受動的出会い」に分類できると判断した。これまでネットを介した出会いは「能動的出会い」によって実現されるものだと考えられていたが、「受動的出会い」によっても実現されることが明らかになった。そのため、自身でネット端末を所持していなかったり、サイト・サービスを利用していなかったりする場合でも、出会いを実現する可能性は少なからずあるといえる（図6-1を参照）。

　上記は青年期女子のネットを介した出会いの様相から明らかになった点だが、青年期男子がネットを介した出会いを実現した場合、青年期女子と比較

してどのような差異が想定されるのだろうか。もしくは差異はないのだろうか。たとえば、警察庁の報告から判断すると、ネットを介した出会いに伴うリスクは、性別によってその内容が左右されるものであることが考えられる。[12]本章では青年期男子の調査協力者の少なさから、結果・考察をまとめることができなかった。そのため、青年期男子を対象に調査研究をし、その様相について明らかにすることは今後の課題としたい。

注

（1）Giddens, *op cit.*（前掲『親密性の変容』）
（2）本章で相手と1年以上連絡をとりあっていない状況を一時的人間関係とする理由は、特に青年期の場合、進級や進学、就職などによって1年ごとに状況が変わりやすい点を踏まえたためである。
（3）Bertaux, *op cit.*（前掲『ライフストーリー』48ページ）
（4）E2はインタビュー後、インタビュー内容を補足したいという理由からメールを送ってくれた。そのなかで、インタビュー時には妊娠していたがその後中絶したこと、中絶したが相手との関係は消滅していないことなどを記していた。本書ではインタビュー内容を深く考察するための重要な情報として、上記の内容を捉える。
（5）出会い非経験者のなかにも、相手と物々交換のために自身の住所情報を相手に伝えた経験がある者がいた。
（6）「能動的出会い」の「トレード」は相手と自分の所有物を交換することが目的なので、目的が達成された場合、関係が継続することは考えづらい。そのため、本章では「トレード」を一時的人間関係に分類しない。
（7）前掲『現代青年の心理学』
（8）水城せとな『失恋ショコラティエ』（フラワーコミックスアルファ）、小学館、2009年
（9）Bauman, *oi cit.*（前掲『リキッド・ライフ』）
（10）前掲「青少年女子のネットを介した「人間関係悪化」のプロセス」
（11）同論文
（12）前掲「平成28年におけるコミュニティサイト等に起因する事犯の現状と対策について」、前掲「平成29年におけるSNS等に起因する被害児童の現状と対策について」

第7章
青年期女子のインターネットを介した
出会いの様相についての議論

　本書では青年期女子のネットを介した出会いの様相を明らかにするために、
①出会い経験者と非経験者の差異、②青年期女子を含む青少年の出会いの実
現に対する考え、③出会い経験者が出会いを実現する過程、に注目して言及
してきた。本章では本書の調査で明らかになった点について、上記3点に基
づいて考察を深めたい。まずは①出会い経験者と非経験者の差異について述
べる。次に、出会い経験者と非経験者の差異について議論を深めるため、②
③の内容も踏まえて考察する。

1　ネットを介した出会い経験者と非経験者の差異

ネットを介した出会いの一般化

　調査データの分析結果では、ネットを介した出会い経験者と非経験者の差
異はKスケール、賞賛獲得欲求・拒否回避欲求得点尺度ではみられなかった。
その理由として、調査研究の方法が単純無作為抽出法による量的調査ではな
く質的調査であったため、調査協力者の偏りから出会い経験者と非経験者の
間に有意差がなかったという可能性がある。それ以外の理由として、出会い
経験者と非経験者の差異自体が消滅しつつあるという点も考えられる。圓田
はマスメディアの影響によって、一般の青年期女子も援助交際に参入するよ
うになったと考察していた。[1]しかし、本書ではマスメディアの影響というよ
り、既存の友人・知人や家族の影響によって出会いに参入する者が一定数い
ることを明らかにした。そのため、友人・知人や家族の影響から出会いの実
現に対して前向きに捉える者が増えたり、実際に出会いに参入したりする者

が増え、出会い経験者と非経験者で有意差がなかったと考えられる。

　次に、Kスケール、賞賛獲得欲求・拒否回避欲求得点尺度で出会い経験者と非経験者で有意差がなかった理由として、ネット端末やSNS、IMの広まりが影響していることも考えられる。SNSやIMなどを介したやりとりがいまだ一般的でなかった2007年から09年ごろは、ネットを介した出会いを実現する者は少数で、何らかの理由で学校や職場に通うことができず、プロフや掲示板を介して近隣の者とつながり、近くのショッピングセンターなどで出会いを実現する事例が多かった。[2]また当時はプロフや掲示板を中心としたやりとりが主だったので、青年期女子がネットを介してどのような人間関係を形成しているのか、保護者や学校の教員などの教育的立場にある大人が把握することは比較的容易だった。[3]しかしスマホの普及とともに、青少年は1対1や1対nのやりとりを中心としたSNSやIMを利用するようになり、教育的立場にある大人が青少年のネット利用を把握することが難しくなったといえる。また、青少年は保護者や学校の教員よりもSNSやIMを遊び目的で利用することに関する知識が長けているため、そのことも大人が青少年のネット利用を把握しづらくなった理由の一つとして挙げられる。上記のような状況のなかで、青少年はより自由に、悪くいえば好き勝手にネットを利用することができるようになったと考えられる。そしてネットを介した出会いについても、最初は一部の青少年しか実現していなかったが、ネット端末やSNS、IMの広まりとともに、誰もが出会いに参入できる環境になり、結果としてKスケール、賞賛獲得欲求・拒否回避欲求得点尺度で出会い経験者と非経験者の有意差がなかったといえる。

社会的補償のための出会いと一時的人間関係

　友人・知人や家族の影響によって、ネットを介した出会いの実現に対する抵抗がなくなり、誰もがネットを介した出会いに参入するようになったこと、ネット端末やSNS、IMの広まりによって、誰もが容易にネットを介した出会いの実現が可能になったことの2点を根拠に、出会い経験者と非経験者の差異がなくなりつつあるのではないかと考察した。しかし、出会い経験者と非経験者の差異について特記すべき点として、出会い経験者は他者との関係では保護者と過ごす時間が少なかったり、学校や職場に行くことができず、友人・知人との信頼関係を築くことが難しい状況に置かれたりしていた。そ

のため、満たされない他者との関係を補償することを目的に（社会的補償仮説）、出会いを実現している可能性が明らかになった。本書の調査協力者は青年期女子を代表する存在とは言い難いが、社会的補償のために出会いを実現する女子が一定数存在したことは確かだといえる。

　一方、ネットを介した出会いによる関係は離脱を前提としていないものの、一部の出会い経験者が「ライブの間だけとか、イベントのその間だけ（E20）」「とっかかりの足掛かりみたいな（もの）（B5）」と述べているように、長く続かないことから、その場限りの一時的なものになりやすいと考えられる（一時的人間関係）。そのため、ネットを介した出会いを一時的な関係を構築する手段として利用している者と、満たされない他者との関係を補償する手段として利用している者が出会いを実現した場合、感情や考え方の違いからトラブルや事件・犯罪に発展しやすいと考えられる。

　以上を踏まえると、ネットを介した出会いのリスクは2点に分類される（図5-2）。第1に、トラブルや事件・犯罪に巻き込まれるリスクである。これは警察庁をはじめとした複数の先行研究で指摘されているし、本書でもこれに該当するエピソードがあった。第2に、ネットを介してつながった相手との関係が一時的人間関係になるリスクである。これはネットを介した出会いによる関係が一時的になりやすいにもかかわらず、一部の青年期女子はその関係に期待したり固執したりすることを指す。また、相手が関係に執着する場合もあり、青年期女子がストーカーされたりサイバーストーカーされたりするエピソードもあった。つまり、自分は相手との関係が終了・消滅したと思っていても、相手がそれに対して欲求不満を抱えていることも考えられる。そのような感情や考え方の違いからトラブルや事件・犯罪に発展する可能性があるため、一時的人間関係も一種のリスクになるといえる。

トラブルや事件・犯罪の背後にある一時的人間関係

　本書では、「新たな関係を構築することを目的としてネットを介した出会いを実現したが、その関係が短期間で終了・消滅してしまうもの」を一時的人間関係とみなして言及してきた。E16やE18のように、入学する前にあらかじめ進学先の知り合いを増やす目的でネットを介した出会いを実現し、入学後スムーズに新生活に適応するための関係も一時的人間関係に位置付けることができる。新生活前に実現した出会いによって、長期的な関係を構築で

きる者もいると考えられるが、本書の結果からは、長期的関係に発展したエピソードはなかった。むしろ、出会いによってつながった相手の友人・知人と親しくなるエピソードがあり（E17）、まさに「とっかかりの足掛かり」として出会いによる関係をうまく利用しているといえる。ネットを介した出会いによる関係を仮の関係として捉えている者は、相手との関係が短期間で終了・消滅したとしても、精神的ダメージは少ないかもしれないが、そのような目的で出会いを実現する者ばかりではない。少数ではあるが、いじめや登校拒否などの理由から自身の精神的な安定のために出会いを実現する者も一定数いたことはこれまでに言及したとおりである。

　また、仮に相手との関係が継続したとしても、いつ関係が終了・消滅するかわからないため、その関係を継続させるための努力をしている青年期女子もいた（E2）。特にE2の場合は相手との子どもを一度妊娠し、双方の話し合いによって中絶していることから、関係の終了・消滅はE2の今後の妊娠・出産というプロセスに何らかの影響を及ぼすと予想される。相手との関係が継続している場合、本人たちは意識していないかもしれないが、定期的に自分と相手の写真や動画をSNSやIMなどに更新することで、自分と相手のつながりは強固であり、第三者が干渉できるものではないと主張しているようである。特にネットを介して知り合った相手の場合、関係形成だけでなく、関係の終了・消滅も容易にできることから、関係を継続させるために大変な努力が必要だと考えられる。

　そのような努力をしているにもかかわらず、ネットを介した出会いによる関係は継続が難しいことが本書の結果から明らかになった。詳しくは本章第4節で再度考察するが、出会い経験者から得たエピソード33のうち、相手との関係がインタビュー時点まで継続しているエピソードは10であった。そのため、ネットを介した出会いによる関係は一部の青少年にとっていわば「お手軽」なものなのかもしれない。もともと「お手軽」な関係を求めて、相手と一時的につながる目的で出会いを実現したのであれば、関係が一時的になったとしても精神的ダメージは少ないだろう。しかし、仮に自分が一時的な関係を望んでいたとしても、相手も同様であるとはかぎらない。特に「恋愛への発展」の場合、自分は相手との関係を清算したつもりでも相手はそうでなかったり、相手から一方的に関係を清算されたりすることもある。そこから恋愛トラブルに発展すると考えられる。

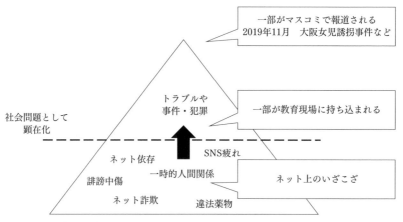

図7-1　トラブルや事件・犯罪の背景にある一時的人間関係のリスク

　上記を踏まえると、ネットを介した出会いのリスクである①トラブルや事件・犯罪に巻き込まれるリスクと②一時的人間関係になるリスクは関連しているといえる。社会的にはマスメディアなどで前者のリスクが取り上げられることが多いが、その背景には後者のリスクが存在していると考えられる。本書の調査協力者も該当するが、多くの青少年がネットを介した出会いのリスクは前者にだけ存在し、自分には関係がないことだと考えているかもしれない。しかし、出会いのリスクは相手との関係が一時的になること、トラブルや事件・犯罪の背景に一時的人間関係という人間関係のあり方が存在していることを理解すれば、他人事ではない身近なリスクと理解されやすいだろう（図7-1）。

2　青少年の出会いの実現に対する考え

　ネットを介した出会いには指摘した2点のリスクがあるが、出会い経験者はそのようなリスクがあるにもかかわらず出会いを実現していて、一部の者は繰り返し出会いを実現していた。つまり、一部の青少年は出会いの実現にリスクが伴うとしても、出会いにはそれ以上のメリットがあると判断しているのだろう。上記について、青少年の出会いの実現に対する考えと関連させ

て述べる。

「インティメイト・ストレンジャー」

　先に言及したとおり、Kスケール、賞賛獲得欲求・拒否回避欲求得点尺度で出会い経験者と非経験者の間に有意差はなかった。しかし、出会い経験者は非経験者と比較して、いじめ経験者であったり、登校拒否経験者であったり、母子・父子家庭といった特徴を有していたりした。一部の出会い経験者は家庭や学校、職場で他者と関わる機会が少ないため、それを補うために出会いを実現している可能性が明らかになった。実際、出会い経験者であるE19の保護者は仕事のため多忙であり、E19は1人で過ごすことが多かったが、ネットを介して同年代の女子生徒と知り合ってから、相手に悩み相談などをするようになった。E19は相手の存在をいわば「インティメイト・ストレンジャー」として認識していたようである。このように、対面関係で様々な理由から他者との充実した関係を築くことが難しい場合、出会いの実現によってもたらされる関係は、大きな社会的サポートを獲得したように感じられるのではないだろうか。

ネット上の「サードプレイス」

　出会いの実現によってもたらされる関係は、たとえ一時的であっても社会的サポートを獲得したように感じられるという点について、ほかの出会い経験者のエピソードもあわせて考察する。たとえばE4の場合、いじめによって学校に通うことが難しかったため、ネット上の掲示板が同じ境遇の者と知り合え、他者と出来事や感情を共有できる、いわば彼女にとっての「サードプレイス」やそれに準じた居場所になった。「サードプレイス」自体は都市社会学の概念だが、青少年に限らず、多くの者がネットを利用するようになった現在、「サードプレイス」をネット上の概念として捉えても無理はないといえる。

　セクシャルマイノリティであることについて苦悩を抱えていたE11は、家族や既存の友人・知人に自分の苦悩を打ち明けることに抵抗があったという。その理由は、自分の性に関する苦悩を打ち明けることで既存の良好な人間関係を壊してしまうのではないかという恐怖があったためといえる。そのようなときにセクシャルマイノリティに関する掲示板やSNSで知り合った遠方

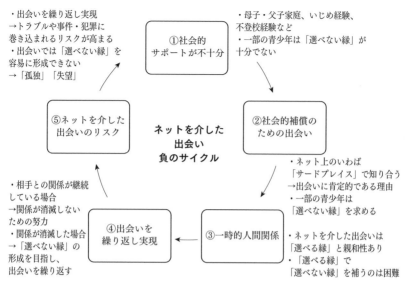

・出会いを繰り返し実現
→トラブルや事件・犯罪に
巻き込まれるリスクが高まる
・出会いでは「選べない縁」を
容易に形成できない
→「孤独」「失望」

①社会的
サポートが不十分

・母子・父子家庭、いじめ経験、
不登校経験など
・一部の青少年は「選べない縁」が
十分でない

⑤ネットを介した
出会いのリスク

ネットを介した
出会い
負のサイクル

②社会的補償の
ための出会い

・相手との関係が継続
している場合
→関係が消滅しない
ための努力
・関係が消滅した場合
→「選べない縁」の
形成を目指し、
出会いを繰り返す

④出会いを
繰り返し実現

③一時的人間関係

・ネット上のいわば
「サードプレイス」で知り合う
→出会いに肯定的である理由
・一部の青少年は
「選べない縁」を求める
・ネットを介した出会いは
「選べる縁」と親和性あり
・「選べる縁」で
「選べない縁」を補うのは困難

図7-2　ネットを介した出会い　負のサイクル

の人から励まされ、カミングアウトの仕方や今後の進路についてアドバイス
をもらったという。それがきっかけで自分の性や生き方について前向きに捉
えられるようになったと話していた。上記から、一部の青年期女子にとって
ネット上の掲示板やSNS、IMが素の自分を解放することができる「サード
プレイス」になっている(た)[5]ことは、インタビューから推測される。E11
は自身にとっての「サードプレイス」で出会った相手であるからこそ、相手
に心を許し、直接会いに出かけたのだろう。また、多くの出会い経験者が出
会いを実現することに対して「肯定的感情」を有していたのも、同様の理由
からだと考えられる。

　しかし、ネットを介した出会いの実現には必ずリスクが伴い、また、トラ
ブルや事件・犯罪に巻き込まれるリスクはもちろんのこと、相手を信頼して
出会いを実現したにもかかわらず、地縁や血縁のような「選べない縁」[6]の形
成が難しいことは、先に言及したとおりである。そのような意味で、ネット
を介した出会いによる関係は、第三者からするとむなしく映るが、そうした
出会いに頼らざるをえない青年期女子が一定数存在することも本書で明らか
になった(図7-2)。

青少年が言行相反に映る理由

（1）青少年と大人の間のズレ

　ネットを介した出会いの実現に対する考えのなかで、本書で調査対象とした青少年は出会いの実現に対する肯定的考えだけでなく、否定的考えについても述べていた。それは出会い非経験者だけでなく、出会い経験者も同様だった。出会い経験者のなかには既に出会いを実現しているにもかかわらず、出会いの実現に対する嫌悪の感情について述べたり、ほかの出会い経験者を軽蔑する発言をしたりしている者もいた。いわば、言行相反な青少年が一定数存在していたことは注目すべき点だといえる。

　では、なぜ一部の青少年は出会いの実現に対して言行相反な態度をとるのだろうか。第1に、一部の大人、特に教育的立場にある大人が考えるネットを介した出会いと青少年が考える出会いにズレが生じている可能性がある。たとえば、進学・就職前にあらかじめネットを介した出会いによって仮の人間関係を構築しておき、進学・就職後、互いに新生活になじんだら仮の人間関係は終了・消滅するものも、本書ではネットを介した出会いによる関係として扱ってきた。しかし、一部の青少年は上記の関係を、ネットを介した出会いによる関係とは捉えていないと考えられる。その証拠に、たとえばE16は「（進学先が）同じ高校とかだと本当に怖い人じゃないことはわかるじゃないですか。（略）そういう面では大丈夫」と述べ、数週間後に進学・就職先で会うのだから問題はないとしていた。またE2も「出会い系ってなると普通に「Twitter」から（知り合うの）とわけが違うじゃないですか」と述べ、自身が利用しているSNSやIMなどを介した出会いは「出会い系サイト」とは異なるという考えを有していた。こうした一部の青少年の考えを整理すると、表7-1のようになる。一方、一部の大人はネットを介した出会いも「出会い系サイト」を介した出会いも、最終的に相手に直接会うことが目的であるため、大きな差異はないと考えているのではないだろうか。しかし、青少年にとってはどのようなサイト・サービスによって、どのようなやりとりを経て相手と出会いを実現するのかは重要であり、「出会い系サイト」と決定的に異なる点と認識されているのだろう。そのため、一部の大人のネットを介した出会いに対する認識と青少年の出会いに対する認識のズレから、一部の青少年が言行相反な態度であるように映ると考えられる。この点について

表7-1　青少年が考えるネットを介した出会いと「出会い系サイト」を介した出会いの差異

	利用するサイト・サービス	目的	会う相手	課金の有無	会員制の有無	年齢制限
ネットを介した出会い	SNS や IM（「Instagram」「LINE」など）	話題の共有恋愛への発展ビジネス	年齢性別問わない	基本的になし	会員でなくても利用可能	基本的になし
「出会い系サイト」を介した出会い	「出会い系サイト」（「オーネット」など）	恋愛結婚性愛	異性との出会いが多い	基本的にあり	基本的に会員制	基本的にあり（18歳未満利用不可）

は本章第3節で再度言及する。

（2）大人からの批判を避ける目的での否定

　第2に、青少年は知識としてネットを介した出会いを実現することはリスクを伴う行為であると認識しているが、実際は出会いを実現しているため、体裁を整える目的でほかの出会い経験者や出会いの実現自体を否定したことも考えられる。ネットを介した出会いを実現することはトラブルや事件・犯罪に巻き込まれる可能性があり、またマスコミでもそれらを頻繁に取り上げている。そのような背景から、保護者や学校の教員などの教育的立場にある大人から非難されたり批判されたりする可能性があることは、インタビューからも明らかであるように、青少年自身もある程度理解しているといえる。実際、出会い経験者のうちE3、E7、E8、E13以外は保護者に自身が出会いを実現した経験を話しておらず、E6は「親は（略）知らないと思います。言ったことはないです。（略）言っても否定されちゃうかなって思って言いづらいというのはあります。反対されそうな感じはしますね」と述べていた。上記から、一部の青少年は保護者をはじめとした教育的立場にある大人からの非難や批判を避ける目的で、ほかの出会い経験者や出会いの実現自体を否定したということも考えられる。そのような意味で、青少年は知識としてネットを介した出会いのリスクをある程度理解している一方、知識以上に出会いの実現は青少年にとって魅力的に映っているともいえる。

（3）「自分だけは大丈夫」という意識

　第3に、数として多くはないが、一部の青少年は仮にネットを介した出会

いを実現したとしても、自分はトラブルや事件・犯罪に巻き込まれないから問題ないと述べていた。加えて、ほかの出会い経験者のネット・リテラシーの低さについて批判する者もいた。たとえばE5は「自分はネットに詳しいからいいですけれども、知らない人って軽率に会うと思うんで」と述べ、自身のネット・リテラシーの高さについて自負していた。そのような意識から、ほかの出会い経験者に対する否定的感情を述べる者も一定数存在すると考えられる。しかし、仮にネット・リテラシーが高かったとしても、トラブルや事件・犯罪に巻き込まれないという保証はない。むしろ自身のネット・リテラシーに自信がある者が繰り返し出会いを実現することによって、それらに巻き込まれる可能性が高まるのではないだろうか。つまり、繰り返し出会いを実現することは、出会いの実現に慣れ、リスク管理がおろそかになることを促すと考えられる。また、出会いの実現に慣れるということは、ネット上で形成された他者との関係を軽視したり関係を使い捨てたりすることにつながるのではないだろうか。仮に他者との関係を軽視したり使い捨てたりしても、ネット上でまた代わりを探せばいいし、ネットを利用すれば容易に代わりの関係を形成できる。そのような意味で、青年期女子をはじめとした青少年の人間関係のあり方が変わりつつあると考えられる。

(4)リスク以上に魅力的な出会い

　第4に、ネットを介した出会いの実現がリスクを伴う行為であることを青少年は知識として理解しているが、ネット上のやりとりによって相手に引かれ、やむをえず出会いを実現したことも考えられる。第4章で出会いを実現した者のなかには、出会いの実現に対して否定的感情を抱いているにもかかわらず、「相手の性格のよさ」「相手との趣味の一致」「相手の能力への評価」「相手との交際」などの積極的理由から相手との出会いを実現した者が一定数いた。第4章の調査協力者のように、最初相手と直接会うという明確な意志がなかったり、出会いの実現に対して否定的感情を有していたりする場合でも、ネット上のやりとりのなかで相手と直接会うことに対する積極的理由を見いだし、結果、出会いを実現することも考えられる。それほどネット上で相手とやりとりすることは、一部の青少年にとって魅力的であるともいえる。以上4点の理由から、一部の出会い経験者は既に出会いを実現しているにもかかわらず、出会いの実現やほかの出会い経験者に対して否定的感

情を述べたと考えられる。

3　出会い経験者が出会いを実現する過程

　次に、出会い経験者が出会いを実現する過程から明らかになった点について整理する。先に言及した、①出会い経験者と非経験者の差異、②青少年の出会いの実現に対する考えと関連させて述べる。

ネットを介した出会いは援助交際ではない

　まず、出会い経験者から33のエピソードを得たが、本書の調査では援助交際に該当するものは確認できなかった。E9は自分が所有しているものとネットを介してつながった相手が所有しているものを物々交換（トレード）するために出会いを実現したが、出会いを実現した後、10分程度で相手との関係が終了・消滅した。本書では圓田が定義する援助交際を研究対象としていないが、E9のエピソードから原理的には援助交際のためにネットを介した出会いを実現することは可能だといえる。では、なぜ本書では援助交際に該当するエピソードがみられなかったのだろうか。

　第1に、本書の調査協力者は単純無作為抽出法によって選出されたわけではないため、援助交際に該当するエピソードがみられなかったということがありうる。つまり、単純無作為抽出法やそれに準じる量的調査をした場合、援助交際目的でSNSやIMなどを介した出会いを実現する者もいると考えられる。ただ、18歳未満の者との援助交際は触法行為であるため、自ら積極的にその経験を告白する者は少ないといえる。

　第2に、本書の調査協力者のなかにも援助交際に該当するエピソードを有している者はいたが、羞恥心からそれに対する言及を避けたということも考えられる。第4・5・6章の結果を踏まえると、調査協力者のなかで異性との交流について言及している者は複数いて、ネットを介して知り合った相手から食事をご馳走してもらったり、プレゼントをもらったりするエピソードも複数でみられた。本書は半構造化インタビューによって調査研究を進めたため、仮に援助交際に該当するようなエピソードを有していたとしても、インタビュアーである筆者に面と向かって話しづらかったのではないかと考え

られる。そのため、羞恥心から援助交際という言葉を用いていないだけで、それに該当または近いエピソードもあったのではないだろうか。

　そして第3に、青少年が考える援助交際と一部の大人が想定する援助交際にズレが生じているということもありうる。第2の点とも関連してくるが、羞恥心のため援助交際に該当またはそれに近いエピソードへの言及は避けたのではないかと考察したが、そもそも援助交際という概念が青少年の認識と我々大人の認識でズレていることも考えられる。先に言及したとおり、本書の調査協力者でネットを介して出会った異性との交際経験がある者は複数いて、相手とデートを2、3回した後、関係が終了・消滅したエピソードもあった。また、E14が出会いを実現するきっかけになったE14の同性の友人は、「斉藤さん」というアプリであえて複数の異性との出会いを繰り返し実現していたという。そのため、青少年のなかで援助交際という言葉が使われなくなっただけであり、実際は援助交際に該当またはそれに近いエピソードが複数あると考えられる。援助交際というと、テレクラやダイヤルQ^{2}などが代表するように、女性の性を金銭で売買することを指すため、青少年にとって不潔で生々しいイメージを伴うことが予想される。一方、SNSやIMなどを介した出会いは、そのような不潔で生々しいイメージがあまりないといえる。そのため、同性だけでなく、異性とのやりとりにも抵抗がなくなり、年齢が離れた者とのやりとりも気軽にできる。そのような気軽でスタイリッシュ、そしてフレンドリーなやりとりのなかで、何となく相手と気が合うから直接会い、会ったその日に相手と性交渉をすることもありうる。そして、相手と一緒にいることにメリットを感じられなくなったり、相手に飽きたり、相手のことが嫌いになったりすれば、また「斉藤さん」などのアプリを介して新たな相手を見つけ出すということの繰り返しを、一部の青少年はしていると考えられる。これは明確な金銭のやりとりがないだけであって、従来の援助交際との差別化が難しいといえる。しかし、青少年にとってネットを介した出会いはあくまでも健全な出会いなのであって、いわゆる援助交際のようなものではないという。そのため、本書では従来の援助交際に該当するエピソードがみられなかったのだろう。

「能動的出会い」と「受動的出会い」

　次に、出会い経験者が出会いを実現する過程から明らかになった点として、

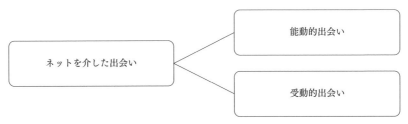

図7-3　ネットを介した出会いの分類

　ネットを介した出会いを「能動的出会い」と「受動的出会い」に分類できた
ことが挙げられる（図7-3）。ネットを介した出会いは一般的に「能動的出会
い」と捉えられる傾向にあるが、自らの明確な意志がなかったとしても、出
会いは周囲からの影響によって実現されるものであることが明らかになった。
　KJ法による分析で「受動的出会い」に該当する過程によって出会いを実
現したE12は、出会いの実現を肯定的に捉えていて、今後1人で「能動的出
会い」を実現する可能性は高い。E13も、母親の出会いに付き添うことは否
定的に捉えていたが、自分の意志で今後出会いを実現する可能性について言
及していた。両者ともに見知らぬ者同士が知り合い、出会いを実現するまで
のプロセスを把握していて、出会いの実現に対する抵抗があまりないと予想
されるため、近い将来「能動的出会い」を実現することもありうると考えら
れる。つまり、自らの明確な意志がなくてもネットを介した出会いを実現し、
それが今後の「能動的出会い」を実現するきっかけになりうる可能性を提示
した。また、E14は「能動的出会い」を実現した一人だが、友人が「斉藤さ
ん」というアプリで主に異性との出会いの実現を繰り返している様子を間近
で見聞きして興味・関心を抱いたため、自身も出会いを実現した。そのよう
に考えると、圓田はマスメディアからの影響によっていわゆる普通の女子
中・高生が援助交際に参入するようになったと考察していたが、本書の調査
結果からは、身近な友人・知人や家族からの影響によって出会いを実現する
者が増え、結果として出会い経験者と非経験者の差異がなくなりつつあると
いう可能性が示された。本書は圓田の研究が対象としている援助交際目的で
の出会いとは異なり、「Twitter」や「LINE」などのいわゆる交流サイト・
サービスを介した出会いを研究対象にしているため、直接比較・検討するこ
とは難しいといえる。しかし、限定的ではあるが本書の調査結果から、身近

な友人・知人や家族の出会いの実現に対する意識や経験が、まだ出会いを実現したことがない者や出会いの実現に対して消極的な者に及ぼす影響が明らかになったと考えられる。

ネットを介した出会いの定義、再考

　本書では、ネットを介した出会いを「これまで交流がなかった者とSNSやIMなどの交流サイト・サービスを介して知り合い、オフライン上で対面すること」と定義したうえで、その様相について述べてきた。しかし調査結果から、定義を再考する必要があるのではないかと考える。これまでのネットを介した出会いの定義は「能動的出会い」を前提にしたものだったが、「受動的出会い」によっても出会いは実現されることを付記する必要がある。具体的には「これまで交流がなかった者とSNSやIMなどの交流サイト・サービスを介して直接的または間接的に知り合い、オフライン上で対面すること」といった定義を採用するのが望ましいのではないだろうか。相手と直接やりとりしていない場合でも、身近な友人・知人や家族がネットを介して見知らぬ者と知り合い、会う際に付き添うなどして間接的に実現した出会いもネットを介した出会いとして扱ったほうが、その実態をよりよく理解できるといえる。具体的にはE12とE13はともに、自らSNSやIMなどの交流サイト・サービスを介して相手とやりとりしているわけではなかったが、相手と直接会う前に友人や家族から相手のネット上の発信を見せられたり、自ら相手の発信を確認したりしていた。そのため、「受動的出会い」は単なる友人や家族からの紹介とは異なると考えられる。上記から、自らSNSやIMなどの交流サイト・サービスを利用していなくても、極端にいえばスマホなどのネット端末を有していなかったとしても、出会いの実現はありうる。そのような意味で、ネットを介した出会いはたとえば自身のネット端末を所持していない小学生にも今後広まることが予想される。実際、本書の調査協力者であるE19は未就学児の子どもを連れて複数回出会いを実現していた。子どもはまだ幼く、自身で母親が出会いを実現する相手の情報を確認したり母親と相手とのネット上のやりとりを確認したりすることはできないため、「受動的出会い」を経験したとは言い難い。しかし、母親であるE19が今後も出会いの実現を繰り返すのであれば、E19の子どもも母親がどのようなプロセスで出会いを実現するのかを徐々に理解できるようになると考えられ、将

来的に「受動的出会い」をきっかけとして「能動的出会い」に参入することも予想される。

2時間で実現した出会い

　自身が相手と直接やりとりをしていない場合でも、「受動的出会い」によって誰もがネットを介した出会いに参入する可能性があることを提示した。しかし「能動的出会い」を実現した者も出会いの実現に対する明確な意志があったとは言い難い。その理由として、第4章で、当時自分専用のスマホを所持しはじめたばかりのAは、偶然「LINE」でつながった相手に誘導されて出会いを実現した。彼女は公共交通機関が発達している都市部に居住していたので、相手とつながってから約2時間で出会いを実現した。彼女はネット・リテラシー教育やリスクマネジメント教育を特に受けておらず、「漠然とした肯定」を理由として相手に会うために出かけた。幸い、彼女は特にトラブルや事件・犯罪には巻き込まれなかったが、彼女のように出会いの実現に対する明確な意志がなかったとしても、即時性が高いSNSやIMなどを用いて短時間・短期間で「能動的出会い」を実現するケースも今後増えると予想される。また、手軽にネットを介して知り合った相手に出会え、会った相手に特に問題がなかった場合、それをきっかけとして出会いの実現を繰り返すことも考えられる。実際、E14は最初の出会いに対する印象がよかったので、今後も出会いを実現する可能性についてインタビューのなかで示唆していた。最初に会った相手には特に問題がなかったとしても2度目、3度目に会う相手によってトラブルや事件・犯罪に巻き込まれる可能性もある。

　上記を踏まえると、ネットを介した出会いに伴うネット・リテラシー教育やリスクマネジメント教育は幅広い年齢で、また繰り返し実施されるべきではないだろうか。幼児や児童が所持しているポータブルゲーム機や音楽プレーヤー、子ども用タブレットからもネット接続が容易にできることから（表7-2）、条件が整えばAのエピソードのように数時間で出会いを実現することも可能である。幼児が「能動的出会い」を実現することは考えづらいが、小学校低学年では相手とやりとりしているうちに、自分の個人情報を知らないうちに相手に伝えてしまい、その情報をもとに相手が自宅や学校近くまでくることは、第4章のCのエピソードのように十分にありうる。また、それらの端末にフィルタリングを導入している青少年が少ないことも問題である。[9]

E14のように、初めて出会いを実現し、そのときは運よくトラブルや事件・犯罪に巻き込まれなかったとしても、次回以降の出会いも問題が起こらないとはかぎらない。ネット・リテラシー教育やリスクマネジメント教育を通じて、青少年の自制心や判断力、責任能力をどのように高めていくのか、それをおこなうことが、保護者をはじめとした教育的立場にある大人が青少年をトラブルや事件・犯罪から守るためにできる現状の対策だと考えられる。

表7-2 「子供のインターネット接続機器の利用率」

	n（人）	利用率（%）
【総数】	1,550	57.4
0歳	97	3.1
1歳	121	11.6
2歳	163	37.4
3歳	162	47.5
4歳	131	50.4
5歳	163	55.2
6歳	169	69.8
7歳	163	80.4
8歳	182	82.4
9歳	199	89.9

（出典：内閣府「低年齢層の子供のインターネット利用環境実態調査書」2017年〔https://www8.cao.go.jp/youth/youth-harm/chousa/net-jittai_child.html〕［2019年9月16日アクセス］）

4　なぜネットを介した出会いは一時的になりやすいのか

　これまで①出会い経験者と非経験者の差異、②青少年の出会いの実現に対する考え、③出会い経験者が出会いを実現する過程について考察してきたが、ネットを介した出会いによる関係は社会的補償になりえず、その場限りの一時的なものになりやすいことがわかった。そのため対面関係でもネットを介した出会いによる関係でも満足のいく社会的サポートが得られない場合は、出会いを繰り返す傾向にあると考えられる。また、出会いの実現を繰り返すことはなくても、ネットを介してつながった相手との関係が消滅しないよう、努力を継続している青少年が存在することも言及した。

「コンフリクト解消のための関係」とは何か

　ネットを介した出会いによる関係は一時的なものだが、それでも一部の青年期女子から支持される理由として、たとえば「インティメイト・ストレン

ジャー」やネット上の「サードプレイス」といった点について考察した。加えて、ここでは「コンフリクト解消のための関係」についても考察を深めたい。

(1)ピアとは異なる「コンフリクト解消のための関係」

　青年期はちょうど発達段階でピアを形成する時期と重なるといえるが、岡田努によると、ピアには「自分が所有したいと願う資質をもつ人」「自分がなりたいと望む相手」として互いに理想化しあうといった特徴がみられるとしていた。ネットを介した出会いによる関係は、対面関係での葛藤やもどかしさを経たうえで形成される「コンフリクト解消のための関係」が多く、ピアのような関係ではないと考えられる。対面関係でも「コンフリクト解消のための関係」に似たものがある。たとえば、一部の青少年の間でみられる性的欲求・不満を解消するためだけに関係をもつ、いわゆるセックスフレンドもこれに該当するのではないかと考察した。セックスフレンドに関する研究は少ないため、仮説を提示することしかできないが、以上から、対面関係でも「コンフリクト解消のための関係」に似た関係はみられるといえる。ネットを介した出会いによる関係ではさらに、既存の人間関係に捉われることなく、葛藤やもどかしさをつながった相手に吐露することができ、また似た境遇の者と容易につながることができるため、多くの共感が得られるのではないだろうか。そのような点が一部の青年期女子に受け入れられる理由だと考えられる。

　しかし、ネットを介した出会いによって形成される「コンフリクト解消のための関係」は、青年期の発達にとってプラスの影響をもたらすと言いきることはできない。確かに、ネット上の「コンフリクト解消のための関係」からピアを形成する者もなかにはいるだろう（E11やE19などのエピソードが該当するといえる）。ただ、ネット上の「コンフリクト解消のための関係」はいわば「逃げの関係」や「斜めの関係」に近いと考えられる。対面関係でうまくいかない他者との関係をネット上に求めるという意味で、「自分が所有したいと願う資質をもつ人」「自分がなりたいと望む相手」として互いに理想化しあうようなピアとは若干異なるといえる。青年期にも「逃げの関係」あるいは「斜めの関係」は必要だと考えられるが、それらの関係だけで青年期の人間関係は形成されるわけではないし、それらの関係だけでは青年期の心

理的発達でプラスの影響があるとは考えづらい。

（2）心理的葛藤の開示によって生まれるつながり

「コンフリクト解消のための関係」はネットを介した出会いが青少年の間に広まったことによって新たに誕生した概念とは言い難いが、ネットを介した出会いによって多くの青少年が形成できるようになった関係だといえる。逆にいえば、これまでの青少年は対面関係での葛藤やもどかしさを抱えていたとしても、それを解消するための術をほとんど有していなかったと考えられる。仮に学校の人間関係がうまくいかず、登校拒否になったとしても、その葛藤やもどかしさを解消する手法は、せいぜい家族や親族に相談するか、学校の教員またはスクールカウンセラーに打ち明けるほかなかった。むしろ葛藤やもどかしさを解消するために他者に打ち明けることは恥と考えられることが多く、当事者の家族は親族さえ自分の子どもが登校拒否状態であることを隠そうとする場合があるのではないだろうか。そのため、葛藤やもどかしさを抱えている青少年はそれを解消するための方法がなく、自分のなかで処理するか、家族にそれらをぶつけるか、もしくは、近所・近隣の同じ境遇の者たちと「つるむ」といった方法をとるしかなかったといえる。

　しかし、ネットを介した出会いが登場したことによって、青少年は対面関係での葛藤やもどかしさを容易に解消するための手段を得たと考えられる。自分が学校に行くことができていなくても、いじめを受けていても、母子・父子家庭であっても、保護者から虐待を受けていても、ネット上ではそれらを隠したり恥じらったりする必要がない。匿名やハンドルネームでのやりとりもできることから、他者の視線を気にすることなくやりとりできるようになったといえる。むしろ自身の心理的葛藤をネット上で開示することで多くの共感が得られ、対面関係では得られなかった新たなつながりが生まれる。たとえば、アニメ映画『竜とそばかすの姫』（監督：細田守、2021年）で主人公の女子高生とアプリ上で竜となっていた男の子が強い心理的つながりをもつことができたのは、アプリ上でお互いの心理的葛藤を共有できたからだといえる。そのような意味で、「コンフリクト解消のための関係」はネットを介した出会いが青少年の間に広まったことによって、広く浸透したものと考えられる。

「点」と「面」の関係——関係を点から面に発展させられない

　これまでの議論を踏まえると、対面関係で形成することが難しい人間関係もネットを介した出会いを実現することによって、容易に形成できるといえる。一方で、容易に形成できるということは、容易に関係を終了・消滅させることができるともいえ、そのような意味でネットを介した出会いによる関係は一時的になりやすいと考えられる。

　ネットを介した出会いによる関係が一時的になりやすいのは関係を容易に形成でき、容易に終了・消滅させることができる、いわゆる「選べる縁」であるからというだけでなく、それ以外の理由も考えられる。その理由について考察するにあたり、青年期女子をはじめとした青少年の人間関係について「点」と「面」という表現を用いて説明したい。青少年の間にネットを介した出会いが広まったことによって、青少年は対面関係だけでなく、ネット上でも知り合いを増やすことができるようになった。ここでいう知り合いとは相手の名前もしくはハンドルネームや所属程度の情報しか知らない表面的な関係をいう。これらは、いわゆる点の関係である。一方、友人、特に親友と呼ばれる親しい関係では相手の名前もしくはハンドルネームだけでなく、相手の性格や趣味嗜好、考え方など多様な面を把握していると考えられる。いわゆる面の関係である。相手の長所だけでなく短所も把握していることから、ピアのような関係ともいえる。ネットを介した出会いによる関係が一時的になりやすいのは、それが「選べる縁」であるからというだけでなく、青少年が人間関係を点から面に発展させることが難しくなったというのも、理由として挙げられるのではないだろうか。青少年が人間関係を点から面に発展させることが難しくなったことには、主に３点の理由があるといえる。第1に、対面だけでなくネット上でもつながりを増やすことができるようになったため、点の数が多すぎて関係を深める時間や余裕がなくなったこと、第2に、他者との関係を自分の都合や嗜好に合わせてカスタマイズできるようになり、それが青少年を中心に受け入れられるようになったこと、第3に、青少年が相手との関係を点から面に発展させるためのスキルを有していないことが考えられる。

（1）接触可能な人の増大

　第1については、松田美佐が言及している点と関連がある。松田はケータイをはじめとしたパーソナルメディアの広まりによって接触可能な人が増大したと指摘していて、それが「選択的な人間関係」の実現につながったとしている。[12]接触可能な人が増大したことによって、青少年は過去と比べると数倍から数十倍の数の相手とつながりを有することができるようになったと考えられる。現在の大人が少年期や青年期のときにはパーソナルメディアがまだ広く普及していなかったので、やりとりする相手は近所に住んでいる子どもや学校の友達など物理的に隣接する者に限られていたといえる。文通友達をもつ者もいただろうが、近所・近隣の子どもとやりとりする機会が多かったのではないだろうか。一方、現在の青少年は物理的に隣接する者だけでなく、ネット上でも同年代の遠方の者とつながったり、年齢が離れた者とつながったりすることができる。過去の青少年と比べてやりとりする相手の数が圧倒的に多いといえる。そのため、やりとりする相手に優劣をつけたり、人数が多い場合は相手とやりとりする時間を減らしたりしなければ、限られた時間のなかで有意義に過ごすことができない。そのような背景から、自分にメリットがないと感じた相手との関係は一時的になりやすく、全体として広く浅い人間関係になると考えられる。[13]

（2）カスタマイズできる人間関係

　第2については、本書で一部の出会い経験者が言及していた内容と関連がある。たとえば、E16やE18は進学前に進学予定先の知人を増やし、学校生活にスムーズに適応する目的で出会いを実現した。しかし、進学前に知り合った人たちのほとんどは進学後、関係がなくなっていることが多く、それを一部の出会い経験者は当たり前のことのように捉えていた。また一時的人間関係に関するエピソードについて言及したB5も、出会いによる関係を点のように捉えていることがわかる。本書の一部の出会い経験者が述べているように、点の関係は気楽であるし、何か起こったときに（相手と性格が合わないなど）後腐れがないことがメリットである。しかし、このような関係はネットを介した出会いが広まる前には青少年の間で頻繁にみられるものではなかったといえる。2004年に「前略プロフィール」[14]というプロフサイト・サービスが登場してから、プロフを介して進学前、就職前にあらかじめ仮の人

間関係を形成しておき、新生活になじんだら仮の関係はいつの間にか終了・消滅するという新しい人間関係のあり方が生まれたと考えられる。そのため、青少年は人間関係のあり方を選択できるようになり、自分の都合や嗜好に合わせて相手との関係をカスタマイズできるようになったといえる。

カスタマイズという言葉を用いるのは、自分の都合や嗜好に合わせて他者との関係をまるで機械の設定を変更するように扱うからである。たとえば、進学・就職前にネットを介してあらかじめ仮の人間関係を形成する最大の目的は、「自分が新生活にいち早くなじむこと」だといえる。その目的のために、仮にネットを介して知り合った相手と多少気が合わなくてもしばらく交流をもち、親しいふりを続ける。その後、ほかの友人・知人ができたり、より気が合う相手を見つけたりしたならば、ネットを介して形成した仮の人間関係はその瞬間に終了・消滅する。こうした関係のもち方は、機械の設定をボタン一つで変更する感覚と似ている。

ネットを介した出会いが浸透する前も、新生活が始まってからしばらくの間は気の合わない相手とやりとりする機会があったり、新生活になじむまでは親しい友人・知人がおらず、寂しく思ったりすることもあったといえる。しかし、ネットを介した出会いが一部の青少年の間に浸透したことによって、新生活後のそのような精神的負担は軽減されたのではないだろうか。多少気が合わなくてもあらかじめ知人を増やしておけば寂しい思いをすることはなくなるし、そうした知人のつながりから親しい友人に巡り合う可能性もあるからである。そのような意味で、新生活に慣れた後、ネットを介した出会いによる関係が終了・消滅することが双方ともにある程度わかっていたとしても、一部の青少年はネットを介した出会いの実現をためらうことはないといえる。ただ、対面関係で接点がある相手の場合、あからさまに関係を終了・消滅させると他者から軽蔑されたり非難されたりする可能性もあることから、相手を無視したり避けたりすることは難しいと考えられる。[15]

(3)「潔癖化した関係」

第3は、そもそも青少年自身が他者との関係を点から面に発展させるスキルを失いつつあるのではないかという見方である。プロフが登場し、進学・就職する前にあらかじめ仮の人間関係を形成し、それが必要なくなったら関係を終了・消滅させるという新しい人間関係のあり方が生まれた。消費社会

やカーニヴァル化する社会、希望格差社会など様々に称される社会状況のなかで、プロフというサイト・サービスが一部の青少年のニーズに合致したことで、点による関係は広まったといえるが、一部の青少年はそのような環境に慣れてしまい、他者との関係を面に発展させるためのスキルを失いつつあるのではないだろうか。先行研究の検討から、チャムやピアを経験していない青少年がネットを介した出会いに参入しているのではないかと考察したが、そもそも、チャムやピアを形成するためのスキルを有していない青少年が一定数存在する可能性がある。その理由の一つとして、インタビューのなかで出会い経験の有無を問わず、ほとんどの青年期女子が「Twitter」のIDを複数所有していたことがある（本書で「Twitter」のIDを複数所有している出会い経験者は全員で、出会い非経験者も11人だった）。IDを複数所有する理由として、本書の調査協力者の多くは「本アカ（実名や実名に近い表記で発信しているアカウント）で趣味アカ（趣味のアカウント）の発信をすると、学校の友達に迷惑をかけるから」と述べていた。また、愚痴を投稿したり、欲求不満を解消したりするために専用のIDを所有している者もいた。浅野智彦がいう「愛情の分散」や「期待の分散」のために、彼女らは複数のIDを所有しているとも考えられる。つまり、一部の青年期女子は対面関係での友人・知人に自分の多様な面を自己開示することに消極的であり、見方によっては恐怖を抱いているともいえる。これはネットを介した出会いによる関係に限らず、対面関係においても友人・知人と面ではなく点の付き合い方しかできなくなりつつあるという一つの表れではないだろうか。自分の趣味をオープンにしたり感情を吐露したりすることは、相手に共感してもらえる可能性があると同時に、相手から批判されたり拒絶されたりする可能性もある。おそらく相手に自分の想定外のことをされた場合、自身も相手の多様な面を受け入れられるか自信がないのだろう。このように「愛情の分散」や「期待の分散」をすることで、特定の相手との深い関係を避ける「潔癖化した関係」が一部の青少年の間に広まっていると考えられる。本書の調査協力者は青少年や青年期女子を代表する存在とは言い難いが、一つの可能性として、青少年自身が点から面に関係を発展させるスキルを失いつつあることが考えられる。

(4)「愛情の分散」「期待の分散」

　浅野がいう「愛情の分散」や「期待の分散」のために、たとえば

「Twitter」のIDを複数所有しているという見方について、もう少し考察を深めたい。IDを複数所有することは、IDごとに異なる自分を演じ分けることができる一方で、教育的立場にある大人からみると、自己を統一することができなくなるのではないかという批判的な見方をされたり、他者から自己中心的に振る舞っているというマイナスイメージをもたれたりする可能性があることは否めないだろう。しかし、浅野の主張に基づいて考察すると、友人・知人を必要以上に束縛したり、友人・知人に負担をかけたりしないためにIDを複数所有するという青少年の他者に対する気遣いを垣間見ることもできる。つまり、IDを複数所有することで特定の相手を束縛したり、相手に負担をかけたりすることを回避するという肯定的な評価もできる。このような視点は、ネットを介した出会いによる関係が一時的になりやすい理由ともつながってくる。ネットを介した出会いにより点の数を増やすことで、特定の相手に依存しすぎることなく、相手の重荷になりたくない、また相手に深く関わることで自分が傷つきたくないという一部の青少年の姿も想像できるからである。

　しかし、そのように「愛情の分散」や「期待の分散」をすることは本当に自分や相手にとっていい方法なのだろうか。たとえば、自分だけでなく相手も「愛情の分散」や「期待の分散」をすることで互いに良好な関係を継続していけるのであれば問題ないかもしれない。しかし、自分と相手が同じ考えという保証はないといえる。自分は相手と濃厚で継続的な関係を構築したいと考えていても、相手に合わせて淡白な対応をしていれば、そのうち我慢ができなくなる可能性はあるし、一方、自分が相手と淡白な関係を構築したいと考えていても、相手も同様であるとはかぎらない。そのような感情の行き違いからトラブルや事件・犯罪に発展することも考えられる。それが本書で言及してきた一時的人間関係によって、自分が「孤独」や「失望」をより一層強く感じるようになったというエピソードとつながったり、相手がストーカーやサイバーストーカーになったり、場合によっては学校まで来てしまったりといったエピソードとつながる。浅野は、流動的ないまの社会状況で「愛情の分散」や「期待の分散」は一部の青少年にとって合理的な選択であると述べていたが、上記の考察から、そのように言いきることはできないのではないだろうか。むしろ「愛情の分散」や「期待の分散」がきっかけになり、他者とのトラブルや事件・犯罪に発展する可能性もあるといえる。

5　それでもネットを介した出会いが支持される理由

　ネットを介した出会いによる関係が一時的になりやすい理由について、点と面という表現を用いて説明した。いずれにせよ、対面関係でもネットを介した出会いによる関係でも他者と満足がいく関係を構築することができなければ、点の関係をつなぎ合わせて他者との関係を形成していくか、他者との関係を形成すること自体、諦めるしかない。それでも十分な社会的サポートが得られるのであれば、ネットを介した出会いを繰り返し実現する必要はないといえるが、そうでない場合、特に手段が限られている青少年は、ネットを介した出会いに頼らざるをえないと考えられる。

　その理由として第1に、先にも言及したが、一部の出会い経験者は家族関係や友人・知人関係に恵まれているとは言い難い状況にあった。母子・父子家庭のために保護者が子どもとやりとりする時間が少なかったり、いじめによって学校に行けずに友人・知人と関係を形成することが困難だったりするエピソードなどが該当する。また、セクシャルマイノリティのE11は家族や既存の友人・知人とは自分の気持ちや状況を共有することができなかったが、ネット上で知り合い、直接会った相手には気持ちや状況を打ち明けられたと当時を振り返る。これはネットを介して知り合った相手が「インティメイト・ストレンジャー」だったからこそ、自分の気持ちや状況を素直に打ち明けられた例だといえる。同時に、家族や既存の友人・知人の自身に対するイメージを「裏切りたくない」という気持ちも含まれている。つまり、対面関係で自己開示をすることによって、既存の関係が変容したり崩壊したりすることへの恐れが背景にあるといえる。そのため、既存の関係が変容したり崩壊したりすることを避けながら、自己開示をするために出会いを繰り返し実現する青年期女子も一定数いると考えられる。

　第2に、ネットを介した出会い以外に他者との関係を構築する手段を有していないことが理由として挙げられる。たとえばE9はインタビューのなかで、大学生や社会人であればネットを介した出会いに頼らなくても、それ以外の人脈や様々な手段を駆使することで問題解決ができると話していた。一方、高校生やそれ以下の年齢の者にとっては、家族関係や既存の友人・知人

関係がうまくいかず、それ以外で新たに関係を形成しようとする場合、手段が限定される。しかし、ネットを介した出会いはスマホやそれに準じるネット端末さえ所持していれば、新たな関係を容易に構築できる。また、その関係は保護者や学校の教員に知られたり干渉されたりする可能性が低い点も魅力だといえる。特に青年期はアイデンティティの確立が発達課題として挙げられ、保護者との関わりよりも友人・知人との関わりのなかから自分らしさを見つけることが重要だと複数の先行研究で指摘している。[17]以上のような要因が相互に関わり合い、結果、一部の青年期女子にネットを介した出会いが新たな関係を形成するベストな手段として認知されているのだろう。

ネット上で再現された血縁・地縁——プロフでみられた中・高生の疑似的関係

　家族関係、既存の友人・知人関係がうまくいかず、対面関係で他者との良好な関係を築くことが難しい場合、一部の青年期女子にネットを介した出会いが新たな関係を形成するベストな手段として認知されている可能性について述べた。たとえ、ネットを介した出会いによる関係がその場限りの一時的な関係になりやすくても、である。

　社会情報学の知見として、青少年がネット端末を所持することで、保護者や学校の教員から干渉されることがないバイパスチャンネルの形成が可能になると指摘されている。[18]バイパスチャンネルの形成によって、青少年はいつでもどこでも必要なモノやほしいモノを容易に入手できるようになった。一方で、違法薬物や危険物などに接触する危険性も少なからずあるといえる（モノの入手）。また、学習や進路に役立つ情報だけでなく、わいせつ情報や有害情報にアクセスすることも可能になった（情報の入手）。加えて、既存の友人・知人とのつながりだけでなく、見知らぬ者と新たに関係を築くことも可能になったのである（人脈の入手）（図7-4）。ネット端末を用いることでモノや情報を入手するだけでなく、人脈も容易に構築できるようになったため、既存の対面関係に満足していない場合、ネット上でそれを補うような疑似家族の姿もみられるようになった。

　ネット上で既存の関係を補うような疑似家族の姿がみられるようになったのは、2005年ごろからはやり始めた「Second Life」や「モバゲータウン」である。これらのサイト・サービスの特徴は、会員登録をした後、自身のアバター（ネット上の分身）を作成し、アバターを介してほかのユーザーとや

りとりをする点である。アバターは自分自身で設定できるが、自分の趣味嗜好に合わせて自由自在に作成できるので、そこで理想的な自分の姿を作り出し、見知らぬ他者との関係を楽しむ。そのなかで、年齢や性別、居住地に関係なく、彼氏・彼女を作ったり、自分が父親・母親・子どもになりきって他者とやりとりしたりする姿がみられた。その後、中・高生を中心に流行した「前略プロフィール」でも、ネット上で新たに形成された他者との関係を楽しむ姿がみられた。

　プロフはネット上の自己紹介サイトであり、2010年前後に多くの中・高生が利用していたサイト・サービスの一つである。自分の顔写真や所属先、特技や趣味などを掲載し、付属の掲示板（ゲストブックや足跡と呼ばれていた）で自分のプロフに興味をもった他者と交流することができる機能を有していた⁽¹⁹⁾（図7-5）。プロフでは「Second Life」や「モバゲータウン」のようにアバターを設定する者は少数で、多くが自分のプリクラの写真をプロフ上に掲載していた。そのため、ネット上で全く異なる自分を演じるというより、基本的には既存の友人・知人に自分のことをよりよく知ってもらったり（自己開示）、自分にいい印象をもってもらったりするために（自己呈示）プロフを発信している場合が多かったといえる。

　中・高生がプロフを発信するなかで一部の利用者にみられたのが、利用者同士、家族の名称で呼び合う姿である。血のつながった関係ではないにもかかわらず、互いのことを「お母さん」「お父さん」「妹」「弟」「兄貴」「姉貴」と言ったり、それに準じる例では「相棒」「相方」「ニコイチ（2人で1つ）」といった発信がみられたりした（図7-6）。単に面白半分でそのような呼び方をしあっていることも考えられるが、発信している一部の中・高生はそのような呼び方をしあっている相手のことを大切に扱い、相手がプロフ上で他者から誹謗中傷された場合には、相手を守ったりかばったりするようなやりとりがみられた。そして、そのような発信をしている者の多くが、実際の（対面の）家族関係や友人・知人関係が良好ではない場合が少なからずあった⁽²⁰⁾。

　上記のプロフでのエピソードもネット上で再現された血縁・地縁の一例といっていいのではないだろうか。プロフが登場する前から、たとえば師弟関係では目上の者について親しみを込めて呼ぶ場合、「親父」「姐さん」など、目下の者を「弟」「息子」「娘」などといった名称で呼ぶことがあった。この

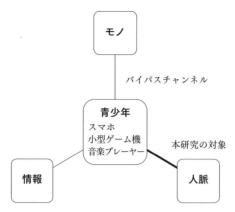

図7-4　ネット端末を所持したことによるバイパスチャンネルの形成

図7-5　中・高生のプロフ発信の一例

```
〜皆様から                          ○○＝＝＝今日楽しかったね！
わたくし、○○＝の相方＝でし＝        めちゃめちゃはしゃいだぁ＝＝
○○＝に何かしたら
ただじゃないかんね＝＝               また一緒に盛り上がっちゃいましょう！

○○＝＝の悪口やら陰でいう人たち      ○○とぁたしはニコイチだからね！
直接言いましょう＝＝                 ず＝＝＝＝＝っと一緒だよ。。。
言っときますが、○○＝＝も           大好き。
そーとー、奥地が悪いんですよん＝薬
覚悟しないね〜＝
分かりましたか？＝＝
字が読めても学習能力が
なきゃ意味ないですね

それではさよなら〜＝

レス[2] 最新：2010/01/12（火）17：32：59    レス[1] 最新：2009/06/20（土）23：09：45
```

図7-6　プロフ上で親しい友人を「相方」「ニコイチ」と呼ぶ中・高生

ように、血縁・地縁を再現する例は新しい社会現象ではない。しかし、一部の青少年がそのような名称を用いてネット上で血縁・地縁を再現しようとする動きは新しい社会現象だと考えられる。そしてそれは、対面関係で得られなかった他者との関係を補償しようとする一つの試みと捉えることもできる。しかし繰り返し言及しているとおり、ネット上で地縁・血縁を再現しようとしても、その関係が継続的で強固なものになると断言することは難しい。実際、プロフで「ニコイチ」「相方」と呼び合っている関係が何らかの理由で1年、半年足らずでいつの間にか終了・消滅することは珍しくないからである。

青少年が「選べない縁」にこだわる理由

　一部の青少年の発信にはネット上で地縁・血縁を再現する動きがみられると考察したが、その背景について社会状況を踏まえて議論を深めたい。たとえばデボラ・チェンバースは著書のなかで、クリストファー・ラッシュが工業化と近代化から帰結する脱共同体化の問題を重くみていて、近代での個人主義的な自己の強まりを悲観的に捉えていると紹介している。[21]

　　工業化された技術社会における自己は、拠りどころのない、混乱した

不定型なものとなる。それは、かつての伝統社会における安定した自己とは、きわめて対照的だ。伝統的な共同体では、人びとは生まれた場所で死ぬまで生活し、固定的なアイデンティティを持ち、同じ仲間と生涯を通じてともに働き、強固な社会階層によって制約を受けていた。（略）（そして20世紀後期には）自己愛と自己中心主義に彩られたナルシシズムの高まりによって、人びとは他人と関わりたがらなくなっており、こうした状況では自らのアイデンティティを投錨する道徳的地平をもてないために、個人はきわめて内閉的で不安定なものになっていくという。[22]

　チェンバースは後期近代の親密な関係は自発性に基づくものであるため、それを築いていく決まったやり方があるわけではなく、どのように人に関わり、ケアしていくのかもより不確かなものになると述べている。たとえば、現代では結婚と性的パートナーは個人が自由に選択すべきものというイデオロギーが支配的になったため、家族が結婚相手を探してくれる慣習は薄れてしまったと考えられる。むしろ、世話を焼いてくれる家族さえ存在しない者もいる。また、それは結婚相手や恋人の選択だけでなく、友人・知人関係についても同様のことがいえる。
　友人・知人との関係について、スマホなどのネット端末を活用しなくても対面関係で他者とうまく関わることができ、特に他者からのサポートを必要としない者は問題ないかもしれないが、本書で言及した出会い経験者のなかには、それがうまくできない者もいた。そもそも、友人・知人との関係だけでなく、仕事の忙しさから保護者が子どもと関わる機会がほとんどなかったり、登校拒否や不登校のため学校の教員との交流も少なかったりするなど教育的立場にある大人との関係も不安定であるため、その不安定さを少しでも解消・解決するためにネット上で親密な関係を再現しようとするエピソードもみられた。それほど一部の青少年は不安定な人間関係のなかに身を置いていると考えられる。加えて、青年期という時期はアイデンティティの確立が課題であるため、精神的な不安定さも加わる。ネット上でみられた疑似家族の一例は、青少年が置かれている不安定な現状の表れともいえる。

「純粋な関係性」の不安定さ

　繰り返し言及しているように、青少年をはじめとした我々は近代社会に身

を置いていて、また、近代社会は消費社会やカーニヴァル化する社会、希望格差社会と様々に称されるようなありようを呈している。そのため、近代社会は不安定な社会ともいえ、今日、友人・知人や恋人、家族関係に恵まれている者でも、明日それらの関係がすべて終了・消滅する可能性もある。それが、いつの時点でもいずれか一方のほぼ思うままに関係を終わらせることができる「純粋な関係性」[23]の特徴であるともいえる。そして「純粋な関係性」の不安定さや脆さは、ネットの特性によってさらに顕著になると考えられる。ネット上の莫大な情報に我々はさらされ、誘惑され、翻弄される。それは青少年も例外ではないといえる。

　ネット端末が青少年の間に普及する1999年以前は、青少年の健全育成にとって好ましくないと判断された情報やモノ、人との関わりは保護者や学校の教員など教育的立場にある大人がある程度制限することが可能だった。たとえば10年以上前にみられた成人向け雑誌を販売する自動販売機に対して、地元の青少年健全育成団体などがそれを撤去するためにしている活動などを挙げることができる。しかし、いまではそうした自動販売機で売っていたような情報がネット上に移行したため、自動販売機を物理的に撤去するだけの話ではなくなっている。青少年はネット端末を通じて、自動販売機で売っていた成人向けの情報だけでなく、これまで教育的立場にある大人が制限してきた情報やモノ、人との関わりも容易にもてるようになったといえる。このようにサイト・サービス運営業者は我々を多くの情報やモノ、人との関わりにさらすことで、ネット上の滞在時間やページビュー数を増やし、利益を生み出すことができるといえる（図7-7）。また、我々はネット上で多くの時間を過ごすことによって、情報やモノ、人との関わりのなかから自分にとって必要で有益なものを適宜取捨選択できるようにもなった。Illouzは現代では選択こそが個性を形成する[24]と述べていて、自分にとって必要で有益なものを適宜取捨選択することは、個性を形成するための一つの営みになりつつある。しかし、特に人との関わりで自分にとって必要で有益なものを適宜取捨選択できるようになったということは、相手との関係が継続せず、一時的なものに終わるという、本書でみられた青年期女子のネットを介した出会いの様相とつながっている。選択は個性を形成する一方で、選択によって相手との関係が一時的になり、結果として自己が不安定になる。これは矛盾した行動のようにみえるが、その瞬間瞬間は青少年にとってベストな選択であることか

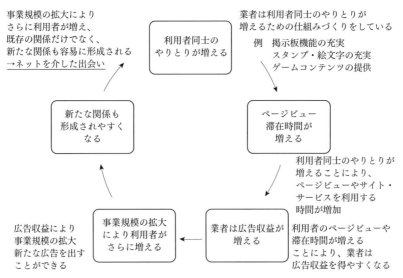

図7-7　サイト・サービス運営業者が利益を生む仕組み

ら、ある意味、合理的であるともいえる。そのような営みのなかで、「純粋な関係性」はより不安定で脆いものになると考えられる。

友達のあり方、再考

　ネットを介した出会いが一部の青年期女子をはじめとした青少年から支持される理由として、自分の都合や嗜好に合わせて相手との関係をカスタマイズできる点や、対面関係で他者との十分な関係を構築できない場合、それを補う関係を容易に形成できる点などを挙げた。しかし、特に後者について、わざわざネットを介して見知らぬ他者とつながり、対面関係での社会的サポートの少なさを補う必要はあるのかという疑問も残る。青年期は友人・知人との関わりから、アイデンティティを確立していく時期であるため、他者、特に保護者ではない友人・知人との関わりが発達的側面から重要であることは理解できる。一方で、これまで家庭教育や学校教育のなかで友人・知人を作ること、また、たくさんの人脈を形成することが青少年にとってメリットになると教えてきた点について再考する必要があるのではないだろうか。

　友人・知人を作ることやたくさんの人脈を形成することは、社会的サポー

トの充実につながると考えられる。それは、特に何か困ったときや助けが必要なときに、友人・知人が多い者は情緒的にも道具的にもサポートを得ることができ、仕事面でもビジネスチャンスに恵まれると考えられているからである。そのため、家庭教育や学校教育で良好な他者との関係を築くためのスキルを学んだり、青少年自身もたくさんの友人・知人を作るために努力したりしている。

　家庭教育や学校教育で指摘されている友人・知人との良好な関係とは、対面関係、特に学校での人間関係を前提にしていると考えられる。そのため、仮に対面関係で問題が発生した場合、教育的立場にある大人、保護者や学校の教員などが早期に介入することもできた。しかし、青少年にとって、いまや対面関係もネット上の関係も大きな差はないと考えられる。確かに、学校生活をベースとした対面関係で友人・知人との良好な関係を構築することは理想だが、それが難しい場合、プロフでみられた地縁・血縁を再現する事例のように、ネットを介して知り合った者と良好な関係を構築しようと試みる者もいるだろう。そして、ネットを介して知り合った者と良好で継続的な関係を構築できればいいが、相手との関係が早期に終了・消滅し、継続が難しい場合が多いことは、本書でも明らかになった点である。

　このように考えると、友人・知人を作ること、たくさんの人脈を形成することを推奨してきた家庭教育や学校教育のあり方を再考する必要があるのではないだろうか。ネット端末が青少年の間に広まっていなかった1999年以前は、学校の教員や保護者は青少年の人間関係を把握することが比較的容易だった。しかし現在ではスマホやケータイなどのネット端末の広まりによって、教育的立場にある大人が青少年の人間関係を把握することが困難になったといえる。そのような状況のなかで、従来と同様にたくさんの人脈を作ることを目的とした教育がなされた場合、一部の青少年は「友達を作らなければ」と焦り、さらにネットを介した出会いに依存することが考えられる。

　青少年の間にネット端末が広まった現在、これまで当たり前とされてきた教育自体も再考しなければならず、教育的立場にある大人にとっては厄介な状況になりつつあるといえる。また、新たにネット上で形成された人脈が不適切なものであった場合、必要に応じて大人が介入し、その関係をうまく断つことも教えなければならない段階にきているのではないだろうか。

6 教育的立場にある大人は何ができるのか——現状と今後の課題

　本書は青年期女子のネットを介した出会いの様相について、質的調査により当事者の心情を理解しながら、教育的立場からそれが抱える問題・課題についても述べてきた。ネットを介した出会いによる関係は一時的になりやすいが、それにもかかわらず、その関係に頼らざるをえない青年期女子をはじめとした青少年が一定数存在することが明らかになった。一方で、ネットを介した出会いによる関係を「とっかかりの足掛かり」として捉えている者もいて、また、ネット・リテラシー教育を受けた経験がなく、勢いやその場の雰囲気で出会いを実現した者もいた。本書では、青年期女子をはじめとした青少年を取り巻く大人がこうした事態に対して、現状でどのような対応をしているのか、これからどのような対応をするべきかという点について、網羅的に言及し考察することは難しい。しかし、青少年を取り巻く大人のなかでも、保護者と学校の教員に焦点を当てて、青少年のネット利用に伴う問題・課題を解決する手掛かりを得るために、現状と今後の課題を示したい。

ネット・リテラシー教育の充実——情報化時代の新たな教育

　まず、ネット・リテラシー教育を受けた経験がなく、勢いやその場の雰囲気で出会いを実現した青少年が一定数いたことから、青少年のネット・リテラシー教育を充実させる必要があるといえる。

(1)伝統的な読み書きリテラシーと電子的な状況でのリテラシーの差異

　ネット・リテラシーは冒頭で定義したとおりだが、リテラシーという言葉は複数あり、それらを区別して定義することは難しいというのが現状である。しかし、Donald J. Leu Jr. は、伝統的読み書きリテラシーと電子的な状況でのリテラシーの間には少なくとも次の4点の差異があると指摘している。

　　First, being literate will require our students to acquire new and increasingly sophisticated navigational strategies.（略）Second, being literate is quickly changing from an end state to an endless developmental process.（略）Third, literacy on the Internet will require new forms of critical thinking and reasoning about the information that appears in this venue.（略）A fourth change is also apparent in the new forms of literacy required on the Internet: We need to support children in becoming more aware of the variety of meanings inherent in the multiple media forms in which messages appear[26]

　以上を踏まえ、芝崎順司はネット・リテラシーには伝統的な読み書きリテラシーと異なり、①新しいツールやテクノロジーに対応するため、ナビゲーション方略に代表されるような新しいリテラシーが強調される、②次々に出現する新しいテクノロジーに対応して変化するため、その内容について絶えず吟味し更新する必要がある、③これまでより一層、弁別・批判的評価リテラシーが強調される、④マルチ・リテラシーズの各リテラシーが対象としてきたメディア・フォームを、マルチに組み合わせて表現したり、そのコンテンツを理解することが含まれるため、マルチ・リテラシーズの各リテラシーを統合した統合的リテラシーとして捉えることができる、などの特徴があるとした[27]。つまり、ネット・リテラシーをはじめとした電子的な状況では、伝統的な読み書きリテラシーよりも高度なリテラシーを求められているといえ、それに青少年をはじめ我々は対応していく必要があるといえる。

(2)ネット・リテラシー教育の現状──小・中学生の情報活用能力調査
　スマホをはじめとしたネット端末が青少年に普及している現在、本書で対象とする青年期女子をはじめとした青少年も高いネット・リテラシーが求められているといえるが、青少年はネット・リテラシーをどの程度身につけているのだろうか。たとえば、文部科学省は全国の国・公・私立に通う小学5年生3,343人、中学2年生3,338人を対象に情報活用能力調査を初めて実施した[28]。情報活用能力とは、世の中の様々な事象を情報とその結び付きとして把握し、情報および情報技術を適切かつ効果的に活用して問題を発見・解決したり自分の考えを形成したりしていくために必要な資質だという[29]。そして、小・中学生を対象としたこの調査では、児童・生徒の情報活用能力育成に向けた施策の展開、学習指導の改善、教育課程検討のための基礎資料を得ることを目的とし、①情報活用の実践力、②情報の科学的な理解、③情報社会に

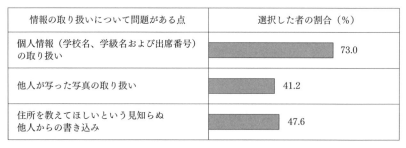

情報の取り扱いについて問題がある点	選択した者の割合（%）
個人情報（学校名、学級名および出席番号）の取り扱い	73.0
他人が写った写真の取り扱い	41.2
住所を教えてほしいという見知らぬ他人からの書き込み	47.6

図7-8　小学校ブログ上での情報発信において自他の情報の取扱いで問題がある点を選択する問題
（出典：文部科学省「情報活用能力調査の結果概要」2014年〔https://www.mext.go.jp/component/a_menu/education/detail/__icsFiles/afieldfile/2015/03/24/1356195_1.pdf〕〔2021年4月10日アクセス〕）

不適切な項目	選択した者の割合（%）
メールに返信する	50.4
入金後URLから退会手続きをする	43.9
問い合わせ先に電話して抗議する	38.5

図7-9　中学校不正請求メールへの対応で不適切な項目を選択する問題
（出典：同ウェブサイト）

参画する態度について調べた。情報活用能力はネット・リテラシーと同義として捉えることは難しいといえるが、文部科学省の調査[30]は小・中学生のネット・リテラシーのありようを知る手掛かりになると考えられる。
　結果の一部を抜粋して言及するが、たとえば小学生は自分に関する個人情報の保護について理解しているが、他人の写真をインターネット上に無断公表するなどの他人の情報の取り扱いについての理解に課題があることが明らかになった（図7-8）。また、中学生は不正請求メールの危険性への対処についての理解に課題があるとしていた（図7-9）。全体的な傾向について、小学生は整理された情報を読み取ることはできるが、複数のウェブページから目的に応じて特定の情報を見つけ出して関連付けることに課題があり、また、情報を整理し、解釈することや受け手の状況に応じて情報発信することにも

課題があるとしていた。中学生も同様に、整理された情報を読み取ることはできるが、複数のウェブページから目的に応じて特定の情報を見つけ出して関連付けることに課題があり、一覧表示された情報を整理・解釈することはできるが、複数ウェブページの情報を整理・解釈することや、受け手の状況に応じて情報発信することにも課題があるとしていた。

(3)高校生の情報活用能力調査からの検討

　文部科学省は小・中学生だけでなく、高等学校と中等教育学校後期課程2年生の4,552人に対しても、高等学校の生徒がどの程度の情報活用能力を身につけているかを評価することを目的として調査を実施した[31]。その結果、小・中学生と同様の傾向があり、全体としては整理された情報を読み取ったり、整理・解釈したりすることはできるが、複数の情報がある多階層のウェブページから目的に応じて特定の情報を見つけ出して関連付けることに課題があるとしている。また、複数の統計情報を条件に合わせて整理し、それらを根拠として意見を表現することに課題があると述べていた。加えて、情報モラルやリスクについては、情報の発信・伝達の際に、他者の権利（肖像権や著作権）を踏まえて適切に対処することや、不正請求のメールやサイト・サービスなどへの対処に課題があると結論付けていた。

　上記の調査結果から、小・中学生、高校生のネット・リテラシー、青少年のネット・リテラシーの高低について言及することは難しいが、学校でのネット・リテラシー教育はこれからの課題なのではないだろうか。実際、芝崎はネットの特性は教育メディアとしての高い利用可能性を示す一方で、一定の学習効果を上げるためには、学習者にネットを利用するために必要なテクノロジーについての十分な知識と技能（リテラシー）が必要だと述べている。また、テクノロジーを利用するための知識や技能だけではネットに対応するリテラシーとしては不十分であり、情報を弁別したり批判的に評価したりするために必要な知識や技能が求められるとしていた。そのため、単に情報を活用する能力だけではなく、ネット上の情報を批判的に読み解き、自分にとって有益な情報か否か見分ける能力を学校教育のなかでどのように身につけさせていくのかが、これからの課題になるといえる。一方で、特に学校でのネット・リテラシー教育は、学校の教員への負担が増加するのではないかという懸念も少なからずある。保護者も青少年のネット・リテラシー教育に積

極的に関わることが望ましいが、青少年にスマホをはじめとしたネット端末が広く普及した現在、個々の家庭でのペアレンタル・コントロールだけでは解決できない問題・課題になりつつあることも確かである。

地域によるネット利用を見守る取り組み——群馬県高崎市の事例

　青少年のネット利用の広まりに対して、たとえば群馬県高崎市では、地域の保護者が青少年のネット利用の実態を調査し、県の認定を受けた後に学校や地区単位でおこなわれる講習会で、ほかの保護者にそれを伝えるという市民活動がおこなわれている。また地元のNPOや大学が保護者らの活動を支えるためのデータベース（CISS：Civil Instructor Support System）を立ち上げ、一定のセキュリティを確保した後、青少年のネット利用の実態把握に役立てている。そのような市民活動の成果が、一部の質問紙調査の結果にも表れている。

　たとえば伊藤賢一が、高崎市の小・中学生3,390人（小学6年生1,701人、中学1・2年生1,689人）とその保護者3,207人を対象におこなった質問紙調査によると、「子どもの携帯電話（ケータイ）」にフィルタリングを導入している保護者は64.7％であった（小学生68.8％、中学1年生62.5％、中学2年生62.7％）。フィルタリングとは、青少年が有害情報を受信しないよう、それらを遮断するための機械的な仕組みだが、フィルタリング導入の有無が青少年のネット利用に対する保護者の意識の高さを知る一つの指標になるといえる。伊藤の調査と同時期に実施された内閣府の調査はフィルタリング導入の有無を青少年自身に尋ねているため、伊藤の調査結果と直接に比較・検討することはできないが、参考にはなる。内閣府の調査では「自分専用の携帯電話（ケータイ）」にフィルタリングを導入していると回答した小学生（全体）は32.3％で、中学生（全体）は51.9％であった。これらはいずれも、高崎市でおこなわれた調査よりかなり低い値になっていて、地域の保護者の市民活動には一定の効果があることがわかる。

　地域の保護者が青少年をネット上の有害情報から守るために努力し、その努力が一部の調査結果にも表れていることは明らかになったが、先に言及したとおり、青少年のネット利用は一層若年化し、広がりをみせている。また、新型コロナウイルスの感染拡大に伴い、青少年が自宅で長時間ネットを利用することもやむをえない状況になりつつあり、青少年のネット利用をコント

ロールすることはさらに困難になったといえる。特にタブレット端末は学校の授業などで用いられる場合もあるため、ICT教育に貢献する側面もあるが、全国的には保護者のフィルタリングに対する認知や青少年が利用する端末の管理状況を踏まえても、保護者が青少年のネット利用を十分に見守り、指導⁽³⁵⁾ができている状況とは言い難い。

ネット利用に付随する問題はすべて保護者の責任か

　本書の調査協力者のなかにはネット・リテラシー教育を受けた経験がないため、安易にネットを介した出会いを実現した者もいた。そのため、学校や家庭でのネット・リテラシー教育の必要性について述べた。実際、下田博次はネット・リテラシーが十分でない青少年に容易にネット端末を与えるべきではないと明言していて、ネット端末を青少年に与える場合には、ペアレンタル・コントロールが必須だと述べている。⁽³⁶⁾しかし、現状では既に多くの青少年が自分専用のネット端末を所持していて、それらを青少年から取り上げて指導すればいいという状況ではない。特に高校生の場合は学校や部活動の連絡が非公式にSNSやIMを介してくる場合があり、中学生についても親しい友人がネット端末を所持していれば自分も持ちたいと思うのが自然だろう。また、通信会社も1人で複数台ネット端末を所持することを優遇するような料金設定にしている場合が多いため（スマホとタブレットをセットにして契約させるなど）、青少年からネット端末を取り上げることは容易ではない。

　加えて、大阪府では2019年度から災害時の連絡手段として、スマホなどのパーソナルメディアの小・中学校への持ち込みを条件付きで可とした。そのため、今後同様の理由で青少年がネット端末を所持し、学校に持ち込むことを条件付きで可とする地方自治体が出てくるだろう。つまり、青少年がネット端末を有する理由・状況が正当化されつつあるといえる。ネット端末を有する青少年がすべてネットを介した出会いを実現するわけではないし、出会いを実現した者がすべてトラブルや事件・犯罪に巻き込まれるわけではないが、今後一層その可能性が高まると考えられる。

　たとえば警察庁は、SNSを介して出会いを実現した結果、被害に遭った児童の状況についてまとめているが、被害に遭った児童1,540人のうち89.4％がスマホからSNSにアクセスしていたという。⁽³⁷⁾また、そのうちフィルタリングを導入していたのはわずか8.4％だった（表7-3）。つまり、自由に利

表7-3 「SNS に起因する事犯の被害児童のフィルタリング利用状況」

	2013年		2014年		2015年		2016年		2017年	
利用 あり	33人	5.3%	34人	4.7%	40人	5.2%	173人	11.8%	130人	8.4%
利用 なし	593人	94.7%	691人	95.3%	724人	94.8%	1,292人	88.2%	1,410人	91.6%
合計	626人	100.0%	725人	100.0%	764人	100.0%	1,465人	100.0%	1,540人	100.0%

（出典：前掲「平成29年における SNS 等に起因する被害児童の現状と対策について」）

用できるネット端末を所持していて、その端末が保護者によって十分管理されていない場合、ネットを介した出会いを実現しやすくなると考えられる。本書の調査結果から、ネット端末にフィルタリングを導入している場合でも、ネットを介した出会いの実現に伴うトラブルや事件・犯罪に巻き込まれる可能性はあるが、全く管理されていない端末を用いるよりはその可能性が低くなるといえる。

ペアレンタル・コントロールの限界

　これまで言及してきたとおり、既に多くの青少年が自身のネット端末を有していて、今後、未就学児にもネット利用は広まると予想される[38]（表7-2）。テレビのリモコンからボタン一つで気軽に「YouTube」や「Netflix」などの動画を閲覧できたり、子ども用のタブレット端末もネット接続可能なものが多く、幼いころからネット環境に慣れ親しんだりすることで高いネット・リテラシーを身につけることができるという見方もある。一方で、ネットを介してほしい情報やモノ、人とのつながりを保護者に干渉されることなく即座に手に入れられるようになったことで（バイパスチャンネルの形成）[39]、トラブルや事件・犯罪に巻き込まれる可能性が高まることは否定できない。ネット端末は保護者が買い与えたり所持することを承認したりしたのだから、保護者が責任をもってペアレンタル・コントロールするべきという主張も理解できるが、青少年のネット利用はペアレンタル・コントロールの限界を超えていると考えられる。ましてや、青少年のネット利用の問題を学校に持ち込むこと自体、無理があるのではないだろうか。

「免疫論」と「所持否定論」

では、ペアレンタル・コントロールが十分に機能しない場合、青少年のネット利用に伴う問題・課題を未然に防いだり、最小限にとどめたりするためにはどうしたらいいだろうか。たとえば、宮台真司は青少年をネット上の有害情報や悪意をもつ者から遠ざけたり隔離したりすることは不可能であると⁽⁴⁰⁾したうえで、対策を2点挙げている。第1に、「情報戦を情報によって戦う」というワクチン戦略である。これは宮台によると、ネット上で公共的予期・公共的信頼に反する情報に接したときに混乱しないための免疫をつけることを指す。大人が情報を統制することは不可能だから「免疫化」された子どもを教育するべきだと宮台は主張する。⁽⁴¹⁾第2に、危険の除去は、危険を絶えず「観察可能」にしておくことである。これも1点目と関連しているが、子どもは試行錯誤することで自己決定能力が上昇するのだから、危険から隔離するのではなく、危険から学ぶことができる体制を整えておく必要があると述べている。しかし、危険から学ぶことができる状況でとどまってくれればいいが、実際は出会いを実現したことで青少年が命を落とす事例も数多く存在する。そのため、「免疫をつければいい」や「危険から学ぶことができる体制を整えておく」といった悠長なことをいっていられない現状もある。

　一方、下田はスマホをはじめとしたネット端末を容易に青少年に与えるべきではないと述べている。そして、ネット端末を利用する際に必要な3点の能力について言及している。第1に「自分が受信した情報の真偽を見極める判断能力」、第2に「見たいけれども見てはいけないと、心にブレーキをかける自制力」、第3に「自分の発信に責任を持ち、他者に迷惑をかけたら責任を取るという責任感、責任能力」の3点である。⁽⁴²⁾これらの能力を有する者が、ネット端末を自由に利用できると下田は述べているが、ネット端末が青少年に広く普及した現在、既に与えてしまったネット端末を取り上げることは難しいというのが現状ではないだろうか。群馬県高崎市の事例のように、保護者がネットモラル・リスクに関する知識を身につけ、青少年のネット利用を見守り、指導していくことは理想だが、やはり一方で青少年が自身を守るためのネット・リテラシーを身につけていく必要があるだろう。そのような意味でも、本書では青年期女子のネットを介した出会いに焦点を当ててその様相を明らかにしたことで、青少年のネット・リテラシー教育に貢献できる可能性があるといえる。

サイト・サービス運営業者の「協力」

　総じて、学校や家庭でのネット・リテラシー教育やペアレンタル・コントロールだけでは、青少年のネット利用に伴う問題・課題を解決することは難しいといえる。ここでは、青少年にネット上のサイト・サービスを提供している運営業者の「協力」も必要になると考え、その理由を以下に整理する。「協力」とは、主に以下の2点があるといえる。第1に、青少年がトラブルや事件・犯罪に巻き込まれる可能性が高い出会いを実現しようとしていた場合、サイト・サービス運営業者として、それらを未然に防ぐためのシステムの構築が挙げられる。たとえば、当時学校裏サイト上で起こっていた誹謗中傷やわいせつ情報発信を未然に防ぐために、三島浩路と本庄勝が開発した[43]「ネットいじめ防止ツール」は、トラブルや事件・犯罪を未然に防ぐためのシステム構築の一例である。第2に、出会いの実現が仮にトラブルや事件・犯罪に発展した場合、それらを最小限でとどめることができるよう、保護者や学校の教員、警察に迅速に情報提供をすることである。現時点では個人情報の扱いについてサイト・サービス運営業者間で差異があり、また、それらのトラブルや事件・犯罪に対応する業者の人員も限られていて、迅速に対応できているとは言い難い。そのため、サイト・サービス運営業者は自社の利潤追求を図るだけでなく、青少年の健全育成という視点からトラブルや事件・犯罪を未然に防いだり、最小限に止めたりするための取り組みに積極的に関わることで、保護者や教員など教育的立場にある大人の負担を軽減できれば理想的である。そしてサイト・サービス運営業者は、状況に応じて自社のサイト・サービスの利用を青少年に控えるよう伝えたり、ネット端末の利用自体を一定時間・期間控えたりするよう青少年に教育したりする必要もあるのではないだろうか。そのような積極的な取り組みをすることで、保護者や学校の教員から理解が得られるようになると考えられる。また、そのような取り組みは、最終的に青少年からも評価されるようになるといえる[44]。

　本書では青年期女子をはじめとした青少年のネット利用に伴う問題・課題を解決するための具体的な施策まで検討することは難しいが、ネットを介した出会いの様相から、今後の課題を示すことができたのではないだろうか。

青少年にとっての「セーフティネット」

ネット・リテラシー教育を受けた経験がなく、興味本位やその場の勢いで
ネットを介した出会いを実現した者がいる一方、「選べない縁」を求めて出
会いの実現を繰り返す者もいた。そのような青少年にとってはネット・リテ
ラシー教育だけでなく、ネットを介した出会い以外の居場所、他者との関係
がうまくいかなかったときのための、いわゆる「セーフティネット」が必要
になるのではないだろうか。
　「セーフティネット」は「社会的セーフティネット」として言及されること
も多いが、たとえば「セーフティネット」について武田長久と岩名礼介[45]は、
もともとサーカスの空中ブランコの下に張られていたものに由来するとし、
空中ブランコの演技者が演技に失敗して下に落ちる事故を未然に防ぎ、演技
者に安心感を与え、思い切った演技をおこなわせるという役割を果たしてい
ると述べている。上記から「セーフティネット」の目的は、第1に、不幸が
発生したときの損害を最小限にする、第2に、被害が生じたときの保障をお
こなう制度をあらかじめ用意しておく、第3に、「セーフティネット」の存
在によって安心感が与えられたことによる効果を期待することにあると武田
と岩名は指摘する。そして、それを踏まえて「セーフティネット」や「社会
的セーフティネット」（以下、いずれも括弧をはずす）を「傷病や失業、貧困
など個人の生活を脅かすリスクを軽減し、保障を提供する社会的な制度やプ
ログラムを総称するもの」[46]と武田と岩名は定義している。以上を踏まえると、
青年期女子のネットを介した出会いに伴う問題・課題の解決にも、セーフテ
ィネットの概念を応用することは可能といえる。ネットを介した出会い経験
者のなかには社会的サポートを補うために、出会いを実現する者も一定数存
在した。そのため、ネットを介した出会いに頼らなくても「個人の生活を脅
かすリスクを軽減し、保障を提供する社会的な制度やプログラムを総称する
もの」が構築されれば、不用意に出会いに参入する者も少なくなると考えら
れる。もちろん、ネットを介した出会いによる関係に限らず、対面関係でも
トラブルや事件・犯罪に巻き込まれることはありうる。ただ、ネットを介し
た出会いによる関係は対面関係とは異なり、世間体を気にすることなく相手
とやりとりできたり、倫理的に問題はあっても自己中心的に振る舞いやすく
なったりすることから、よりトラブルや事件・犯罪が起こりやすい環境とは
いえる。本書では青年期女子にとって具体的にどのようなセーフティネット
を構築するべきか、構築に必要なものは何かという点についての議論は十分

にできない。しかし、青少年にとって安心・安全で実現可能なセーフティネットの構築が今後必要になるという可能性について示唆できた。ただ、本書第5章第6節で言及したとおり、大人が構築したセーフティネットをどれほどの青少年が利用するのかといった問題もある。青少年からも支持されるセーフティネットを構築するためには、青少年自身もその構築に積極的に参加する必要があると考えられる。

保健室の活用と限界

　現時点で存在する青少年のためのセーフティネットとして、たとえば学校にある保健室の活用が考えられる。保健室はケガをしたり体調が悪い生徒が手当てをしてもらったり休んだりする場だが、一部の生徒（特に青年期女子）には悩み相談をする場として活用されていることは先行研究にある。(47) また、仮に不登校や登校拒否の青少年も保健室であれば通いやすいし、クラス担任や教科担任とは異なり、養護教員は直接生徒を評価する立場ではない。そのため、保健室という場所が一部の青年期女子にとって「サードプレイス」やそれに準じた居場所になり、ネットを介した出会いに癒やしや社会的サポートを求める必要がなくなれば理想的である。(48) しかし、義務教育を終えて既に社会で働いている青少年や、保健室にさえ行くことができない青少年はどうしたらいいのだろうか。そのような青少年は新しく有益なセーフティネットが構築されるまで、フォローすることは難しいといえる。そもそもそのような青少年は対面関係で社会的サポートを求めることを諦めてしまっているかもしれない。そのため引きこもりになっていたり、ネット依存に陥っていたり、ネットを介した出会い以外の別の問題を抱えていたりすることも考えられる。

　本書では青年期女子のネットを介した出会いに注目し、その様相について論じてきたが、そこから明らかになったのは、青少年が置かれている社会状況や出会い以外の問題が潜在している可能性である。つまり、ネットを介した出会いに伴う問題や課題を解決するためには同時に、社会状況の改善やネットを介した出会い以外の青少年が抱える問題や課題を解決する必要もあるといえる。本書ではそれらの問題や課題を解決するための具体的な方策について検討することは難しいが、青年期女子のネットを介した出会いの様相を示すことで、青少年が抱える問題・課題の一部を当事者的視点から明らかに

することができたのではないだろうか。

注

（1）前掲『誰が誰に何を売るのか？』
（2）前掲「コミュニティ・サイト利用のリスク」
（3）前掲「中学校におけるインターネットを介したモニタリング活動の実践」
（4）前掲「平成28年におけるコミュニティサイト等に起因する事犯の現状と対策について」、前掲「平成29年におけるSNS等に起因する被害児童の現状と対策について」
（5）石川の著書で言及していた「ジョハリの窓」の「hidden self」に該当するといえる（前掲『アイデンティティ・ゲーム』）。
（6）前掲『近代家族の成立と終焉』
（7）E12、E13ともに、自らSNSやIMなどの交流サイト・サービスを介して相手とやりとりしているわけではなかったが、相手と直接会う前に友人や家族から相手のネット上の発信を見せられたり、自ら相手の発信を確認したりしていた。そのため、本書での「受動的出会い」は単なる友人や家族からの紹介とは異なる概念として扱っている。
（8）文部科学省の教材では、小学生（小学校高学年の児童）がネットを介した出会いの被害に遭わないための教材を提供していた（前掲「平成30年度文部科学省委託「生涯学習施策に関する調査研究」調査研究報告書〔現代的課題に対応した効果的な情報モラル教材に関する調査研究〕」）。
（9）内閣府「青少年のゲーム機等の利用環境実態調査」（https://www8.cao.go.jp/youth/youth-harm/chousa/h22/game-jittai/html/index.html）〔2019年4月10日アクセス〕
（10）前掲『現代青年の心理学』
（11）大学生の不登校であるスチューデント・アパシーの治療について論じた精神科医の笠原嘉は『青年期──精神病理学から』（〔中公新書〕、中央公論社、1977年）で、「斜めの関係」について「叔父─甥（ないしは叔母─姪）的関係」と表現し、その関係は「情緒的にまきこまれたり、愛憎のしがらみに溺れるといった危険が少ない」としている。父─息子という直系的関係では、社会的な面目や責任をその青年に対してとらなければいけない場合もあるが、「叔父─甥（ないしは叔母─姪）的関係」であれば、「父親と違って自分が無責任でありうる程度に応じて、それだけ青年の言葉に素直に耳をかし考える自由度が増す」と笠原は考察している（同書120ページ）。つまり、

「コンフリクト解消のための関係」も自分と相手が直接的な利害関係（直系的関係）にないため、互いに感情を吐露しやすかったり、出来事を共有しやすかったりすると考えられる。

(12) 前掲「若者の友人関係と携帯電話利用」

(13) この点について、たとえば浅野は橋元良明「パーソナル・メディアの普及とコミュニケーション行動——青少年にみる影響を中心に」（竹内郁郎／児島和人／橋元良明編著『メディア・コミュニケーション論』所収、北樹出版、1998年）の研究について言及している（前掲『「若者」とは誰か』151ページ）。青少年の人間関係について、いつの時代にも「広くて浅い」や「希薄化している」と語られるのには、構造的な問題があると橋元はいう。青少年の人間関係についてあれこれ論じるのはたいてい大学教員であり、大学教員と大学生の年齢差は年々離れていく一方である。このことは両者のコミュニケーションの質にも影響を及ぼすと考えられ、学生との社会的距離が広がっていくことが原因で、一部の大学教員が青少年の人間関係を「広くて浅い」や「希薄化している」と述べていると橋元は考察している。

(14) プロフはインターネット上の自己紹介サイト・サービスで、多くの青少年、特に青年期女子に利用されていた。楽天が管理運営をしていたが、2016年に廃止された。

(15) 前掲「青少年女子のネットを介した「人間関係悪化」のプロセス」

(16) 前掲『「若者」とは誰か』

(17) 前掲『いま、思春期を問い直す』、「中高生のICT利用実態調査 2014 報告書」

(18) 前掲『子どものケータイ』

(19) 前掲「コミュニティ・サイト利用のリスク」

(20) 同論文、前掲『子どものケータイ利用と学校の危機管理』、前掲「中学校におけるインターネットを介したモニタリング活動の実践」

(21) Christopher Lasch, *The Culture of Narcissism: American Life in an Age of Diminishing Expectations*, W. W. Norton & Company, Inc., 1979, p.55.

(22) Deborah Chambers, *New Social Ties: Contemporary Connections in a Fragmented Society*, Palgrave Macmillan, 2006.（デボラ・チェンバース『友情化する社会——断片化のなかの新たな〈つながり〉』辻大介／久保田裕之／東園子／藤田智博訳、岩波書店、2015年）

(23) Giddens, *op cit.*（前掲『親密性の変容』）

(24) Illouz, *op.cit.*

(25) 土井隆義「日本の青年の友人関係の特徴とその背景」（https://www8.cao.

226

go.jp/youth/kenkyu/thinking/h25/pdf/b3_1.pdf）［2019年4月10日アクセス］

(26) Donald J. Leu Jr., "Caity's question: Literacy as deixis on the Internet," *Reading Teacher*, 51 (1), 1997, pp.64-65.

(27) 前掲「インターネットに対応した新しいリテラシーの構築」

(28) 文部科学省「情報活用能力調査の結果について」（https://www.mext.go.jp/a_menu/shotou/zyouhou/1356188.htm）［2019年9月16日アクセス］

(29) 文部科学省「情報活用能力調査（高等学校）の結果について」2016年（https://www.mext.go.jp/a_menu/shotou/zyouhou/detail/1381046.htm）［2020年4月10日アクセス］

(30) 前掲「情報活用能力調査の結果について」

(31) 前掲「情報活用能力調査（高等学校）の結果について」

(32) 片山雄介「情報リスク教育の提唱とペアレンタル・コントロール概念の重要性」「学習情報研究」第209号、学習情報研究センター、2009年、46-49ページ

(33) 前掲「青少年のモバイル・インターネット利用に対する保護者のリスク認知」

(34) 内閣府「青少年のインターネット利用環境実態調査」2011年（https://www8.cao.go.jp/youth/youth-harm/chousa/h22/net-jittai/pdf-index.html）［2019年4月10日アクセス］

(35) 前掲「平成30年度青少年のインターネット利用環境実態調査」

(36) 前掲『学校裏サイト』、前掲『子どものケータイ利用と学校の危機管理』

(37) 前掲「平成29年におけるSNS等に起因する被害児童の現状と対策について」

(38) 内閣府「低年齢層の子供のインターネット利用環境実態調査書」2017年（https://www8.cao.go.jp/youth/youth-harm/chousa/net-jittai_child.html）［2019年4月10日アクセス］

(39) 前掲『学校裏サイト』

(40) 前掲「団塊親の幻想性の意味するもの」

(41) 前掲「情報化社会の癒し」

(42) 前掲『子どものケータイ利用と学校の危機管理』122ページ

(43) 三島浩路／本庄勝「技術的観点からのネットいじめ対策」「電気情報通信学会通信ソサイエティマガジン」第9巻第2号、電子情報通信学会通信ソサイエティ、2015年、102-109ページ

(44) たとえば「LINE」などのサイト・サービス運営業者やNTTドコモなどの通信事業者も青少年のネット・リテラシーを高めるための取り組みとして、

「スマホ・ケータイ安全教室」などの出前授業を定期的に実施している。このようなサイト・サービス運営業者や通信事業者の取り組みや努力も一定の評価ができるといえる。しかし一方で、たとえば出前授業のなかでケータイやスマホの所持を児童や生徒に勧めたり、ネットモラルにとどまりリスクまで踏み込んだ内容になっていなかったりと課題も多いのが現状である。

(45) 武田長久／岩名礼介「ソーシャル・セーフティ・ネット（SSN）とは」、国際協力機構国際協力総合研修所国際協力機構編『途上国のソーシャル・セーフティ・ネットの確立に向けて──調査研究「ソーシャル・セーフティ・ネット支援に関する基礎調査」報告書』所収、国際協力機構国際協力総合研修所調査研究第二課、2003年

(46) 同書4ページ

(47) 前掲『子どものケータイ利用と学校の危機管理』

(48) 「学校保健統計調査__平成29年度__都道府県表」2018年（〔https://www.data.go.jp/data/dataset/mext_20180521_0004〕［2019年9月16日アクセス］）によると、都道府県間でばらつきはあるものの、小・中学校ではスクールカウンセラーの設置が進んでいる。しかし、スクールカウンセラーは在室時間が短かったり不定期だったりするため、生徒からの主体的な利用を期待するのは難しいと考えられる。また、多くの場合、クラス担任や教科担任から利用を促されて来室する場合も多いため、生徒側もカウンセラーに対する不信感が多少あるといえる。加えて、保健室とは異なり、相談室に入室するところをほかの生徒に見られることは、悩みを抱える生徒にとって思わしくないことだろう。その点、保健室は利用しやすさ、立ち寄りやすさといった視点から評価されるが、その限界や課題は本文で述べるとおりである。

第8章
結論

　本書では青少年のなかでも青年期女子を対象としてインターネットを介した出会いの様相について論じてきた。青年期女子の人間関係のなかでも既存の友人・知人ではなく、ネットを介して新たに形成された他者との関係、いわゆるソトの人間関係に注目し、その様相について整理した。先行研究では青年期女子のネットを介した出会いについて善悪で述べるものが多かったが、本書ではネットを介した出会いの実現には一定のリスクがあることを認めたうえで、それでもなぜ一部の青年期女子が出会いに参入するのか、青年期女子の当事者的視点から考察を深めた。そして、その成果は日々青少年と向き合う保護者や学校の教員などの教育関係者はもちろん、青少年が自身のネット利用を顧みたり、自身の人間関係の形成についての理解を深めたりするために役立つと考える。本章では、本書で明らかになった知見をあらためて整理し、今後の課題について記す。

1　青年期女子のネットを介した出会いの様相

ネットを介した出会い経験者と非経験者の差異

　本書では先行研究の検討から、青年期女子の出会いの様相を明らかにするために、①出会い経験者と非経験者の差異、②青少年の出会いの実現に対する考え、③出会い経験者が出会いを実現する過程、に注目して言及してきた。その結果、まず①出会い経験者と非経験者の差異について、Kスケール、賞賛獲得欲求・拒否回避欲求得点尺度で有意差はないことを指摘した。一方、出会い経験者と非経験者の差異について特記すべき点も明らかになった。た

とえば、出会い経験者は母子・父子家庭、いじめ経験、登校拒否経験、セクシャルマイノリティなどの特徴を有していた。本書の調査結果から、出会い経験者と非経験者で差異があるとただちに結論付けることはできないが、出会い経験者は非経験者と比較して家庭環境や友人・知人関係に何らかの特徴がある可能性が明らかになった。そしてその特徴とは、社会的サポートの有無と関連していると考えられる。一部の出会い経験者は対面関係で得られない社会的サポートを補うために、ネットを介した出会いを実現するといえる。この点は、②青少年の出会いの実現に対する考えのありようにもつながる。

青少年のネットを介した出会いの実現に対する考え

　一部の出会い経験者は出会い非経験者にはみられない特徴を有していたことから、自身の社会的サポートを補うために、出会いを実現する可能性があることがわかった。つまり、ネットを介した出会いを実現することは、社会的サポートがない、もしくは少ない者にとってそれを補う一手段として認識されているのではないだろうか。「出会いの実現に対する考え」のなかで、一部の青少年が出会いの実現を肯定的に評価する理由は、出会いの実現によって一時的であっても社会的サポートが得られる点にあるといえる。たとえば、ネットを介して知り合った相手を自身の「インティメイト・ストレンジャー」として位置付けている者もいて、立場の異なる相手とのやりとりは「視野の拡大」につながったと述べた者もいた。そのため、ネットを介した出会いの実現は一部の青少年にとって社会的サポートを補う役割を果たすと考えられる。

　一方で、出会い経験の有無を問わず、出会いの実現に対して否定的感情を有する青少年が一定数存在したことは注目すべき点といえる。特に出会い経験者は出会いを既に実現しているにもかかわらず、出会いの実現に対して否定的感情を述べた者がいた点について、さらに調査研究をする必要があるのではないだろうか。なぜなら、出会い経験者で出会いの実現に対する否定的感情を述べた者の一部が、過去にトラブルや事件・犯罪に巻き込まれていたからである。そのため、出会い経験者で否定的感情を有する者を分析することは、ネットを介した出会いの実現に伴うトラブルや事件・犯罪の実態を明らかにすることにつながるといえる。また上記以外で、出会い経験者が出会いの実現について否定的感情を述べた理由は、第7章の議論で言及したとお

り、①SNSやIMなどを介した出会いは問題ないが、援助交際や「出会い系サイト」のような性交渉を前提とした出会いの否定、②建前としての出会いの実現に対する否定、③（自分以外の）ネット・リテラシーの低い出会い経験者に対する否定、④出会いの実現はリスクを伴う行為だと理解しているが、結果的にその魅力から出会いを実現してしまったという4点が挙げられた。以上から、出会いの実現はトラブルや事件・犯罪に巻き込まれるリスクがあり、青少年自身もそれを理解している一方で、青少年にとって魅惑的であり、一部の青少年はリスク以上にメリットをもたらすものとして認識していることが明らかになった。

ネットを介した出会い経験者が出会いを実現する過程

(1)「能動的出会い」と「受動的出会い」

　ネットを介した出会い経験者が出会いを実現する過程を明らかにすることによって、以下の3点が明らかになった。第1に、ネットを介した出会いはこれまで自身の意志によって出会いを実現する「能動的出会い」を前提として捉えられていたが、「受動的出会い」によっても出会いは実現されるものであることがわかった。また「受動的出会い」がきっかけになり、将来「能動的出会い」の実現につながる可能性もあることが、インタビュー内容の分析から明らかになった。実際、友人・知人から出会いの実現に関する話を見聞きすることで、「能動的出会い」に参入した青年期女子もいた。そのため、圓田の研究で指摘していたマスメディアの影響というよりも、本書の調査では周囲の友人・知人や家族からの影響で出会いに参入する者が一定数いた。[1]

(2)一時的人間関係

　第2に、一時的人間関係という人間関係のあり方が明らかになった。出会い経験者から33のエピソードを得たが、そのうち半数以上のエピソードで相手との関係が終了・消滅していた。対面関係でも相手との関係が継続せずに終了・消滅することはあるが、ネットを介した出会いの場合、仮に関係が終了・消滅しても、既存の友人・知人関係に影響を及ぼす可能性が低いことから、関係を自分の都合や嗜好に合わせて容易にカスタマイズすることが可能なのだろう。一方、対面関係で自分の都合や嗜好に合わせて他者との関係をそのように扱うことは、周囲から批判される可能性がある。そのような理

由から、ネットを介した出会いによる関係で継続しているエピソードが少なかったと考えられる。ネットを介した出会いによる関係が継続せず、なぜ一時的になりやすいのかという点については、次節で整理する。

(3)ネットを介した出会い経験者が出会いを実現する理由

　第3に、ネットを介した出会い経験者のエピソード分析から、出会い経験者が出会いを実現する理由を明らかにすることができた。本書が得たエピソードをKJ法によって分析した結果、出会いを実現する理由として「話題の共有」「恋愛への発展」「ビジネス」の3点に分類することができた。特に「ビジネス」では、物々交換のためにネットを介してつながった相手と出会いを実現していて、原理的にはネットを介した出会いによって援助交際を実現することも可能と考えられる。しかし、本書では援助交際に該当するエピソードはみられなかった。その理由として、援助交際や「出会い系サイト」を介した出会いとSNSやIMなどを介した出会いは根本的に異なると青少年自身が考えているためだといえる。また、本書は半構造化インタビューによって調査協力者からエピソードを得たため、本当は援助交際に該当するエピソードやそれに近いエピソードを有する青年期女子もいたが、羞恥心からそれらに対する言及を避けたという見方や、日本では18歳未満の者との売買春は触法行為であるために積極的に語る人がいなかったという見方もできる。しかし、第7章第3節の言及からも明らかであるように、ネットを介した出会いは援助交際や「出会い系サイト」を介した出会い、いわゆる性をやりとりするための出会いとは異なるという視点を無視できないのではないだろうか。仮にSNSやIMなどを介した、いわゆるネットを介した出会いによって異性との出会いを実現し、その日のうちに相手と性的関係をもったとしても、それはあくまでも健全なネットを介した出会いなのであって、援助交際や「出会い系サイト」を介した出会いではないというのが一部の青年期女子の見方だと考えられる。

　そのため、そのような青年期女子の意識を逆手にとり、実際は援助交際や性交渉目的の成人男性がSNSやIMなどを利用しているという現状もある（女性が援助交際や性交渉の相手を探している場合も少なくない）（図8-1）。上記から、SNSやIMなどを介した出会いだから安心・安全という保証はどこにもなく、性的なやりとりが目的でネットを介した出会いを実現する者も少な

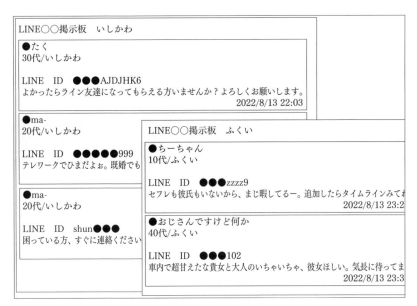

図8-1 「LINE」のIDを交換するための掲示板投稿例

からず存在することを、青年期女子は再度認識する必要があるといえる。

2 ネットを介した出会いが一時的になりやすい理由

　先に言及したとおり、ネットを介した出会いによる関係は一時的になりやすいことが出会い経験者のエピソードの分析から明らかになった。そのため、本書ではなぜネットを介した出会いによる関係が一時的になりやすいのか、点と面という表現を用いて議論を深めた。

　青少年が人間関係を点から面に発展させることができなくなったことには、主に3点の理由があると考察した。第1に、対面だけでなくネット上でもつながりを増やすことができるようになったため、点の数が多すぎて関係を深める時間や余裕がなくなったこと、第2に、他者との関係を自分の都合や嗜好に合わせてカスタマイズできるようになり、それが青少年を中心に受け入れられるようになったこと、第3に、青少年が相手との関係を点から面に発

展させるためのスキルを有していないことの3点を挙げた。本章では、先行研究でほとんど言及されていない第2と第3の点を中心に整理する。

人間関係のカスタマイズという概念

　人間関係のカスタマイズという概念は、ネットを介した出会いが青少年の間に広まったことによって浸透したものだと考えられる。先に言及したとおり、本書ではカスタマイズという言葉を、自分の目的のために他者との関係をまるで機械の設定を変更するように扱うという意味で用いている。一部の青年期女子は進学・就職前にあらかじめ進学・就職予定先の知人を増やし、新生活にスムーズに適応する目的で出会いを実現していた。しかし、進学・就職前に知り合った人たちとの関係は進学・就職後にはほとんどなくなっていることが多く、それを一部の出会い経験者は当たり前のことのように捉えていた。上記のような点の関係は気楽だし、何か起こったときに（相手と性格が合わないなど）後腐れがないことがメリットだといえる。こうした関係は、ネットを介した出会いが広まる前には青少年の間で頻繁にみられるものではなかった。しかし、2004年に「前略プロフィール」というプロフサイト・サービスが登場してから、プロフを介してあらかじめ仮の人間関係を形成しておき、新生活になじんだら仮の関係はいつの間にか終了・消滅するという新しい人間関係のあり方が生まれたと考えられる。そのため、青少年は15年ほど前から人間関係のあり方を選択できるようになり、自分の都合や嗜好に合わせて相手との関係をカスタマイズできるようになったと考えられる。本書では青年期女子のネットを介した出会いにフォーカスして言及したが、このような傾向は現代に生きる多くの人に当てはまることも付記したい。

「潔癖化した関係」

　第3は、そもそも青少年自身が他者との関係を点から面に発展させるスキルを有していないのではないかという見方である。その理由の一つとして、インタビューのなかで、出会い経験の有無を問わず、趣味を楽しむため、また、愚痴を投稿したり欲求不満を解消したりするために専用のIDをSNS上に複数所有している者がいた。これについては、浅野智彦がいう「愛情の分散」や「期待の分散」のために複数のIDを所有しているという見方もできる。つまり、一部の青年期女子は対面関係における友人・知人に自分の多様

な面を開示することに消極的であり、見方によっては恐怖を抱いているともいえる。これはネットを介した出会いによる関係に限らず、対面関係でも友人・知人と面ではなく点の付き合い方しかできなくなりつつあるという一つの現れではないだろうか。自分の趣味をオープンにしたり、感情を吐露したりすることは、相手に共感してもらえる可能性があると同時に、相手から拒絶される可能性もある。おそらく相手に自分の想定外のことをされた場合、自身も相手の多様な面を受け入れられるか自信がないのだろう。このようにIDを複数所有し、「愛情の分散」や「期待の分散」をすることで、特定の相手との深い関係を避ける「潔癖化した関係」が一部の青少年の間に広まっていると考えられる。本書の調査協力者は青年期女子を代表する存在とは言い難いが、一つの可能性として、青少年がネットを介した出会いによる関係に限らず、対面関係でも点から面に関係を発展させられなくなっている可能性について言及した。

「愛情の分散」「期待の分散」

　浅野がいう「愛情の分散」や「期待の分散」のために、たとえば「Twitter」のIDを複数所有しているという点について言及した。つまり、IDを複数所有することで特定の相手を束縛したり、相手に負担をかけたりすることを回避するという肯定的な評価もできる。このような視点はネットを介した出会いによる関係が一時的になりやすい理由ともつながってくる。ネットを介した出会いによって点の数を増やすことで、特定の相手に依存しすぎることなく、相手の重荷になりたくないという一部の青少年の姿も想像できるからである。

　しかし、そのように「愛情の分散」や「期待の分散」をすることは本当に自分や相手にとっていい方法なのかという点について、本書では検討した。浅野は流動的ないまの社会状況で「愛情の分散」や「期待の分散」は青少年にとって万能薬であり合理的だと述べていた[(2)]が、そのように言いきることはできないのではないだろうか。むしろ「愛情の分散」や「期待の分散」がきっかけになって、他者とのトラブルや事件・犯罪に発展する可能性さえある。以上から、ネットを介した出会いのリスクは2点に分類されると考えられる（図5-2）。第1に、トラブルや事件・犯罪に巻き込まれるリスクである。これは警察庁をはじめとした複数の先行研究で指摘されているし、本書でもこ

れに該当するエピソードがあった。第2に、ネットを介してつながった相手
との関係が一時的人間関係になるリスクである。この点について言及した先
行研究はほとんどない。しかし本書の調査では、自分は相手と時間をかけて
信頼関係を築いたつもりでいても、その関係が短期間で終了・消滅し、それ
によって「孤独」や「失望」を抱いたエピソードや、自分は相手との関係を
終了・消滅したつもりでも、相手がそれに対して不満を抱いていて、ストー
カーやサイバーストーカーになったり、学校まで来たりしたエピソードなど
が挙げられた。そのため、一時的人間関係も一種のリスクになるといえる。

　一時的人間関係については、ネットを介した出会いの実現についての概念
整理だけでなく、出会い経験者のエピソードを時系列で整理した結果からも
しばしばみられることが明らかになった。出会い経験者21人から33のエピ
ソードを得たが、そのうち相手と意図的に関係を断った／断たれた、消滅し
たエピソードは20であった。20のうち「受動的出会い」に関しては自らの
意志によって出会いを実現したわけではないので、相手との関係が継続する
ことは考えづらいが、「能動的出会い」によって出会いを実現したにもかか
わらず、相手との関係が短期間で終了・消滅してしまうエピソードが半数以
上あった。⁽³⁾しかし、結果的に関係が短期間で終了・消滅しただけであって、
時系列で相手とのやりとりの様子を整理するかぎり、当事者は最初から離脱
を前提として相手とつながったことを示すエピソードばかりではない。むし
ろ、一時的人間関係の様相から明らかになったのは、いじめや登校拒否など
特殊な経験や理由から「選べない縁」が十分でない者がネットを介した出会
いによってそれを補おうとした結果、相手と理想的な関係を取り結ぶことが
できずに失敗した、一部の青年期女子の姿である。しかし、ネットを介した
出会いによる関係を「ライブの間だけとか、イベントのその間だけ」「とっ
かかりの足掛かりみたいな」ものとして捉えている青少年も一定数いたので、
出会いによる関係に過剰に期待をする者とそうでない者が出会いを実現した
場合、感情や考え方の齟齬が生じやすいといえる。

3　繰り返されるネットを介した出会い

　先にも言及したが、ネットを介した出会いのリスクはトラブルや事件・犯

罪に巻き込まれるリスクだけではないことが明らかになった。それは、相手との関係が一時的人間関係に終わるリスクである。また、前者と後者のリスクは関連していることがわかった。社会的にはマスメディアなどで前者のリスクが取り上げられることが多いが、その背景には後者のリスクが存在している（図7-1）。

　もともと両者ともに一時的につながる目的で出会いを実現したのであれば、関係が終了・消滅したとしても心理的ダメージは少ないと考えられる。しかし、仮に自分が一時的な関係を望んでいたとしても、相手も同様であるとはかぎらない。また、相手に配慮し、相手への負担や期待を分散させるために相手と一時的で淡白な関係を形成しようとした場合でも、その意図が相手に正確に伝わるとはかぎらない。特に「恋愛への発展」の場合、自分は相手との関係を清算したつもりでも相手はそうでなかったり、相手から一方的に関係を清算されたりすることはあるといえる。そこからサイバーストーカーやストーカーといったトラブルや事件・犯罪に発展する可能性があると考えられる。対面関係でも恋愛関係のいざこざから相手にストーカーされたり、自分が相手のストーカーになったりするエピソードは少なくない。しかし、ネットを介した出会いによる関係は対面関係と異なり、世間体を気にすることなく形成でき、また、関係を終了・消滅させるときも既存の人間関係に影響を及ぼす可能性が低いため、出会いによる関係は対面関係よりも入れ替わりが激しいと予想される。そのようなことも、トラブルや事件・犯罪に発展しやすい理由だと考えられる。

　総じて、ネットを介した出会いにはリスクが伴うということ、トラブルや事件・犯罪に巻き込まれるリスクはもちろんのこと、社会的サポートが少ない者が相手を信頼して出会いを実現したにもかかわらず、「選べない縁」を形成するにはあまりにも脆い関係に終わる可能性があることは、先に言及したとおりである。第三者からみるとそのような関係にはむなしさやはかなさを覚えるが、本書の一部の調査協力者はそれらを感じることなく、出会いを繰り返し実現していた。たとえばB5は青年期男子だが、これまでに数十回出会いを実現していて、出会いを実現した後、相手との関係が短期間で終了・消滅することは当たり前のこととして捉えていた。そのため、相手との関係が終了・消滅することで不快な感情を抱くことはほとんどないし、相手に執着することもほとんどないという。一般的には、他者との関係がなくな

ることはネガティブな感情を伴うと予想されるが、逆にいえば、ネットを介した出会いを実現するたびに、相手に対して心を砕くことは心身ともに疲れる行為ともいえる。そのため、何十回も出会いを繰り返し実現していると自分の心身を守るために、関係の終了・消滅に対して何も感じなくなると予想される。本書は青年期男子を対象として十分な調査研究ができなかったために仮説を提示することしかできないが、一つの可能性として、ネットを介した出会いを繰り返し実現していると、自分の心身を守るために感情を抱かなくなる者もいると考えられる。むしろ、それが合理的ともいえる。

それでもネットを介した出会いを実現する青少年

　ネットを介した出会いが繰り返される理由や、それがもたらす影響について整理した。いずれにせよ、ネットを介した出会いによる関係は継続が難しいにもかかわらず、一部の青年期女子は出会いに参入している。その理由は何だろうか。

　理由として、出会いの実現はたとえ一時的であっても社会的サポートの獲得につながるからである。ネットを介して知り合った「インティメイト・ストレンジャー」に対して、対面関係で打ち明けることができない苦悩を打ち明けたり、ネット上のいわば「サードプレイス」やそれに準じた居場所で知り合った相手と趣味や話題を共有したり、対面関係では世間体などを気にして打ち明けたり共有したりすることが難しい感情や事柄を、出会いによる関係では容易に打ち明け、共有することができる。そのため、ネットを介した出会いによる関係を一部の青年期女子は「特別な関係」として評価していると考えられる。

　しかし、その「特別な関係」も、消費社会やカーニヴァル化する社会、希望格差社会などと称される近代社会のなかにある。そのため、様々な情報やモノ、人との関わりにさらされ、不安定で脆いものになる。相手との関係が良好なときにはいいが、両者または一方が関係に満足が得られなくなった場合、その関係は終了・消滅する。それがギデンズがいう「純粋な関係性」[4]の特徴だともいえる。そのため、一部の青年期女子は相手との関係が切れないよう、関係を継続するための努力をしている点については言及したとおりである。しかし、関係を継続するための努力をしても、相手との関係が終了・消滅することは珍しくなく、ネットを介した出会いによる関係は対面関係よ

りもさらに強く「純粋な関係性」の特徴を有していると考えられる。

ネットを介した出会いは援助交際ではない

　Illouzの主張[(5)]に基づいて本書の結果を考察すると、ネットを介した出会いが繰り返し実現されるのは青少年自身にその原因・理由があるというよりも、青少年が置かれている社会状況や環境にその原因・理由があるといえる。しかし本書では、青少年が置かれている社会状況だけでなく、青少年自身にも原因・理由がある可能性を提示した。具体的には点と面という表現を用いて、青少年が他者との関係を深めたり発展させたりするためのスキルを失いつつあるのではないかと指摘した。おそらく、スマホをはじめとしたパーソナルメディアが約20年の間に青少年の間に浸透し、青少年自身もそれらの端末を利用するなかで変化し、そうして生まれた青少年自身のニーズが新たなニーズとして社会状況を形成していくのだろう。そのような変化の相互作用のなかで、過去の青少年（我々大人）にとって当たり前と考えられていたことも、現在の青少年にとっては当たり前でなかったり、過去の青少年にとって当たり前でない状況が現在一般化していたりすることは十分考えられる。それが本書で言及した、ネットを介した出会いは援助交際ではないという議論にもつながる。

　誰もがネットを介した出会いを実現できるようになったことで、同性や同年代の者だけでなく、これまで対面関係で内向的な性格や物理的距離の遠さなど様々な理由から容易につながることができなかった異性や年齢が離れた者との交流が可能になった。また、異性や年齢が離れた者と直接会い、互いに同意が得られればデートを楽しんだり気軽に性交渉をしたりすることも可能になった。加えて、相手と数回会った後に自分にとって不都合が生じれば、相手との関係を終了・消滅させることも気兼ねなくできる。一部の大人からすると、これら一連のやりとりは援助交際や「出会い系サイト」を介した出会いと大差ないように思われるが、青少年にとってこれらのやりとりはあくまでも「非出会い系サイト」であるSNSやIMなどを介した出会いなのであって、性的なやりとりを最終目的とする援助交際とは大きな差異があるという。仮にSNSやIMなどを介して年上の異性とつながり、出会いを実現した結果、相手から金品をもらったり相手と性交渉をしたりしても、青少年にとってそれは援助交際ではないといえる。一部の大人にとって、そのような関

係は援助交際と捉えられるが、SNSやIMなどを介して異性や年齢の離れた者とやりとりすることも当たり前になった現在、青少年にとって特別なことではないと考えられる。社会状況やそれに伴うネット上のサイト・サービスが青少年にもたらす変化、青少年自身の変化がさらに社会状況やネット上のサイト・サービスにもたらす変化という相互作用の結果、多くの大人にとって当たり前や常識とされてきたことが青少年には通用しなかったり、青少年にとっての当たり前や常識が大人には理解できなかったりすることはありうる。それが本書で一部の青年期女子が述べていた、ネットを介した出会いは援助交際ではなく「非出会い系サイト」だから問題ないという主張につながると考えられる。

4　なぜ保護者はネットを介した出会いの実現を容認できないのか

パーソナルメディアが普及してからの20年

　青少年にとっての当たり前や常識が大人、特に教育的立場にある保護者や学校の教員にとって理解できないことはありうると述べた。特にネット利用に関しては、先にも言及したとおり、パーソナルメディア、特に個々にネット接続ができるメディアが一般に普及してからまだ20年しかたっていないため、保護者や学校の教員がその様相を理解することは難しいといえる。保護者や学校の教員が青少年のころはパーソナルメディア自体がほとんど普及しておらず、ネットを介した出会いを実現すること自体難しかった。そのため、多くの保護者や学校の教員にとってはネットを介して知り合った者と会うという行為が想像さえできない、当たり前ではないことであり、それに自分の子どもが参入することは、特に保護者は許容できないのではないだろうか。しかし、現在は冒頭に言及した総務省の調査結果からも多くの世代にネット端末が普及し、いまやSNSやIMなどを介して友人・知人とやりとりすることは特に若い世代では当たり前になりつつあるといえる。青少年は物心がついたころから身近にネット端末がある生活を送っていて、そのような環境のなかで、SNSやIMなどを身近な友人・知人だけでなく見知らぬ他者とのコミュニケーション手段として用いることは十分想定される。保護者の世代では当たり前でなかったネットを介した出会いの実現も、いまや青少年に

とっては当たり前のことになりつつある。以上の背景から、ネットを介した出会いの実現は多くの保護者や学校の教員にとって容認し難く、一方、青少年は、そのような保護者や学校の教員の態度を前に出会いの実現について打ち明けなかったり隠そうとしたりすると考えられる。

将来保護者になる青少年たち

　では、ネットを介して見知らぬ他者と知り合うことを経験した青少年が将来保護者になった場合、自身の子どもにどのようなネット・リテラシー教育をしていくのだろうか。たとえばE7はインタビューのなかで仮に自分が保護者の立場になったら、「危ないサイトとかは自分から伝えて、（子どもが）自分で考えていかないようにするとかできたらいいと思うので」と述べていた。また、現在保護者であるE19やE21は自分の子どもが将来的に出会いを実現することについて全面的に否定しているわけではなく、理解を示している部分もあった。見知らぬ者同士がネットを介して知り合い、出会いを実現する過程を既に保護者が把握していて、自身が特にトラブルや事件・犯罪に遭った経験もないので、自身の子どもが出会いを実現することを容認する場合が多いと考えられる。また実際、E19は自分の子どもを連れて出会いを何度か実現していて、現在は子どもが幼いため自分の意志で出会いを実現することは難しいが、その子どもも将来的に自身の意志で出会いを実現する可能性は高い。それは母親の出会いの実現を通じて「受動的出会い」を繰り返し経験することによって出会いを実現する過程を理解し、どのようにネット端末やネット上のサイト・サービスを利用すれば自分にとって有益な出会いを実現できるのか、感覚的に学べるからである。つまり、自分にとって有益な関係とは何か、ネット機能をどのように利用すれば自分にとって有益な関係を構築でき、不利益をもたらす関係を終了・消滅させられるのかを理解するのである。これは本書で繰り返し言及してきた、一時的人間関係とつながる考え方だといえる。幼いころからネット端末を使いこなし、一時的人間関係の様相を感覚的に理解することで、その子どもが少年期、青年期にどのような人間関係を構築していくのかという点について、本書では十分な議論ができない。しかし、現在の青少年が保護者になり、その子どもたちが少年期、青年期を迎えたころ、自身を取り巻く人間関係をどのように捉えていくのかという点については、仮説を示すことができたのではないだろうか。

ネットを介した出会いによる関係と対面関係は異なる

　ネット端末が幼いころにはなかった世代にとって、ネットを介した出会いによる関係は対面関係とは異なると述べた。一方、ネットを介した出会いが身近なものになりつつある本書の青年期女子を対象とした分析からも、ネットを介した出会いによる関係と対面関係の差異が明らかになったといえる。

　その差異は第1に、ネットを介した出会いによる関係は対面関係よりも、世間体を気にする必要がない点が挙げられる。世間体を気にする必要がないというのには2点の意味がある。1点は、自分がいま学校に行くことができなくても、いじめを受けていても、母子・父子家庭であっても、ネット上ではそれを恥じる必要がないということである。むしろそれらの葛藤やもどかしさをネット上で開示することによって多くの共感が得られ、対面関係では得られなかった新たなつながりが生まれると考えられる（「コンフリクト解消のための関係」）。もう1点は、ネットを介した出会いによる関係は世間体を気にすることなく形成したり、終了・消滅させたりすることができることである。対面関係で自分本位な振る舞い方をすると他者から軽蔑されたり避けられたりすると予想される[6]が、ネット上ではそれが許されることもある。倫理的に問題はあっても、ネットを介したやりとりは匿名性が高いことから自分の行為や相手に対して罪悪感を抱きづらいのだろう。

　第2に、ネットを介した出会いによる関係は対面関係よりも断片的かつ直感的である。膨大なネット上の発信のなかから、たとえば相手の「Facebook」上の投稿を見て、「Twitter」上の言葉遣いや「Instagram」に掲載している写真や動画を見て、限られた断片的な情報から直感的に自分に合うか否かを判断するといえる。本書の第4章でみたIMを介して2時間で出会いを実現したエピソードなどがそれに該当するだろう。相手の発信の一部を見て、直感的に気が合う相手と居住地や時間帯に関係なく、即座に連絡をとり、同意が得られれば数時間後には実際に会うことも可能である。

　第3に、ネットを介した出会いによる関係は対面関係と異なり、保護者や学校の教員など教育的立場にある大人がその関係を把握しづらい点も違いだといえる。同じ学校や近所の友人・知人であれば、保護者や学校の教員も個々の性格や人間関係をある程度把握していることが考えられる。そのため、仮にトラブルや事件・犯罪が発生した場合、事態が悪化しないよう早急に介

入したり対応したりできる。しかし、出会いによる関係は学校外や市外・県外の者、年齢が離れた者とつながることも多く、保護者や学校の教員が相手の素性を理解することがないまま、青少年だけで出会いを実現することも考えられる。また、青少年自身も相手のことをよく理解しているとはかぎらない。問題が発生しなければいいが、仮にトラブルや事件・犯罪が発生した場合、それをフォローする保護者や学校の教員は右往左往してしまうのは当たり前であり、事態を把握できないまま、フォローできないこともちろんある。

　上記3点から、ネットを介した出会いによる関係は対面関係とは異なることがわかる。対面関係で得られないものをネット上の関係に求めるのは無理があるといえ、相手を信頼して出会いを実現しても、その関係が一時的人間関係に終わるのはやむをえないことなのかもしれない。問題は、青少年を含む我々がその様相を理解していない点にあるといえる。

5　まとめ

　本書では青年期女子のネットを介した出会いの様相について、出会い経験者と非経験者の差異はもちろん、出会いの実現に対する考えや過程に注目して言及してきた。結論として、一部の出会い経験者は社会的補償のため、「能動的出会い」を実現していることが明らかになった。第3章で先行研究を検討した際、①自身の対面関係を補うために出会いを実現する可能性、②もともと対面関係が充実している者がさらに他者との関係を充実させるために出会いを実現する可能性、③自身で出会いを実現する意志はないが、友人・知人や家族の付き添いで間接的に出会いを実現する可能性の3つの仮説を導き出した。本書の調査結果からは、①と③によってネットを介した出会いを実現する青年期女子が一定数いたことが示された。

　しかし、①の社会的補償のためにネットを介した出会いを実現する者がいる一方で、出会いの実現は社会的補償にはなりえず、社会的サポートが少ない者は「選べない縁」を求めて、出会いを繰り返すことがわかった。また、出会いを繰り返すことはなくても、ネットを介してつながった相手との関係が消滅しないように努力し続ける必要性についても言及した。そのような意

味で、ネットを介した出会いは第三者からみるとむなしさやはかなさを覚えるものだが、それは青少年の間に広まり、とどまることを知らない。その理由は、ネット端末が青少年の間に広まったことはもちろん、青年期特有の心理と我々がいま置かれている社会状況にあると考察してきた。

　発達段階のなかで青年期という時期は試行錯誤しながらアイデンティティを確立することが課題であり、保護者ではなく、友人・知人との関わりのなかから自分らしさを見つけていくことが重要といえる。また、その自分らしさを見つけていく作業も、個人化が発展する近代社会では困難に直面する。たとえば進学先や就職先はもちろん、結婚相手や誰とどこに住むかといったことも選択できるようになった一方、自分で決められない、決める能力がない者はなす術がないといえる。また、自分で決めることができる能力を有する者であっても、自分の選択が正しいものであるか確信をもてず、不安を抱えることが近代社会の特徴だとも考えられる。そのような不安定な状況のなかで、身近な家族関係や友人・知人との関係が何らかの理由で良好でない場合、ネットを介した出会いによってつながった相手に期待したり頼りたくなったりすることは理解できる。

　以上を踏まえると、ネットを介した出会いは今後もなくなることはないといえる。現在は新型コロナウイルスの感染拡大によって人と会うこと自体、敬遠される傾向にあるが、この間もネットを介した新たなつながりは着実に増え続けているだろう。コロナ禍でもネットを介した出会いを実現する者は一定数存在していて、(7)どのような経緯で出会いを実現するのか明らかにすることが重要だといえる。加えて、感染拡大が収まった際に青少年の人間関係はどのように変化したのかを検証する必要もある。いずれにせよ、ネットを介した出会いでは対面関係では得られない社会的サポートを得ることは難しいといえるが、それでも出会いに頼らざるをえない者も少なからず存在する。そのような青少年をどのようにフォローしていくのかが、今後の社会的課題になると考える。また、本書では青年期女子のネットを介した出会いの様相に注目し、その様相を質的調査によって明らかにしてきたが、出会い経験者の背後にある問題・課題も明らかになった。たとえば、ネット・リテラシー教育を受けた経験がなかったり、ペアレンタル・コントロールされていなかったりする者が、その場の勢いや雰囲気でネットを介した出会いを実現する一方、母子・父子家庭によって保護者と過ごす時間が少なかったり、いじめ

経験によって登校拒否になっていたり、また、場合によってはそれらの経験が理由で精神病院に通院している者もいた。そのため、ネットを介した出会いに伴うトラブルや事件・犯罪を未然に防いだり、それらが発生したとしても早急に解決したりするためには、個々の出会い経験者が抱える問題や課題を解決する仕組みや、いわゆるセーフティネットのようなものを構築する必要があるのではないだろうか。本書では青少年のセーフティネットについての議論は十分にできないが、今後の課題として青少年のためのセーフティネット構築について現実的な対応策を検討する必要があるといえる。

本書の限界

　本書の調査協力者は機縁法やSNSでの公募によって集められたため、青年期女子を代表する者だとは言い難い。そのため、本書が得た結果・考察を青年期女子一般に当てはまる現象として言及することはできない。しかしながら、質的調査だからこそ得られる結果・考察もあるといえる。[8] 本書では、調査協力者の交友（交際）関係や進学・就職状況、家庭環境など量的研究で明らかにすることが難しいデリケートな事柄について扱うことができた。また、ネットを介した出会いを実現した理由やその過程、出会いを実現することに対する考えといった、量的調査で明らかにすることが難しい点も扱っている。そのような意味で、本書は社会情報学や青年期女子のネットを介した出会いに関する研究の一つとして、一定の役割を果たすことができただろう。しかしながら、今後さらに調査研究をする際は、調査協力者の規模を広げたり、質問紙調査を組み合わせたりすることを考えたい。

　今後の研究上の課題としては、青年期女子の「ウチ」の人間関係に注目し、コロナ禍で注目されているSNSやIM 、ビデオ通話による疲れ、いわゆる「SNS疲れ」や「ネット疲れ」の様相を明らかにしたい。そして、既存の友人・知人とのどのようなやりとりが「SNS疲れ」や「ネット疲れ」につながるのかを分析することで、社会情報学の発展に貢献できると考える。そのうえで、青年期女子のネットを介した「ウチ」と「ソト」の人間関係の様相を青少年はもちろん、家庭や学校などの教育現場に還元することが実践上の課題である（図8-2）。具体的には先に言及したとおりだが、青少年のネット・リテラシーを高めるための教材に生かしたり、青少年にとってのセーフティネットや居場所を構築することにつながったりすれば理想的である。

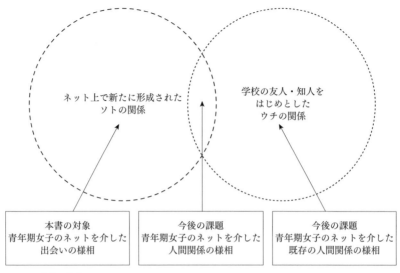

図8-2　今後の課題

　本書は冒頭で述べたとおり、青年期女子のネットを介した出会いの様相を明らかにすることを目的としていた。具体的には、①出会い経験者と非経験者の差異、②青年期女子を含む青少年の出会いの実現に対する考え、③出会い経験者が出会いを実現する過程に注目した。また、青年期女子のネットを介した出会いの様相を明らかにすることで、出会いの実現に伴うトラブルや事件・犯罪への対策・対応に右往左往している保護者や学校の教員に有益な知見を提供することも副次的な目的だった。これまでの研究はネットを介した出会いの実現に対して善悪で判断するものが多かったが、本書はネットを介した出会いの実現は一定のリスクを伴うと指摘したうえで、それでもなぜネットを介した出会いは実現され、一部の青年期女子に受け入れられるのかという点について、青年期女子の当事者的視点から考察を深めた。今後は、コロナ禍を経て青年期女子のネットを介した出会いの様相がどのように変化したのか、もしくは変化していないのか、また青年期男子のネットを介した出会いの様相にも注目したうえで、研究を継続していきたい。

注

（1）前掲『誰が誰に何を売るのか？』
（2）前掲『「若者」とは誰か』
（3）「トレード」目的でネットを介した出会いを実現した場合、目的達成後、相手との関係が継続することはあまりないと考えられる。そのため、「トレード」目的の出会いは「一時的人間関係」に分類しない。
（4）Giddens, *op cit.*（前掲『親密性の変容』）
（5）Illouz, *op. cit.*
（6）前掲「青少年女子のネットを介した「人間関係悪化」のプロセス」
（7）片山千枝「青少年へのインタビューから」「ポストコロナ時代に向けて青少年のネット利用について考えるシンポジウム」2022年2月27日
（8）上野千鶴子『情報生産者になる』（ちくま新書）、筑摩書房、2018年

参考文献

阿部彩「包摂社会の中の社会的孤立——他県からの移住者に注目して」「社会科学研究」第65巻第1号、東京大学社会科学研究所、2014年、13-30ページ

安藤清志／大坊郁夫／池田謙一『社会心理学』（「現代心理学入門」第4巻）、岩波書店、1995年

浅野智彦『「若者」とは誰か——アイデンティティの30年 増補新版』（河出ブックス）、河出書房新社、2015年

Bargh, John, McKenna, Katalyn Y. A. and Fitzsimons, Grainne, "Can You See the Real Me? Activation and Expression of the 'True Self' on the Internet," *Journal of Social Issues*, 58 (1), 2002, pp.33-48.

Bauman, Zygmunt, *Liquid Life, Polity*, 2008.（ジグムント・バウマン『リキッド・ライフ——現代における生の諸相』長谷川啓介訳、大月書店、2008年）

ベネッセ教育総合研究所「子どもの中高生のICT利用実態調査」2008年（https://berd.benesse.jp/shotouchutou/research/detail1.php?id=4377）［2019年4月10日アクセス］

Bertaux, Daniel, *Les Récits De Vie: Perspective ethnosociologique*, NATHAN, 1997.（ダニエル・ベルトー『ライフストーリー——エスノ社会学的パースペクティブ』小林多寿子訳、ミネルヴァ書房、2003年）

boyd, danah and Ellison, Nicole B., "Social Network Sites: Definition, History, and Scholarship," *Journal of Computer-Mediated Communication*, 13 (1), 2007, pp.210-230.

Chambers, Deborah, *New Social Ties: Contemporary Connections in a Fragmented Society*, Palgrave Macmillan, 2006.（デボラ・チェンバース『友情化する社会——断片化のなかの新たな〈つながり〉』辻大介／久保田裕之／東園子／藤田智博訳、岩波書店、2015年）

Couch, Danielle and Liamputtong, Pranee, "What are the real and perceived risks and dangers of online dating? : Perspectives from online daters," *Health, Risk and Society*, 14, 2012, pp.697-714.

Crick, Nicki and Grotpeter, Jennifer, "Relational Aggression, Gender, and Social – Psychological Adjustment," *CHILD DEVELOPMENT*, 66 (3), 1995, pp.710-722.

デジタルアーツ「第11回未成年の携帯電話・スマートフォン利用実態調査」2018年（https://www.daj.jp/company/release/data/2018/030701_reference.pdf）［2019年4月10日アクセス］

──「第13回未成年の携帯電話・スマートフォン利用実態調査」2020年（https://www.daj.jp/company/release/common/data/2020/040701_reference.pdf ）［2021年4月10日アクセス］

土井隆義『キャラ化する／される子どもたち——排除型社会における新たな人間像』岩波書店、2009年

──「日本の青年の友人関係の特徴とその背景」2014年（https://www8.cao.go.jp/youth/kenkyu/thinking/h25/pdf/b3_1.pdf）［2019年4月10日アクセス］

Fein, Ellen and Schneider, Sherrie, *The Rules for Online Dating: Capturing the Heart of Mr. Right in Cyberspace*, Gallery Books, 2002.（エレン・ファイン／シェリー・シュナイダー『ルールズ——オンラインデート編』田村明子訳〔ワニ文庫〕、ベストセラーズ、2003年）

Fitzgerald, Mary Ann, "Misinformation on the Internet: Applying evaluation skills to Online information," *Emergency Librarian*, 24 (3), 1997, pp.9-14.

深田博己編著『コミュニケーション心理学――心理学的コミュニケーション論への招待』北大路書房、1999年

Fulton, Kathleen, "Learning in the digital age: Insights into the issues," *THE Journal*, 25 (7), 1998, pp.60-63.

古川良治「インターネットにおける自己開示研究の方向性に関する考察」、成城大学社会イノベーション学会編『成城大学社会イノベーション研究』第3巻第2号、成城大学社会イノベーション学会、2008年、1-17ページ

Giddens, Anthony, *The Transformation of Intimacy: Sexuality, Love and Eroticism in Modern Societies*, Stanford University Press, 1993.（アンソニー・ギデンズ『親密性の変容――近代社会におけるセクシュアリティ、愛情、エロティシズム』松尾精文／松川昭子訳、而立書房、1995年）

群馬大学社会情報学教育・研究センター「モバイルインターネットの進展と親密圏の変容に関する総合的研究」2011年（https://www.si.gunma-u.ac.jp/rc/project/）［2019年4月10日アクセス］

羽渕一代「高速化する再帰性」、松田美佐／岡部大介／伊藤瑞子編『ケータイのある風景――テクノロジーの日常化を考える』所収、北大路書房、2006年

Hancock, Jeffrey T., Toma, Catalina and Ellison, Nicole, "The Truth about Lying in Online Dating Profiles," *Online Representation of Self*, 1, 2007, pp.449-452.

橋元良明「パーソナル・メディアの普及とコミュニケーション行動――青少年にみる影響を中心に」、竹内郁郎／児島和人／橋元良明編著『メディア・コミュニケーション論』所収、北樹出版、1998年

樋口進『ネット依存症』（PHP新書）、PHP研究所、2013年

保坂亨『いま、思春期を問い直す――グレーゾーンにたつ子どもたち』東京大学出版会、2010年

Illouz, Eva, *Why Love Hurts: A Sociological Explanation*, Polity, 2013.

今田高俊責任編集『リスク学とは何か』（「リスク学入門」第1巻）、岩波書店、2007年

――「リスク社会への視点」、今田高俊責任編集『社会生活からみたリスク』（「リスク学入門」第4巻）所収、岩波書店、2007年

石川准『アイデンティティ・ゲーム――存在証明の社会学』新評論、1992年

伊藤賢一「中高生のネット利用の実態と課題――群馬県青少年のモバイル・インターネット利用調査から」、群馬大学社会情報学部編「社会情報学部研究論集」第18巻、群馬大学社会情報学部、2011年、19-34ページ

――「青少年のモバイル・インターネット利用に対する保護者のリスク認知――群馬県高崎市調査より」、群馬大学社会情報学部編「社会情報学部研究論集」第19巻、群馬大学社会情報学部、2012年、1-15ページ

――「小中学生のネット依存に関するリスク要因の探究――群馬県前橋市調査より」、群馬大学社会情報学部編「社会情報学部研究論集」第24巻、群馬大学社会情報学部、2017年、1-14ページ

――「小中学生におけるインターネット依存をもたらす諸要因――群馬県前橋市における追跡調査に基づいて」、群馬大学社会情報学部編「社会情報学部研究論集」第26巻、群馬大学社会情報学部、2019年、1-14ページ

Joinson, Adam, *Understanding the Psychology of Internet Behavior*：*Virtual Worlds, Real*

Lives, Palgrave Macmillan, 2002. （アダム・N・ジョインソン『インターネットにおける行動と心理——バーチャルと現実のはざまで』三浦麻子／畦地真太郎／田中敦訳、北大路書房、2004年）

笠原嘉『青年期——精神病理学から』（中公新書）、中央公論社、1977年

片山雄介「情報リスク教育の提唱とペアレンタル・コントロール概念の重要性」「学習情報研究」第209号、学習情報研究センター、2009年、46-49ページ

加藤千枝「コミュニティ・サイト利用のリスク」「学習情報研究」第209号、学習情報研究センター、2009年、40-45ページ

——「心理的側面からみた学校裏サイト管理人の実態——学校裏サイト管理人への面接とその内容考察」、日本社会情報学会誌「社会情報学研究」編集委員会編「社会情報学研究——日本社会情報学会誌」第16巻第2号、日本社会情報学会事務局、2012年、143-155ページ

——「青少年女子のメールボックス利用の実態——9名の女子中高生の半構造化面接結果と考察」、社会情報学会学会誌編集委員会編「社会情報学」第1巻第2号、社会情報学会、2012年、109-121ページ

——「青少年女子のインターネットを介した出会いの過程——女子中高生15名への半構造化面接結果に基づいて」、社会情報学会学会誌編集委員会編「社会情報学」第2巻第1号、社会情報学会、2013年、45-57ページ

——「青少年女子のネットを介した「人間関係悪化」のプロセス——ネット機能を用いて他者との関係を断とうとする試みを巡って」埼玉大学大学院教育学研究科修士論文（未公刊）、2013年

——「賞賛獲得欲求と拒否回避欲求からみた青少年のSNS利用」「北陸学院大学・北陸学院大学短期大学部研究紀要」第7号、北陸学院大学・北陸学院大学短期大学部、2014年、315-323ページ

加藤千枝／堀田香織「中学校におけるインターネットを介したモニタリング活動の実践——思春期女子のインターネット利用の実態と考察」「埼玉大学紀要（教育学部）」第61巻第1号、埼玉大学教育学部、2012年、107-119ページ

警察庁「平成28年におけるコミュニティサイト等に起因する事犯の現状と対策について」2016年（http://www.npa.go.jp/cyber/statics/h28/h28_community_sankou.pdf）［2018年6月1日アクセス］

——「平成29年におけるSNS等に起因する被害児童の現状と対策について」2018年（http://www.npa.go.jp/safetylife/syonen/H29_sns_koho.pdf）［2019年4月10日アクセス］

木内泰／鈴木佳苗／大貫和則「ケータイを用いたコミュニケーションが対人関係の親密性に及ぼす影響——高校生に対する調査」、日本教育工学会編「日本教育工学会論文誌」第32号、日本教育工学会、2008年、169-172ページ

小島弥生「防衛的悲観性と賞賛獲得欲求・拒否回避欲求の関連——2つの承認欲求がともに強い人の特徴について」「埼玉学園大学紀要（人間学部篇）」第11号、埼玉学園大学、2011年、67-74ページ

小島弥生／太田恵子／菅原健介「賞賛獲得欲求・拒否回避欲求尺度作成の試み」、日本性格心理学会編集委員会編「性格心理学研究」第11巻第2号、日本性格心理学会、2003年、86-98ページ

紺真理／相澤直樹「青年期における攻撃性について——第二の個体化過程と対人葛藤場面における他者の意図の判断から」、神戸大学大学院人間発達環境学研究科編「神戸大学大学院

人間発達環境学研究科研究紀要」第5巻第1号、神戸大学大学院人間発達環境学研究科、2011年、9-18ページ

Kraut, Robert, Kiesler, Sara, Boneva, Bonka, Jonathon Cummings, Vicki Helgeson and Anne Crawford, "Internet Paradox Revisited," *Journal of Social Issues*, 58（1）2002, pp.49-74.

久里浜医療センター「K-スケール――青少年用（インターネット依存自己評価スケール）」2010年（https://kurihama.hosp.go.jp/hospital/screening/kscale_t.html）［2019年4月10日アクセス］

Lasch, Christopher, *The Culture of Narcissism: American Life in an Age of Diminishing Expectations*, W. W. Norton & Company, Inc., 1979.

Leu Jr., Donald J., "Caity's question: Literacy as deixis on the Internet," *Reading Teacher*, 51 (1), 1997, pp.62-67.

前園真毅／三原聡子／樋口進「韓国におけるインターネット嗜癖（依存）の現状」「精神医学」第54巻第9号、医学書院、2012年、915-920ページ

圓田浩二『誰が誰に何を売るのか？――援助交際にみる性・愛・コミュニケーション』関西学院大学出版会、2001年

――「出会い系メディアのコミュニケーションに関する分析――現代社会における匿名的な親密さ」、沖縄大学人文学部紀要編集委員会編「沖縄大学人文学部紀要」第7号、沖縄大学人文学部、2006年、75-85ページ

McKenna, Katalyn Y. A. and Bargh, John A, "Coming out in the age of the Internet: Identity 'demarginalization' through virtual group participation," *Journal of Personality and Social Psychology*, 75 (3), 1998, pp.681-694.

McKenna, Katalyn Y. A., Green, Amie S. and Gleason, Marci E. J., "Relationship formation on the Internet：what's the big attraction," *Journal of Social Issues*, 58 (1), 2002, pp.9-31.

松田英子／岡田孝二「Computer-Mediated Communication における対人相互作用場面の心理学的分析――対人信頼感、攻撃性および感情制御スキルの検討」「メディア教育研究」第2巻第1号、メディア教育開発センター、2005年、59-173ページ

松田美佐「若者の友人関係と携帯電話利用――関係希薄化論から選択的関係論へ」、日本社会情報学会誌「社会情報学研究」編集委員会編「社会情報学研究――日本社会情報学会誌」第4号、社会情報学会、2000年、111-122ページ

三島浩路／本庄勝「技術的観点からのネットいじめ対策」「電気情報通信学会通信ソサイエティマガジン」第9巻第2号、電子情報通信学会通信ソサイエティ、2015年、102-109ページ

宮台真司「団塊親の幻想性の意味するもの――ブルセラ女子高生の背後に透ける親子関係」、門脇厚司／宮台真司編『「異界」を生きる少年少女』所収、東洋館出版社、1995年

――「情報化社会の癒し」『透明な存在の不透明な悪意』春秋社、1997年

水城せとな『失恋ショコラティエ』（フラワーコミックスアルファ）、小学館、2009年

モバイル社会研究所「第4章 子どものスマホ・ケータイ利用」「モバイル社会白書 Web版」2018（http://www.moba-ken.jp/whitepaper/18_chap4.html）［2019年4月10日アクセス］

文部科学省「青少年が利用する学校非公式サイトに関する調査報告書」2008年（https://www.mext.go.jp/b_menu/toukei/001/index48.htm）［2020年4月10日アクセス］

――「情報活用能力調査の結果について」2014年（https://www.mext.go.jp/a_menu/shotou/zyouhou/1356188.htm）［2020年4月10日アクセス］

――「情報活用能力調査（高等学校）の結果について」2016年（https://www.mext.go.jp/a_

menu/shotou/zyouhou/detail/1381046.htm)［2020年4月10日アクセス］

──「学校保健統計調査__平成29年度__都道府県表」2018年（https://www.data.go.jp/data/
dataset/mext_20180521_0004)［2020年4月10日アクセス］

──「平成30年度文部科学省委託「生涯学習施策に関する調査研究」調査研究報告書（現代
的課題に対応した効果的な情報モラル教材に関する調査研究)」2019年（https://www.
mext.go.jp/a_menu/ikusei/chousa/__icsFiles/afieldfile/2019/06/10/1417599_001.pdf)
［2020年4月10日アクセス］

内閣府「青少年のインターネット利用環境実態調査」2011年（https://www8.cao.go.jp/youth/
youth-harm/chousa/h22/net-jittai/pdf-index.html)［2019年4月10日アクセス］

──「青少年のゲーム機等の利用環境実態調査」2011年（https://www8.cao.go.jp/youth/
youth-harm/chousa/h22/game-jittai/html/index.html)［2019年4月10日アクセス］

──「平成28年度青少年のインターネット利用環境実態調査」2017年（https://www8.cao.
go.jp/youth/youth-harm/chousa/h28/net-jittai/pdf-index.html)2019年4月10日アクセス］

──「低年齢層の子供のインターネット利用環境実態調査書」2017年（https://www8.cao.
go.jp/youth/youth-harm/chousa/net-jittai_child.html)［2019年4月10日アクセス］

──「平成30年度青少年のインターネット利用環境実態調査」2019年（https://www8.cao.
go.jp/youth/youth-harm/chousa/h30/net-jittai/pdf-index.html)［2019年4月10日アクセス］

Newman, Barbara M. and Newman, Philip R., *Development Through Life*：*A Psychosocial
Approach*, Wadsworth Pub Co., 1988.（バーバラ・M・ニューマン／フィリップ・R・ニ
ューマン『生涯発達心理学──エリクソンによる人間の一生とその可能性』福富護訳、川
島書店、1988年）

岡田努「青年期男子の自我理想とその形成過程」、日本教育心理学会教育心理学研究編集委員
会編「教育心理学研究」第35巻第2号、日本教育心理学会、1987年、116-121ページ

──「現代青年の友人関係に関する考察」「青年心理学研究」第519巻、日本青年心理学会、
1993年、43-55ページ

──『現代青年の心理学──若者の心の虚像と実像』（Sekaishiso seminar)、世界思想社、
2007年

Oldenburg, Ray, *THE GREAT GOOD PLACE*：*Cafes, Coffee Shops, Bookstores, Bars, Hair
Salons and Other Hangouts at the Heart of a Community*, Da Capo Press, 1999.（レイ・オ
ルデンバーグ『サードプレイス──コミュニティの核になる「とびきり居心地よい場
所」』忠平美幸訳、みすず書房、2013年）

大澤尚也「セクシュアル・マイノリティのジェンダー・アイデンティティに関する試論」「京
都大学大学院教育学研究科附属臨床教育実践研究センター紀要」第23号、京都大学大学
院教育学研究科附属臨床教育実践研究センター、2020年、31-41ページ

Peter, Jochen, Valkenburg, Patti and Schouten, Alexander "Developing a Model of Adolescent
Friendship Formation on the Internet," *CyberPsychology and Behavior*, 8 (5), 2005, pp.423-
430.

リクルート進学総研「高校生のWEB利用状況の実態把握調査2012」2012年（http://souken.
shingakunet.com/research/2012_smartphonesns.pdf)［2019年4月10日アクセス］

埼玉県教育委員会「ネットいじめ等の予防と対応策の手引き」埼玉県教育委員会、2009年

佐藤学「リスク社会の中の教育」、今田高俊責任編集『社会生活からみたリスク』（「リスク学
入門」第4巻）所収、岩波書店、2007年

芝崎順司「インターネットに対応した新しいリテラシーの構築」、日本教育メディア学会編集委員会編「教育メディア研究」第5巻第2号、日本教育メディア学会、1999年、46-59ページ

渋井哲也『ウェブ恋愛』（ちくま新書）、筑摩書房、2006年

下田博次『学校裏サイト――ケータイ無法地帯から子どもを救う方法』東洋経済新報社、2008年

――『子どものケータイ利用と学校の危機管理』少年写真新聞社、2009年

――『子どものケータイ――危険な解放区』（集英社新書）、集英社、2010年

総務省「令和元年通信利用動向調査の結果」2020年（https://www.soumu.go.jp/johotsusintokei/statistics/data/200529_1.pdf）［2020年9月10日アクセス］

菅原健介「賞賛されたい欲求と拒否されたくない欲求――公的自意識の強い人に見られる2つの欲求について」、日本心理学会編集委員会編「心理学研究」第57巻第3号、日本心理学会、1986年、134-140ページ

菅谷明子『メディア・リテラシー――世界の現場から』（岩波新書）、岩波書店、2000年

杉谷陽子「インターネットにおける自己呈示・自己開示」、三浦麻子／森尾博昭／川浦康至三浦著『インターネット心理学のフロンティア――個人・集団・社会』所収、誠信書房、2010年

隅田真理子／島谷まき子「思春期女子グループの友人関係と携帯メール使用――グループの友人への欲求および対面の友人関係との関連から」、昭和女子大学生活心理研究所編「昭和女子大学生活心理研究所紀要」第11号、昭和女子大学生活心理研究所、2009年、37-48ページ

鈴木謙介『カーニヴァル化する社会』（講談社現代新書）、講談社、2005年

鈴木みどり「時代の要請としてのメディア・リテラシー」、鈴木みどり編『メディア・リテラシーを学ぶ人のために』所収、世界思想社、1997年

武田長久／岩名礼介「ソーシャル・セーフティ・ネット（SSN）とは」、国際協力機構国際協力総合研修所編『途上国のソーシャル・セーフティ・ネットの確立に向けて――調査研究「ソーシャル・セーフティ・ネット支援に関する基礎調査」報告書』所収、国際協力機構国際協力総合研修所調査研究第二課、2003年

谷口弘一／福岡欣治『対人関係と適応の心理学――ストレス対処の理論と実践』北大路書房、2006年

Toma, Catalina, Hancock, Jeffrey T. and Ellison, Nicole, "Separating fact from fiction: An examination of deceptive self-presentation in online dating profiles," *Personality and Social Psychology Bulletin*, 34 (8), 2008, pp.1023-1036.

富田英典「デジタルコンテンツが形成する新たな人間関係への考察――Intimate Stranger とデジタルアウラー」「情報処理学会研究報告」第53号、情報処理学会、2002年、9-18ページ

――「ケータイとインティメイト・ストレンジャー」、松田美佐／岡部大介／伊藤瑞子編『ケータイのある風景――テクノロジーの日常化を考える』所収、北大路書房、2006年

――『インティメイト・ストレンジャー――「匿名性」と「親密性」をめぐる文化社会学的研究』関西大学出版部、2009年

Turkle, Sherry, *Alone Together: Why We Expect More from Technology and Less from Each Other*, Basic Books, 2017.（シェリー・タークル『つながっているのに孤独――人生を豊かにするはずのインターネットの正体』渡会圭子訳、ダイヤモンド社、2018年）

上松恵理子「ディジタル端末を使った教育最前線」「電子情報通信学会誌」第97巻第9号、電子情報通信学会、2014年、812-816ページ

上野千鶴子『近代家族の成立と終焉』岩波書店、1994年

――『情報生産者になる』（ちくま新書）、筑摩書房、2018年

内海しょか「中学生のネットいじめ、いじめられ体験――親の統制に対する子どもの認知、および関係性攻撃との関連」、日本教育心理学会教育心理学研究編集委員会編「教育心理学研究」第58巻第1号、日本教育心理学会、2010年、12-22ページ

山田昌弘『希望格差社会――「負け組」の絶望感が日本を引き裂く』（ちくま文庫）、筑摩書房、2007年

――「家族のリスク化」、今田高俊責任編集『社会生活からみたリスク』（「リスク学」第4巻）所収、岩波書店、2007年

横井修一／現代行動科学会誌編集委員会「「機縁法」調査の信頼性について――調査事例による具体的な検証の試み」、現代行動科学会誌編集委員会編「現代行動科学会誌」第19号、現代行動科学会、2003年、1-8ページ

吉川恭世／中谷素之「ネットいじめとその心理的影響」「日本教育心理学会総会発表論文集」第50号、日本教育心理学会、2008年、357ページ

Valkenburg, Patti and Peter, Jochen, "Preadolescents 'and Adolescents' Online Communication and Their Closeness to Friends," *Developmental Psychology*, 43 (2), 2007, pp.267-277.

Walther, Joseph B., "Computer-mediated communication: impersonal, interpersonal, and hyperpersonal interaction," *Communication Research*, 23, 1996, pp.3-43.

おわりに

　本書では青少年のなかでも特に青年期女子のネットを介した出会いに焦点を当て、その様相について述べてきた。学術的に注目される機会が少なかったネットを介した出会いについて、社会情報学を中心に情報学、心理学、社会学から整理することが目的だった。副次的な目的として、青少年に自身のネット利用について顧みる機会を作ってもらうこと、また、保護者や学校の教員をはじめとした青少年の身近にいる大人に、コロナ禍、またコロナ以後の青少年のネット利用について考える機会を作ってもらうこともあった。本文では、保護者や学校の教員をはじめとした青少年の身近にいる大人が具体的にどのようなことをすればいいか、何をするべきなのか、そこまでの検討はしなかった。それが本書の限界でもあり、今後の課題といえる。

　そして、本書の限界と課題を超えるための試みとして、2022年2月27日に「ポストコロナ時代に向けて青少年のネット利用について考えるシンポジウム」というタイトルでシンポジウムを開催した。これまで青少年のネット利用について、ネット端末所持否定論や免疫論に分かれることが多かったが、コロナ禍、またはコロナ以後の青少年のネット利用について考えるためには、従来の議論を超えた新たな議論の展開が必要だと考え、シンポジウムを企画した。第1部の群馬大学・伊藤賢一教授の基調講演から始まり、第2部の情報提供、第3部のパネルディスカッションと、約3時間のオンラインシンポジウムだったが、120人の参加者から好評を得た。具体的に私が印象的だったのは、第3部のパネルディスカッションである。コーディネーターはミヤノモリ・ラボラトリーの高橋大洋氏が務め、中学校教員や保護者、サイト・サービス運営業者、研究者といった青少年を取り巻く様々な立場の大人が、コロナ禍とコロナ以後の青少年のネット利用について議論した。本書で対象としている青年期女子のネットを介した出会いについての問題・課題はほとんど扱われなかったが、それでも十分なヒントが得られた。それは、青少年のネット利用に伴う問題・課題を解決するためには、大人から青少年（子ども）への一方向のアプローチでは難しいということだ。これまで青少年のネ

ット利用に伴う問題・課題について議論する際、大人は何ができるのか、何をするべきかという視点で語られることが多かった。本書も少なからず、そのような傾向がある。そのため、青少年の身近にいる大人、たとえば保護者や教員は青少年のネット利用についてルール作りをしたり、ネットモラル・リスク教育を充実させようと努力したりしている。また、そのような保護者や教員をサポートするために、研究者やサイト・サービス運営業者などは調査研究活動をしたり、啓発活動をしたりしている。これまでは、上記のようないわゆる「大人の役割」が少なからず社会に受け入れられてきたし、今後も大きく変わることはないと予想される。しかし、青少年にとってこのような「大人の役割」はあくまで受け身的なものでしかない。そのため、青少年はそれに対して反発することが予想されるし、容易に受け入れられないのは当然かもしれない。

　シンポジウムでは、これまでの「大人の役割」の評価はもちろん、その限界についても言及できた。そして、その限界を超えるためには、青少年からの大人に対するアプローチも必要になると考えられる。加えて、保護者や教員など青少年の身近にいる大人は青少年からのアプローチを受け入れ、これまで以上に青少年と議論や対話する努力が必要になるともいえる。たとえば、GIGAスクール構想の一環で義務教育の青少年が1人1台ネット端末を利用できる環境になりつつあるといえるが、その端末の管理について保護者や教員が一方的に決めるのではなく、青少年自身にルール作りを促したり、青少年が作ったルールを保護者や教員が評価したり、ルールの内容について青少年と大人の両者で議論したりする必要があるのではないだろうか。また、青少年が利用しているサイト・サービスについて保護者や教員が青少年自身から教えてもらい、そのなかで青少年が不適切な利用やリスクがある使い方をしていたら、そのつど、保護者や教員が青少年に伝えることも必要だろう。いずれにせよ、一方向のネットモラル・リスク教育には限界があるといえ、大人から青少年へ、また青少年から大人へ、双方向のやりとりや議論、対話が重要になるといえる。それを実現するためには、青少年と青少年の身近にいる大人との関係が比較的良好でなければ難しいといえるが、関係自体が良好でない場合、各種相談機関を積極的に頼ることも求められる。また、青少年が抱える問題・課題が複数重なっている場合、たとえば、不登校でネット依存によって昼夜逆転の生活をしていて保護者や教員との対話が全くできな

い場合は、ネット依存だけにフォーカスするのではなく、背景にある問題・課題をできるかぎり分解し、それぞれの問題・課題に対してプロフェッショナルのサポートを求める必要があるだろう。

　つまり、これまでの「大人の役割」よりも大変に手間暇がかかる作業を、保護者や教員など青少年の身近にいる大人は、青少年との対話や議論から今後模索していかなければならないといえる。しかも、前例がないので、これまで誰も経験したことがない作業を青少年の身近にいる大人は、青少年と試行錯誤していく必要があることを、シンポジウムを通じて確認するいい機会になったと考える。これまでは大人から青少年への一方向のネットモラル・リスク教育が主流だったが、今後は大人と青少年の議論や対話をどのように促していくか、議論や対話を促すための新たなネットモラル・リスク教育の充実が期待されるといえる。本書では青年期女子のネットを介した出会いの様相について言及してきたが、そのなかで明らかになった点は、やはり従来のネットモラル・リスク教育には限界があるということだ。特に、身近な保護者や教員との関係が良好でない場合、ネットを介した出会いによって形成された関係に期待したり依存したりするのは少なからず理解できる。そのため、特に青少年の身近にいる大人はネットを介した出会いの理由を一方的に問いただしたり責めたりするのではなく、まず、出会いを実現する理由について傾聴することが求められるだろう。その姿勢が新たなネットモラル・リスク教育の構築につながるといえる。

　最後に、私事であるが、本書を執筆している最中に、新型コロナウイルスに感染した。私だけでなく、夫や子どもたちも感染し、半月程度、自宅から外出できない日々を過ごした。自宅から外出できず、体調が優れないなかで私や家族にとって情緒的サポートになったのは、電話やネットを介してフォローしてくださった医師や看護師、保健所の方々であった。また、道具的サポートになったのは、ネット通販で注文した食料品や日用品を配達してくださったサイト・サービス業者や宅配業者の方々であった。いま振り返ると、身近にいる親しい友人・知人に新型コロナウイルスに私や家族が感染したことを打ち明け、支援を求めればよかったのかもしれない。また、友人・知人でなくても、隣近所の人に現状を説明し、食料品や日用品の買い出しを依頼すればよかったのかもしれない。しかし、当時の私や家族は、親しい友人・

知人や隣近所の人に支援を求めることは難しかった（ちなみに、親族は遠方に在住かつ高齢であるため、容易に支援を求めることは難しかった）。

その理由は主に2点ある。第1に、対面で利害関係のある人々に対して自己開示することに抵抗があったためである。私や家族が新型コロナウイルスに感染したことを親しい友人・知人や隣近所の人に伝えたことによって、将来的に自分たちが不利益を被る可能性が少なからずあると懸念した。仮に、親しい友人・知人に新型コロナウイルスに感染したことを伝えたとしても、軽蔑されたり不当な扱いをされたりする可能性はほとんどないと期待したいが、隣近所の人も同様であるとはかぎらない。第2に、自己開示をすることに疲れや面倒くささがあったことも、理由として挙げられる。親しい友人・知人に新型コロナウイルスに感染したことを伝えて支援を求めることができればベストかもしれないが、感染経験がない相手に自分や家族の状況を一から説明するのは手間暇がかかる面倒な作業ともいえる。それは、隣近所の人に対しても同様である。

一方、ネット上は基本的に匿名のため、情緒的サポートを得たい場合には、新型コロナウイルスに感染したことを躊躇なく打ち明けることができるし、現在の自分の状況に応じた、具体的なアドバイスを容易に得ることができる。また、ネット機能を利用すれば、必要な物資も（時間はある程度かかるが）容易に得ることができる。実際、私や家族も自宅療養期間中に何度かネット通販を利用し、食料品や日用品を自宅玄関前まで届けてもらった。このような自身や家族の経験から、ネットを介したやりとりは味気ない、寂しいものではあるが、一方で、気楽かつ後腐れがないため、利用しやすい手段だと実感した。

ネットを介した出会いによる関係も、上記と同様の特徴を有しているのではないだろうか。自分が情緒的・道具的サポートを必要としているときに、気軽にコンタクトできて必要なサポートを得やすいという意味で、ネットを介した出会いも一部の青少年から受け入れられているのかもしれないと感じた。自分の身近にいる人には打ち明けることが難しかったり、打ち明けること自体、面倒だと感じたりすることも、ネットを介したやりとりであれば、それらが少し軽減されるのかもしれない。30代後半の私にとってネットを介した出会いはなじみがないものではあるが、新型コロナウイルスに感染した経験を通じて、ネットを介した出会いを繰り返す青少年の気持ちが少し理

解できた気がした。

　様々なことを述べてきたが、本書では、青年期女子のネットを介した出会いの様相を明らかにすることを目的に、青少年、特に青年期女子の心情を整理しながら、ネットを介した出会いを実現することに伴う問題や課題についても言及した。これまで"青年期女子"の"ネットを介した出会い"に注目した研究は少なかったので、探索的ではあるが、今後これらの研究を深める一助になればと思い、本書を執筆した。本書がきっかけとなり、青少年と青少年を取り巻く大人にとって有意義かつ、新たな議論の展開につながれば幸いである。

　［謝辞］本研究を進めるにあたり金沢大学の田邊浩教授、岡田努教授、岩本健良准教授、眞鍋知子教授、小林大祐教授には多大なるご指導をいただきました。深く感謝いたします。また、群馬大学・伊藤賢一教授、埼玉大学・堀田香織教授、本書の調査協力者のみなさまにも心から感謝いたします。加えて、本書の第5章から第8章の成果は公益財団法人電気通信普及財団からの助成によるものであり、本書刊行に際しても同財団から2021年度学術研究出版助成を受けました。厚くお礼を申し上げます。

［著者略歴］
片山千枝（かたやま ちえ）
1984年、埼玉県生まれ
加賀看護学校非常勤講師
専攻は社会情報学
「青年期女子のインターネットを介した出会いの様相——刹那的人間関係に注目して」で第35回電気通信普及財団賞・テレコム社会科学学生賞を受賞。論文に「オンライン上のゲーテッド・コミュニティの可能性と限界——SNS上のゲーテッド・コミュニティの分類と非ゲーテッド・コミュニティとの比較・検討から」（「社会情報学」第3巻第1号）、「青少年女子のインターネットを介した出会いの過程——女子中高生15名への半構造化面接結果に基づいて」（「社会情報学」第2巻第1号）など

女子はなぜネットを介して出会うのか
青年期女子へのインタビュー調査から

発行———2022年9月27日　第1刷

定価———2400円＋税

著者———片山千枝

発行者——矢野未知生

発行所——株式会社青弓社
　　　　　〒162-0801 東京都新宿区山吹町337
　　　　　電話 03-3268-0381（代）
　　　　　http://www.seikyusha.co.jp

印刷所———三松堂

製本所———三松堂

ISBN978-4-7872-3512-1　C0036

藤代裕之／一戸信哉／山口 浩／西田亮介 ほか

ソーシャルメディア論・改訂版
つながりを再設計する
すべてをつなげるソーシャルメディアをどのように使いこなすのか——歴史や技術、関連する事象、今後の課題を学び、人や社会とのつながりを再設計するメディア・リテラシーの獲得に必要な視点を提示する。　　定価1800円＋税

藤代裕之／耳塚佳代／川島浩誉

フェイクニュースの生態系

フェイクニュースはどう発生し、広がるのか。選挙やコロナ禍のデマを事例に、ソーシャルメディア、ミドルメディア、マスメディアの相互作用によってフェイクニュースが生成・拡散するプロセスを実証的に分析する。定価1600円＋税

樋口直人／永吉希久子／松谷 満／倉橋耕平 ほか

ネット右翼とは何か

ネット右翼とは何か、誰がネット右翼的な活動家を支持しているのか——8万人規模の世論調査、「Facebook」、botの仕組みなどを実証的に分析して、手触り感があるネット右翼像を浮かび上がらせる。　　　定価1600円＋税

知念 渉

〈ヤンチャな子ら〉のエスノグラフィー
ヤンキーの生活世界を描き出す
高校で〈ヤンチャな子ら〉と3年間をともに過ごし、高校を中退／卒業してからも継続して話を聞いて、集団の内部の亀裂や、地域・学校・家族との軋轢、社会関係を駆使して生き抜く実際の姿を照らす。　　定価2400円＋税

元森絵里子／高橋靖幸／土屋 敦／貞包英之

多様な子どもの近代
稼ぐ・貰われる・消費する年少者たち
曲芸で稼ぐ年少者、貰い子、孤児や棄児——日本の戦前期の年少者の生とそれを取り巻く社会的な言説や制度を掘り起こし、アリエスが『〈子供〉の誕生』で示した子ども観とは異なる多様な子どもの近代に迫る。　　定価1600円＋税